Matthias Blazek

Seeräuberei, Mord und Sühne

Eine 700-jährige Geschichte der Todesstrafe in Hamburg 1292–1949

Als nun bald nachher die Hinrichtung stattfinden sollte, hat's den Störtebeker doch gedauert, daß alle seine Kameraden seinetwegen ihr Haupt auf den Block legen sollten, und hat gebeten: „Wenn ihr mir den Kopf abgeschlagen habt, so laßt mich gehen. Diejenigen meiner Kameraden, an denen ich ohne Kopf noch vorüberkomme, die mögen am Leben bleiben." Diese letzte Bitte ist ihm denn auch gewährt. Als ihm der Kopf nun heruntergeputzt worden ist, fängt er auch wirklich an zu gehen und kommt noch an elf seiner Gesellen vorüber. Da strauchelt er und fällt todt nieder. Den elfen hielt man Wort; die übrigen aber, ihrer zwei und siebzig, wurden alle unter Trommelschlag und Pfeifenklang und unter dem Weinen und Klagen der Hamburger Frauen und Jungfrauen enthauptet. Ihre Köpfe wurden als Siegeszeichen dem Elbstrand entlang auf Pfähle gesteckt.

Sagen und sagenhafte Erzählungen aus Ostfriesland, gesammelt und bearbeitet von Fr. Sundermann, Druck und Verlag von A. H. F. Dunkmann, Aurich 1869, S. 13

Matthias Blazek

SEERÄUBEREI, MORD UND SÜHNE

Eine 700-jährige Geschichte der Todesstrafe in Hamburg 1292–1949

ibidem-Verlag
Stuttgart

Bibliografische Information der Deutschen Nationalbibliothek
Die Deutsche Nationalbibliothek verzeichnet diese Publikation in der Deutschen Nationalbibliografie; detaillierte bibliografische Daten sind im Internet über http://dnb.d-nb.de abrufbar.

Bibliographic information published by the Deutsche Nationalbibliothek
Die Deutsche Nationalbibliothek lists this publication in the Deutsche Nationalbibliografie; detailed bibliographic data are available in the Internet at http://dnb.d-nb.de.

Umschlaggestaltung, Bildbearbeitung und Satz: Matthias Blazek

Abbildung auf dem Umschlag: Unbekannter Künstler: „Van pynliken saken dat hogeste belangende" (Gerichtsszenen und Exekutionen) – eine Bildtafel aus dem Hamburger Stadtrecht von 1497. Wikipedia.nl/gemeinfrei. Repro: Blazek. „Die hingerichtete See-Räuber Störtebeck und Gödeke Micheel", Flugblatt von 1701 zum 300 Jahrestag der Hinrichtung der Vitalienbrüder Gödeke Michels und Klaus Störtebeker, gedruckt bei Nicolaus Sauer, Hamburg. Im Bestand des Hamburger Staatsarchivs. Wikipedia.de/gemeinfrei. Repro: Blazek. Schädel eines auf dem Grasbrook Hingerichteten, wahrscheinlich ein Vitalienbruder, um 1400. Museum für Hamburgische Geschichte. Wikipedia.de/gemeinfrei. Foto: Sebastian Sonntag.

Ein herzlicher Dank für die gute Unterstützung geht an Burghard Stüben (Bildbearbeitung).

∞

Gedruckt auf alterungsbeständigem, säurefreien Papier
Printed on acid-free paper

ISBN-13: 978-3-8382-0457-4

© *ibidem*-Verlag
Stuttgart 2012

Alle Rechte vorbehalten

Das Werk einschließlich aller seiner Teile ist urheberrechtlich geschützt. Jede Verwertung außerhalb der engen Grenzen des Urheberrechtsgesetzes ist ohne Zustimmung des Verlages unzulässig und strafbar. Dies gilt insbesondere für Vervielfältigungen,
Übersetzungen, Mikroverfilmungen und elektronische Speicherformen sowie die Einspeicherung und Verarbeitung in elektronischen Systemen.

All rights reserved. No part of this publication may be reproduced, stored in or introduced into a retrieval system, or transmitted, in any form, or by any means (electronical, mechanical, photocopying, recording or otherwise) without the prior written permission of the publisher. Any person who does any unauthorized act in relation to this publication may be liable to criminal prosecution and civil claims for damages.

Printed in Germany

Geleitwort

Das vorliegende Buch ist äußerst lesenswert. Es schildert die Geschichte unserer Stadt unter einem ganz besonderen Blickwinkel. Zu der Geschichte der Stadt Hamburg gehört auch die der Untersuchungshaftanstalt am Holstenglacis, zentral in der Innenstadt gelegen, in der bis in die Mitte des 20. Jahrhundert hinein Todesurteile gegen viele Menschen vollstreckt wurden.

Wie stolz und zufrieden können wir sein, dass jetzt nach vielen Jahrhunderten der gezielten Tötung durch den Staat in unserer Stadt, in unserem Land endlich keine Todesstrafe mehr verhängt und vollstreckt werden darf. Dass in dieser Untersuchungshaftanstalt zwar die Erinnerung an diese Zeiten lebendig ist, aber Untersuchungshaft nach modernen rechtstaatlichen Gesetzen vollzogen wird. Jeder Mensch, egal, welcher schwerwiegenden Tat er oder sie sich schuldig gemacht hat, steht unter dem Schutz dieser Gesetze und kann sie für sich in Anspruch nehmen, notfalls sogar gerichtlich durchsetzen.

Internationale und nationale Anti-Folterkommissionen, die Landesparlamente und nicht zuletzt die Medien achten genau darauf, dass – aus welchen rechtstaatlich nachvollziehbaren Gründen auch immer – eingesperrte Bürgerinnen und Bürger menschenwürdig behandelt werden.

Doch Achtung! Wir sollten nicht zu selbstsicher sein:

Wie mag man in einigen Jahrzehnten darüber denken, dass Kriminellen von Staatswegen die Freiheit genommen wird? Das Freiheitsrecht ist eines der am höchsten angesehenen Menschenrechte! Wie wird man darüber denken, dass Väter, Mütter, Ehemänner notfalls gewaltsam von ihren unschuldigen Kindern und Frauen getrennt werden, ihre Post von Beamten gelesen, Telefonate abgehört und der Familienbesuch genau beobachtet wird.

Noch können wir uns in vielen Fällen keine Alternative zum Entzug der Freiheit vorstellen. Aber wird das immer so gelten? Werden in 50 oder 100 Jahren die Menschen vielleicht denken: „Ja, hat der Staat es denn nötig gehabt, auf diese brutale Weise auf kriminelles Verhalten der Bürger zu reagieren?"

Werden nachfolgende Generationen mit Gruseln und ungläubigem Kopfschütteln ein Buch über unsere Gefängnisse lesen, wie wir jetzt das vorliegende sehr gelungene Werk von Matthias Blazek?

Geschichte ist nie zu Ende – wir sind ein Teil von ihr!

In diesem Sinne wünsche ich allen Leserinnen und Lesern ein schauderhaftes, unterhaltsames und lehrreiches Lesevergnügen!

Claudia Dreyer, Leiterin der Untersuchungshaftanstalt Hamburg
Hamburg, im Oktober 2012

Vorwort

Der Schaden, den der Seeräuber Klaus Störtebeker mit seinen Leuten von Helgoland aus dem Hamburger Englandfahrerhandel zufügte, muss beachtlich gewesen sein. Am 22. April 1401 stellte eine hamburgische Flotte unter dem Kommando von Simon von Utrecht nach einem erbitterten Kampf ihn und seine Kumpanen vor Helgoland. Auf dem größten Schiff, „die bunte Kuh aus Flandern", wurden die Seeräuber nach Hamburg gebracht, ohne richtigen Prozess zum Tode verurteilt und auf dem Grasbrook, einer Wiese am Elbufer, wo heute die Speicherhäuser des Hamburger Hafens stehen, mit dem Schwert enthauptet.

„Ad reysam dominorum Hermanni Langhen et Nicolai Schoken in Hilghelande de anno preterito contra Vitalienses: summa 57 £." So lautet die nüchterne Notiz in den Hamburger Kämmereirechnungen von 1401. Für die Reise der Herren Hermann Lange und Nikolaus Schoken nach Helgoland „im vergangenen Jahr" gegen die Vitalienbrüder waren demnach zusammen 57 Pfund aus der Stadtkasse gezahlt worden.

Ein Schädel, der Klaus Störtebeker, eigentlich Johann Störtebeker, oder einem der vielen anderen Seeräuber zugesprochen wird, wurde 1878 auf dem Grasbrook bei Bauarbeiten gefunden. Er wurde im Januar 2010 aus dem Museum für Hamburgische Geschichte gestohlen, gelangte ein Jahr später aber wieder an seinen angestammten Platz.

Im Jahre 1624 wurde vor Hamburgs Toren die letzte Hinrichtung von Seeräubern und Freibeutern vollzogen. Die letzte Hinrichtung einer Frau, die ein Kind, allerdings nicht ihr eigenes, ermordet hatte, wurde in Hamburg im Jahre 1809 vollzogen.

In der Freien und Hansestadt Hamburg sind bis 1949 weit über tausend Hinrichtungen vollzogen worden. Allein 428 Seeräuber verloren auf dem Grasbrook ihr Leben. Unter ihnen waren die Vitalienbrüder Klaus Störtebeker und Gödeke Michels. Mit Rad, Schwert und Feuer ging die Hamburger Justiz gegen Verbrecher vor. Zwischen 1444 und 1581 wurden allerdings auch etwa 40 Frauen in Hamburg in Hexen- beziehungsweise Zauberprozessen verurteilt und verbrannt.

Das vorliegende Buch liefert einen chronologisch gegliederten Querschnitt durch die Geschichte der Hamburger Kriminalgerichtsbarkeit. Ein großer Teil von Einzelschicksalen ist darin namentlich erfasst, und auch die Zeit des Nationalsozialismus wird behandelt.

Dieses Buch ist wegen der detailgetreuen Beschreibung von Hamburger Hinrichtungsszenarien nichts für schwache Nerven.

Viel Freude an dem vorliegenden Buch wünscht

Matthias Blazek

Gliederung

a.	Geleitwort	5
b.	Vorwort	6
c.	Gliederung	7
d.	Abkürzungsverzeichnis	8
e.	Seeräuberei, Mord und Sühne	
01	Die Constitutio Criminalis Carolina	10
02	Die Fronerei	16
03	Die Frone	18
04	Unvollständige Liste der in Hamburg eingesetzten Frone	31
05	Die Richtstätten	32
06	Die Einzelfälle	
	I. Mittelalter bis zum Beginn der Reformation (1517)	41
	II. 1517 bis 1600	53
	III. 1601 bis 1854	72
	IV. 1854 bis 1932	108
	V. 1933 bis 1945	127
	VI. 1945 bis 1949	133
f.	Großstadtpolizei	136
g.	Literaturverzeichnis	137
h.	Literaturempfehlungen	150

Abkürzungsverzeichnis

Art.	Artikel
Aufl.	Auflage
BA	Bundesarchiv Berlin
BA-MA	Bundesarchiv-Militärarchiv Freiburg im Breisgau
Bd.	Band
Bearb.	Bearbeiter
Bl.	Blatt
ders.	derselbe
d. h.	das heißt
Diss.	Dissertation
DVA	Deutsches Volkslied-Archiv Freiburg
E. E. R.	Eines Ehrbaren Rates der Stadt Hamburg
erl.	erläutert
ff.	fortfolgende
f.	folgende
Hrsg.	Herausgeber(in)
hrsg. v.	herausgegeben von
MJVK	Mitteilungen zur jüdischen Volkskunde
Nds. HptStA	Niedersächsisches Hauptstaatsarchiv
No.	Numero
Nr.	Nummer
NStB	Lübecker Niederstadtbuch
Pfd.	Pfund (20 Schillinge)
o. O.	ohne Ortsangabe
o. O. u. J.	ohne Ortsangabe und Jahr
Rthlr.	Reichstaler = 8 Schillinge
S.	Seite
St.	Sankt
StA Hamburg	Staatsarchiv der Freien und Hansestadt Hamburg
ß	Schillinge
u. a.	unter anderem
UB Hamburg	Hamburgisches Urkundenbuch
VfHG	Verein für Hamburgische Geschichte
Vgl.	Vergleiche
Vol.	Volumina
z. B.	zum Beispiel
ZfHF	Zeitschrift für Historische Forschung
ZVfLG	Zeitschrift des Vereins für Lübeckische Geschichte und Altertumskunde
zit. n.	zitiert nach

Seeräuberei, Mord und Sühne –
Eine 700-jährige Geschichte der Todesstrafe in Hamburg
1292–1949

Seeräuberei, Mord und Todesstrafe in Hamburg bilden einen Themenkomplex, der vermutlich nie einwandfrei dargestellt werden kann. Gute Ansätze haben in der Vergangenheit Stadtchronisten in der ersten Hälfte des 19. Jahrhunderts, wie Wilhelm Louis Meeder, der Mittelalter-Experte im Museum für Hamburgische Geschichte, Ralf Wiechmann, der britische Historiker Richard J. Evans und der Privatdozent an der Universität Hamburg Jürgen Martschukat sowie – für zahlreiche Einzelschicksale zwischen 1856 und 1914 – der Verwalter des Hamburger Kriminal-Museums (der späteren „Kriminalpolizeilichen Lehrmittelsammlung") Richard Wosnik.

Unverzichtbar für die Recherche sind neben den archivierten Delinquentenlisten die 532 Seiten umfassenden „Vorträge über Tortur, Hexenverfolgungen, Vehmgerichte, und andere merkwürdige Erscheinungen in der Hamburger Rechtsgeschichte, gehalten in der juristischen Section des geschichtlichen Vereins in Hamburg" des Hamburger Schriftstellers und Juristen Dr. Carl Trummer (1792-1858), aufgelegt 1844 bei Johann August Meißner (erster Band: „mit vielen bisher ungedruckten Quellen und Criminalfällen"), und die bereits im Nachdruck vorhandenen Studien von Otto Beneke (1812-1891, 1863 bis zu seinem Tode Leiter des Hamburger Senatsarchivs) „Von unehrlichen Leuten – Culturhistorische Studien und Geschichten aus vergangenen Tagen deutscher Gewerbe und Dienste, mit besonderer Rücksicht auf Hamburg", aufgelegt mit 294 Seiten 1863 bei Perthes, Besser und Mauke.

Die vorliegende Arbeit wird keinen Anspruch auf Vollständigkeit haben. Sie wird allerdings zahlreiche Einzelschicksale, nach Daten chronologisch geordnet, aufzeigen. Soweit es möglich ist, werden einige für den Betrachter mitunter neuen Details präsentiert und diese mit Einzelnachweisen belegt. Sollten umfangreichere Aufsätze zum Thema bereits vorliegen (vor allem in Bezug auf die Hinrichtungen seit 1856), so wird bereits im Textteil der betreffende Literaturhinweis gegeben.

Die in Altona praktizierte Kriminalgerichtsbarkeit kann hier nur am Rande behandelt werden.

Um die Geschichte der Kriminalgerichtsbarkeit in Hamburg abbilden zu können, wird ein Blick auf die peinliche Halsgerichtsordnung von 1532 „Carolina", auf die Hamburger Scharfrichterei (Örtlichkeit und Personal), die Richtstätten und auf die Einzelschicksale im Laufe der Jahrhunderte geworfen.

Die Einzelfälle werden gegliedert in folgende Zeiträume:
I. **Mittelalter bis zum Beginn der Reformation (1517)**
II. **1517 bis 1600**
III. **1601 bis 1854**
IV. **1854 bis 1932**
V. **1933 bis 1945**
VI. **1945 bis 1949**

Der Abschnitt V. wird leider nur bruchstückhaft behandelt werden können und nicht einmal annähernd einen Anspruch auf Vollständigkeit erheben.

Abschnitt 1:

Die Constitutio Criminalis Carolina –

Die peinliche Gerichtsordnung Kaiser Karls V. und des Heiligen Römischen Reichs von 1532 (Carolina)

Die „Carolina" ist das erste für das gesamte Heilige Römische Reich geltende und eines der wenigen überregional bedeutsamen Strafgesetzbücher.[1] Es wurde gemeinsam mit dem Hamburger Stadtrecht von 1497 bei Urteilsfindungen zurate gezogen.

Die Geschichte Hamburgs reicht bis zum Beginn des 9. Jahrhunderts zurück. Hamburg, als Stützpunkt zur Missionierung der Sachsen gegründet, wurde seit dem Mittelalter einer der bedeutendsten Handelsplätze Europas. Im norddeutschen Hansraum verbanden sich Hamburg und Lübeck 1230 burgrechtlich und 1241 gegen ihre Schädiger und alle öffentlichen Räuber. Georg Nicolaus Bärmann schreibt 1817: „Daher schlossen Lübeck und Hamburg im Jahre 1241 das in der Geschichte so berühmte unter dem Namen der ‚Hanse' bekannte Bündniß, vermöge dessen sie gemeinschaftliche Sache gegen die Räubereien machten, die zu Wasser und zu Lande von den rohen Küstenbewohnern des baltischen Meeres verübt wurden."[2]

Über die Zeit um das Jahr 1227 wird berichtet:[3]

Zu Hamburg wurden viel Priester vnd Christen gefangen vnd erwürget. Helmboldus ein Wandaler Historicus sagt/ das die Stadt Aldeburg hat in die 60. Priester gehabt/ welche alle wie das Vihe erschlagen/ vnd jr Oberster mit namen Oddar, ein Probst/ ward mit andern der gestalt gemartert/ Man schnitte im die Haut auff dem Heupt creutzweis auff/ vnd eröffnet jm das Gehirn mit einem Eysen/ dauon sie starben/ etc.

Das älteste wie das neueste Stadtrecht (1270, 1276, 1292, 1497, 1605) bezeichnet denjenigen, der Kirchen bestiehlt, als einen Räuber (Kirchenräuber, Kirchenbrecher) und will ihn wie einen Mörder mit dem Rad bestraft wissen. Im Stadtrecht von 1270 heißt es: „Ein Deeff, de mit Duve begrenzen is, unde vangen unde bunden in de Hechtniße kumt, unde vangen unde bunden vor Gerichte

---
[1] SCHROEDER (2000).
[2] BÄRMANN, (1817), S. 61.
[3] HONDORFF (1580), S. 29.

kumt mit der Undat, den schall men den Vorspraken untdeelen, also schall men ock den Roveren don, unde den Deev schall men hengen umme Duve de beter is denn 8 Schillinghe, unde benededen 8 Schillinghe schall men en to der Stupe slaen, unde mit einem glöenden Slotel an sin ene Led bernen unde darto schall he de Stad vorsweren, unde einem Rover schall men sin Hovet affslaen ume Roeff de 3 Penninghe wert is, offte derboven, eineme Mordere unde Kerkenbrekere schall men sine Lebe to stoten mit eineme Rade unde darup setten; eineme Falschere schall men seden umme falsche Penninghe, unde bat valsch uppe de Markede bernen."[4]

Karl V. (* 24.02.1500, † 21.09.1558), Kaiser von 1519 bis 1556, vereinigte in seiner Hand das seit Karl dem Großen an Bevölkerungszahl, Ausdehnung und Reichtum größte Reich, welches das Heilige Römische Reich, Spanien und die spanischen Kolonien umfasste. Überzeugt von seiner kaiserlichen Aufgabe und unter Berufung auf die von Karl dem Großen verkörperte mittelalterliche Kaiseridee, suchte Karl die mittelalterliche Glaubenseinheit wiederherzustellen, die Ungläubigen zu bekämpfen und den Glauben auszubreiten.

In seiner Zeit, 1532, wurde auf dem Reichstag zu Augsburg und Regensburg die peinliche Gerichtsordnung des Heiligen Römischen Reichs aufgestellt und beschlossen. In der so genannten „Constitutio Criminalis Carolina" (CCC) werden sieben Todesstrafen genannt, wobei es galt: je gemeiner das Verbrechen, desto härter und entehrender die Strafe. Anzumerken sei jedoch, dass es sich bei den nachstehend aufgeführten Strafen um Richtlinien handelt, sodass die tatsächlich verhängte Todesstrafe anders aussehen konnte.

Verbrennen: Mit dieser Strafe wurden Brandstifter, Hexen, Zauberer, Sodomiter, Kirchenräuber und Ketzer belegt.

Enthaupten: Diese Sühne traf Totschläger, Räuber, Landfriedensbrecher, Aufrührer, Notzüchter und Abtreiber.

Vierteilen: Diese Strafe galt Verrätern, wie beispielsweise am 28. April 1772 in Kopenhagen Graf Johann Friedrich Struensee (1737-1772), Leibarzt des geisteskranken Königs Christian VII. von Dänemark (1749-1808) und 1771 Geheimer Kabinettsminister in Kopenhagen.[5]

Rädern: Gerädert wurden Mörder und Giftmischer. Dies geschah in der Weise, dass dem auf ein an der Erde liegendes Andreaskreuz (X) gebundenen Sünder mittels eines schweren Eisenrades die Röhrenknochen in feststehender Reihenfolge zerstoßen wurden. Danach wurde der Körper auf ein Rad „geflochten" und, in der Feldmark aufgestellt, den Vögeln zum Fraß angeboten. Diese Art der Hinrichtung war seit dem 17. Jahrhundert nicht mehr üblich.

In der „Carolina" heißt es zu dieser Strafe:[6]

---

[4] ANDERSON/BOHN (1782), S. 100.
[5] Ausführlich: BLAZEK (2011-3).
[6] SCHROEDER (2000), S. 85 f.

Straff der mörder vnd todtschleger die keyn gnugsam entschuldigung haben mögen

137. Item eyn jeder mörder oder todtschläger wo er deßhalb nit rechtmessig entschuldigung außfüren kan, hat das leben verwürckt. Aber nach gewonheyt etlicher gegent, werden die fürsetzlichen mörder vnd die todtschleger eynander gleich mit dem radt gericht, darinnen soll vnderscheydt gehalten werden, Vnd also daß der gewonheyt nach, ein fürsetzlicher mutwilliger mörder mit dem rade, vnnd eynander der eyn todtschlag, oder auß gecheyt vnd zorn gethan, vnd sunst auch gemelte entschuldigung nit hat, mit dem schwert vom leben zum todt gestrafft werden sollen, Vnd man mag inn fürgesetztem mordt, so der an hohen trefflichen personen des thetters eygen herrn, zwischen eheleuten oder nahend gesipten freunden geschicht, durch etlich leibstraff als mit zangen reissenn oder außschleyffung vor der entlichen tödtung vmb grösser forcht willen die straff meren.

Man unterschied „das Rädern von unten"[7] von dem „Rädern von oben", das als leichter galt, und bei dem es der Scharfrichter in der Hand hatte, durch einen geschickt geführten Stoß auf das Genick oder die Herzgegend die Leiden des Opfers zu kürzen. Daher rührt die Redewendung „Gnadenstoß". Mörder, die mit überlegtem Vorsatz handelten, traf die Strafe des Rades von oben. Bei Raub wurde der Anführer von Banden von oben herab gerädert, bei Raubmord traf es alle, und zwar von unten herauf. Mord der Kinder oder Ehegatten wurde ebenfalls mit dem Rad von unten herauf bedroht, ebenfalls den Rädelsführer bei verabredetem Mord. In der Regel ging dem Rädern ein Erdrosseln des Verbrechers voraus.[8]

Zeugenberichte über Räderungen sind selten. Selbst von der letzten Räderung vor den Toren Berlins am 2. März 1837, als die Witwe Charlotte Sophie Henriette Meyer, die ihren Mann im Schlaf erstochen hatte, hingerichtet wurde, liegen nur bruchstückhaft Informationen vor.[9] Die Bevölkerung war in Massen dorthin gereist, und am Ende war alles in eine Art Volksfest ausgeartet.[10]

---

[7] Bei dieser Form wurden zuerst die Füße, Beine und anderen Gliedmaßen gebrochen – der Delinquent starb qualvoll unter größten Schmerzen.

[8] Diese „humane" Geste, die dem Delinquenten die Qualen verkürzen sollte, findet auch gesetzlich ihren Niederschlag. So heißt es bei PAUL (1836), S. 88: „Das Rädern. Von oben herab bekommt der Inquisit zuerst drei Stöße in's Genick, dann wird er herumgeworfen und ihm drei Stöße auf die Brust, sodann einer auf den rechten Arm, einer auf das linke Bein, wieder einer auf den linken Arm, und der letzte auf das rechte Bein gegeben. – Beim Rädern von unten wird mit Zerstoßung des rechten Beins angefangen und beim Genick aufgehört. In beiden Fällen wird dem Inquisiten, sobald er sich hingelegt hat, eine dünne Leine um den Hals geschleift und er während des Anknüpfens der Hände und Füße durch die Krammen durch zwei bereitstehende Knechte damit erdrosselt."

[9] „Als diesmal der Henkersknecht nach vollbrachter Execution das Rad in die Höhe schwang, ertönte von den versammelten Tausenden das Gebrülle: Bravo! Bravo! ganz die Stimmung bekundend, in welcher sie den an sich so tief ernsten Akt anzusehen gekommen waren", heißt es im Fränkischen Kurier, Bamberg, vom 11. März 1837 über den traurigen Akt.

[10] Ausführlich: BLAZEK (2011-2), S. 37-45.

Erhängen: Das Erhängen als die schimpflichste Todesart folgte dem Diebstahl von Gegenständen über 16 Schilling Wert. Zeugte aber ein Diebstahl von besonders niedriger Gesinnungsart, so wurde der Täter an den höchsten Galgen gehängt, denn Hamburg hatte deren zwei.[11]

Das ältere Hamburgische Recht legte fest, dass der Strang für einen Diebstahl von einer halben Mark und darüber eintrat.

Ertränken und – wenn nicht genügend Wasser zur Verfügung stand – Lebendig begraben oder Pfählen galt den Kindsmörderinnen.

Während das Enthaupten zu den ehrbaren Todesstrafen zählte waren Hinrichtungen durch Rädern, Verbrennen, Hängen oder gar durch Vierteilen mit dem Ehrverlust verbunden.

Diese Todesarten konnten noch verschärft werden durch Schleifen auf einer Kuhhaut zur Richtstätte oder durch Reißen (Zwicken) mit glühenden Zangen.

In Artikel 28 der „Carolina" wurde dem Scharfrichter vorgeschrieben, nach der Hinrichtung vor dem Richter zu salutieren und ihn vom Schafott herab zu fragen, ob er recht gerichtet habe. Der Richter hatte daraufhin zu antworten: „Du hast recht gerichtet, wie Urteil und Gesetz es geben und wie der arme Sünder verschuldet hat." Der Scharfrichter sagte sodann: „Dafür danke ich Gott und meinem Meister, der mich diese Kunst gelehrt."

In Artikel 98 der Carolina wurde festgelegt, dass vor jeder öffentlichen Exekution der Friede des Scharfrichters auszurufen sei.

In Artikel 130 wurde das Strafmaß für Giftmord derart festgelegt, dass „Mannßbilder" mit dem Rad und „Weibßbilder" durch Ertränken oder auf anderem Wege nach Gelegenheit vom Leben zum Tod zu richten seien. Doch „zu mehr forcht andern, sollen solch boßhafftige mißthettige personen vor der entlichen todtstraff geschleyfft oder etliche griff inn jre leib mit glüenden zangen gegeben werden, viel oder wenig, nach ermessung der person vnd tödtung ..."

Das Hamburger Stadtrecht war letztmalig im Jahr 1497 kodifiziert worden, und es hatte im Laufe des 16. Jahrhunderts an praktischer Bedeutung verloren. Dort heißt es zum Schadenzauber: „Wenn ein christlicher Mann oder Frau, der/die ungläubig ist und mit Zauberei oder mit Vergiftung umgeht und auf frischer Tat ertappt wird, den/die soll man auf dem Scheiterhaufen verbrennen." In erster Linie waren es Frauen, die des Zauberns beschuldigt wurden. Auch die Bilderhandschrift des Hamburger Stadtrechts von 1497 illustriert das oben zitierte Gesetz durch eine Frau, die in einem großen Kessel ein magisches Gebräu herstellt.[12]

Raub brauchte in Hamburg nicht von großem Belang zu sein, um die Strafe des Schwerts zu begründen; nach den Hamburger Stadtrechten von 1292 und 1497 genügte ein Wert von „drei Pfennigen."

---

[11] MfKS (1938), S. 119.
[12] Vgl. LOOSE (1974).

Abb. 1: *Im Vordergrunde ertheilt des Büttels Knecht einem Missethäter den Staupenschlag. Es kann auffallen, daß des Letzteren Haare nicht dem damaligen Rechtsgebrauche gemäß geschoren sind. In dem Käfig stehen ein Frauenzimmer und ein Mann mit vorne zugebundenen Händen und mit dem Halse an die Stange befestigt, zur Schau, ... welche an verdächtigen Stätten des Nachts mit einander vom Vogte befunden werden. Gegenüber steht des Büttels mit Stroh bedecktes Haus, die Büttelei oder Frohnerei. Hinter dem stark vergitterten Fenster schauet man auf dem Originalbilde einen Gefangenen im Stocke vor einem Brette, durch welches seine Füße gesteckt sind.*

Johann Martin Lappenbergs Beschreibung in „Die Miniaturen zu dem Hamburgischen Stadtrechte vom Jahre 1497", Hamburg, in Commission bei Joh. Aug. Meißner, 1845, S. 52. Das weiße Spruchband mit roter Schrift sagt: *Peccantes coram omnibus argue, ut ceteri timorem habeant* (Klage die Sünder vor allem Volke an, damit sich jedermann fürchte). Unbekannter Künstler: „Van pynliken saken dat hogeste belangende" (Gerichtsszenen und Exekutionen) – eine Bildtafel aus dem Hamburger Stadtrecht von 1497. Wikipedia.nl/gemeinfrei. Repro: Blazek

Kaiser Friedrich III. bestätigte unterm 23. August 1468 den Hamburgern in einem Privilegium das Recht, alle Seeräuber, Mörder, Diebe und sonstige Übeltäter auf der Elbe „bis in die See" zu verfolgen.[13]

Ab 1603 wurden Menschen auch wegen eines „Paktes mit dem Teufel" verurteilt. „Die Zauberer und Zauberinnen, [...] die aus bösem Vorsatz von Gott und seinem heiligen Wort vergessentlich abtreten und mit dem bösen Feinde sonderbare hochergerliche Verbündtnisse machen werden [...] mit Fewer oder mit dem Schwert am Leben gestrafft", heißt es im Hamburger Stadtrecht von 1603-1605.[14]

In einem „Gegenbericht Auff Die zu Hamburg im verschienen 1620. Jahr außgangene vermeinte Außführung vnd Erklerung/ etc." heißt es 1622:[15]

Ob nun wol auch solch mehr berührtes Privilegium zu diesen Urtheilen von Anno 1619. (als darin von Criminal oder Peinlichen Sachen nichts erkandt) wenig dienet (Es were dann/ daß alle/ so sich der freyen Schiffart vnd Commercien gebrauchen/ für lauter Mißthäter zu halten seyn sollten/ Wie sie dann nicht viel besser (Ja fast ärger/ weil Seereuber vnnd andere Mißthäter für ordentlich Recht/ zu verhör gestattet werden/ welchs dißfals nicht so gut worden) von der Stadt Hamburg zu zeiten tractirt vnd gehalten worden/ Ja auch in den Hambürgischen Articuln, wie obangezogen / nochmahls dafür gescholten werden wollen. ...

Durch die Gesetze, mit denen die Grundrechte und die Reichsverfassung eingeführt wurden, war die Todesstrafe im Frühjahr 1849 abgeschafft. In der Verfassung verlautete im Artikel 26: „Die Todesstrafe, ausgenommen wo das Kriegsrecht sie vorschreibt, oder das Seerecht im Fall einer Meuterei sie zuläßt, so wie die Strafen des Prangers, der Brandmarkung und der körperlichen Züchtigung sind abgeschafft."[16]

Durch Rat- und Bürgerschluss vom 19. Oktober 1854 wurden die öffentlichen Hinrichtungen abgeschafft, als Todeswerkzeug aber das Fallbeil eingeführt. Mit diesem wurde am 10. April 1856 im Hof des hamburgischen Kriminalgefängnisses, genannt das „Spinn- und Zucht-Haus", vor den gesetzlich anwesenden amtlichen Zeugen der Raubmörder Wilhelm Timm hingerichtet.[17]

Das ab dem 1. September 1869 geltende Kriminalgesetzbuch vom 30. April 1869 hielt die Todesstrafe nur für einzelne Arten des Mordes aufrecht, indem der Art. 118. desselben bestimmte: „Wer mit überlegtem Vorsatz oder in Folge eines mit Überlegung gefaßten Entschlusses einen Menschen tödtet, soll mit Zuchthaus von 15 bis zu 25 Jahren, und wenn der Mord verübt wurde, um zu

---

[13] BÄRMANN (1817), S. 89.
[14] ZACHER (1857), S. 186. Vgl. auch „Neue Criminalgesetzgebung in Hamburg", in: KLEINSCHROD/KONOPAK/MITTERMAIER (1822), S. 403-435.
[15] VOGT (1622), S. 75.
[16] NIEMEYER (1849), S. 6.
[17] StA Hamburg, 111-1, Senat, Cl. VII, Lit. Mb, No. 3, Vol. 9: „Acta, betreffend die Öffentlichkeit bei den Hinrichtungen, sowie die Einführung des Fallbeils, statt aller bisherigen Arten der, nunmehr binnen 8 Tagen nach rechtskräftiger Erkenntnis zu vollstreckenden Todesstrafe, beliebt durch Rat- und Bürgerbeschluß vom 19., publ. den 20 Oct., 1854."

rauben, um Lohn, durch Gift oder Brand, mit Peinigung des Entleibten, von Mehreren, welche sich zu dem Verbrechen vereinigten, an einer Schwängern, deren Zustand der Thäter kannte, an Angehörigen des Thäters, oder an einem Beamten während der Ausübung seines Amtes, mit dem Tode bestraft werden."[18]

Abschnitt 2:

Die Fronerei –

Wohnort, Gefängnis und Folterkammer „am Berge"

Am Berg, dem ältesten Marktplatz von Hamburg, nahe der St. Petri-Kirche, stand die Fronerei (das Büttelhaus), die zugleich die Wohnung des Scharfrichters und Gefängnis für die zu Staupenschlag, Brandmarkung oder Tod verurteilten Verbrecher war. Vor der Fronerei stand der Pranger.[19]

Der Begriff „Büttelhaus" datiert bereits vom Jahre 1289, als es unter der lateinischen Bezeichnung „domus preconis" im Hamburgischen Schuldbuch erwähnt wird: „[21. Januar 1289] Radolfus faber impignoravit Thedero pannicide hereditatem suam iuxta domum preconis sitam pro 2 Pfd. d, quas persolvet ei in proximo Pascha [10. April 1289]. Actum duodecimo kalenda Februarii."[20]

Der Vorsteher einer höheren Bürgerschule Ernst Hinrich Wichmann wusste von den früheren Bezeichnungen „Büdelhus" oder später „Kaakhus" zu berichten: „Zwischen der Pelzer-, Schauenburger- und Rathhausstraße lag vor dem Brande der Berg, vielleicht der älteste, jedenfalls nächst dem Fischmarkt der älteste Marktplatz, 1248 erwähnt. Er lag am Abhange des Berges und hätte daher eigentlich am Berge heißen sollen. Hier lag die Frohnerei, 1336 das Büdelhus, 1391 das Kaakhus genannt, die Wohnung des Scharfrichters und das Gefängniß für die zum Tode Verurteilten, welche von hier über den Speersort und durch die Steinstraße zum Steinthor hinaus nach der Richtstätte geführt wurden. Auch befand sich hier die Folterkammer, welche bis 1790 gebraucht worden ist."[21]

Die Büttelei diente als Gefängnis und verursachte regelmäßige Kosten für Reinigung. Im Jahre 1482 kam neben der viermaligen Reinigung der Büttelei eine dreimalige Reinigung der „domus captivorum, turris captivorum, turris in qua captivi detinebantur" in den Kämmereirechnungen vor.[22]

Georg Nicolaus Bärmann schreibt 1822 in seinem „Hand- und Hülfsbuch für Fremde und Einheimische":[23]

Die Frohnerei ist das Wohnhaus des Scharfrichters, am Berge belegen. Es ist mit vergitterten Behältnissen für solche Gefangene versehen, die ihrer Verbre-

---

[18] SITTENFELD (1870), S. 38.
[19] Vgl. KRUSE (1972), S. 276. Siehe ausführlich: HEßLEIN (1850).
[20] CHRISTIANS (1956), S. 20, 272, 292.
[21] WICHMANN (1863), S. 18 f. Als Bezeichnung des Büttelhauses im Jahr 1336 ist „bödelshus" gebräuchlicher.
[22] VfHG (1880), S. 22-24.
[23] BÄRMANN (1822), S. 112. Zu Raumaufteilung, Ausstattung und Tagesablauf siehe ausführlich HEß (1810), S. 228-231.

chen bereits überwiesen sind, Leibes- und Lebensstrafe zu erwarten haben, und hier bis zum Augenblick der Execution aufbewahrt werden. Vor dem Hause stand bis zum Jahre 1811 der aus Mauersteinen errichtet gewesene Pranger, (volksthümlich Kaak genannt), über welchem sich eine Säule erhob, woran die zum Staupenschlag und zum Brandmark verurtheilten Missethäter ihr Recht empfingen. Seit jener Zeit ward der Platz geräumt. Im Jahre 1817 ward ein ähnlicher aber nur von Holz gefertigter transportabler Pranger zum erstenmale zu einer nothwendig gewordenen Execution gebraucht, nach vollzogenem Act aber in der Nacht wieder weggenommen. Eine Maassregel mit welcher besonders die Bewohner jener Stadtgegend zufrieden zu seyn, Ursache haben.

Der Hamburger Scharfrichter Marx Grave (1612-1621), der den Ruf hatte, die von der Folter „siech" Gewordenen rasch und glücklich zu heilen und jeden chirurgischen Fall geschickt zu behandeln, wurde, wie Otto Beneke berichtet, von der Waisenhausverwaltung im Jahre 1618 mit der Kur zweier geisteskranker Mädchen betraut, „welchen man bereits einige teuflische Besessenheit beizumessen begann".[24]

1623 wurde in Hamburg das Zuchthaus (nachher auch Werk- und Armenhaus genannt) vollendet. Es war von dem Ertrag einer besonders dazu bewilligten Zahlenlotterie erbaut worden.[25]

In früherer Zeit wurde in Hamburg das Amt eines Abdeckers vom Scharfrichter mitverwaltet. Am 20. Juni 1810 wurde nach einem Protokollauszug des Hamburger Senats beschlossen, Scharfrichterei und Abdeckerei voneinander zu trennen. Die Scharfrichterei und die damit verbundene Fürsorge für die Gefangenen bekam Hennings jun., während sein Vater die Abdeckerei behielt. Doch schon im Oktober des gleichen Jahres wurde dem bisherigen adjungirten Fron Wilhelm Heinrich Martin Hennings die interimistische Verwaltung sowohl der Scharfrichterei als der bisher davon getrennten Abdeckerei übertragen. 1816 bekam derselbe die Stelle endgültig, und man war von der Trennung der Posten wieder abgekommen.

Bald darauf wurde seinem Sohn Hinrich Jacob Theodor Hennings die Stelle verliehen. Doch durfte er in dem Gebäude der Fronerei am Berge weder Fett auskochen noch Felle trocknen. Alles, was die Abdeckerei anging, durfte nur in dem Gebäude auf dem Burgfelde getrieben werden.[26]

Bevor die Franzosen Hamburg ihrem Kaiserreich einverleibten (1811-1814), standen die Wachen als Detentions-Gefängnisse sowie der für Schmuggler und Schuldner gebrauchte Winserbaum, die Rockenkiste und die Fronerei unter der Aufsicht der als Prätoren bezeichneten kirchlichen Würdenträger, während das Spinnhaus und das Zuchthaus ihre eigenen Verwaltungskollegien hatten.[27]

In Hamburg hatte der Fron, so stand in einer Bekanntmachung vom 14. Oktober 1836, für das Wegschaffen der gefallenen Pferde in der Landherrschaft der

---

[24] BENEKE (1863), S. 149.
[25] BÄRMANN (1822), S. 255.
[26] FLEISCHER (1939), S. 37.
[27] BUEK (1857), S. 474 f.

Geestlande des Hamburger Bezirkes unentgeltlich zu sorgen, wenn die Besitzer es ihm mitteilten. Den Besitzern war bei schwerer Ahndung verboten, durch irgendeinen anderen als den Fron ihre alten und getöteten oder gestorbenen Pferde abledern zu lassen. Sie selbst durften ihre Tiere abledern, wenn sie „für die gehörige Einscharrung" sorgten. Unterschrieben war die Verordnung vom Landherrn C. D. Beneke.[28]

Die Fronerei wurde von den Franzosen zur *conciergerie de la cour prévôtale* gemacht. Durch den Hamburger Brand, der zwischen dem 5. Mai und dem 8. Mai 1842 große Teile der Altstadt zerstörte, wurde sie als Aufbewahrungsort für Hinzurichtende überflüssig, indem nach der letzten Exekution im Jahre 1822 ein Rat- und Bürgerschluss vom 19. Oktober 1854 die Hinrichtungen mittelst des Fallbeils im Gefängnishof, in Gegenwart weniger verpflichteter oder zugelassener Anwesender, verfügte, was zuerst am 10. April 1856 vollzogen wurde.[29]

1893 erfolgte die Umwandlung der Stelle des Nachrichters, wie jetzt der Fron auch genannt wurde, in die eines Verwalters der städtischen Abdeckerei, die Stelle des bisherigen Frons Otto Birk wurde umgewandelt in die eines Aufsehers mit der Verpflichtung zur Vollstreckung von Exekutionen, gegen eine Entschädigung von 100 Reichsmark.[30] 1894 wurde die Abdeckerei vergrößert.

Abschnitt 3:

Die Frone –

Scharfrichter im alten Hamburg vom Mittelalter bis 1945

Kein Beruf, nicht einmal der des Totengräbers, ist schon seit jeher mit solcher geheimen Furcht und zugleich mit solcher zitternden Neugier umgeben worden wie der des Henkers. Im Mittelalter war dieser Mann, scharlachfarben gekleidet und mit drohendem Ernst einherschreitend, der Inbegriff aller schrecklichen Gewalt.

Im frühen Mittelalter übernahm der Fronbote als freier Mann und Mitglied des Gerichts die Aufgabe des Scharfrichters. Das Bestimmungswort „Fron" bedeutet: dem Herrn zugehörig, heilig. Noch zur Zeit des von Eike von Repgow zwischen 1215 und 1222 verfassten „Sachsenspiegels" war der Fronbote, auch „bodellus" genannt, ein angesehener Beamter. Mit dem Übergang des Gerichtswesens vom Volk auf den Staat oblag letzterem die Bestallung der Scharfrichter. Jeder Gerichtsbezirk, der den Blutbann besaß, konnte für Torturen und Hinrichtungen einen Scharfrichter anstellen oder einen solchen von einem anderen Bezirk ausleihen.

Dieses Amt wurde verliehen und die Bedingungen für ein solches in Konzessionen oder Lehnbriefen festgelegt. Die Voraussetzungen für die Übernahme eines Amtes war die Fähigkeit, Torturen und Hinrichtungen beanstandungslos vornehmen zu können. Diese bedingte deshalb sowohl ein fachgerechtes Bedienen der Folterwerkzeuge und -maschinen wie auch eine einwandfreie Vollstreckung der Todesstrafe.

---

[28] LAPPENBERG (1837), S. 343 f.
[29] BUEK (1857), S. 474.
[30] FLEISCHER (1939), S. 37.

Der Scharfrichter und seine Gehilfen gingen ans Werk, nicht anders als jeder andere Mann, der sein Handwerk verstand. Freilich waren sie „unehrlich", mussten in der Wirtschaft auf einem dreibeinigen Hocker sitzen, weil auch der Galgen dreibeinig war, und wurden mit Scheu betrachtet: So ein Freimann besorgte von den Gehenkten allerlei, was gut zu brauchen war für Magie und Medizin. Man vermutete, dass seine Stärke davon herrühre, dass er das Blut der Toten tränke. Seine Kunst: Mit einem einzigen, mächtigen Schlag trennte er ein Haupt vom Rumpf, knüpfte dem Galgenvogel die Schlinge und setzte das Werkzeug schnell und genau an, damit der verstockte Sünder ein Geständnis ablegen würde.

Und dies war der entehrendste Moment einer deutschen Hinrichtung: die Berührung durch den Scharfrichter. Zedlers „Großes Vollständiges Universal Lexicon aller Wissenschaften und Künste" aus dem Jahre 1745 erläutert, dass es dieser Beamte war – „Hencker, Scharffrichter, Nachrichter, Angstmann, Freymann, Meister Hämmerling" genannt –, „welcher die peinlichen Urtheile vollstrecket, und die Leibes- oder Lebens-Straffen ausübet. ... Die, so sich dazu gebrauchen lassen, sind von derer übrigen Menschen Gesellschaft mehrentheils abgesondert. Nicht aber dieses allein, sondern sie werden auch vor unehrlich geachtet, hiernächst ihre Kinder von Hand-Wercken und Zünfften etwa aus nachfolgenden Gründen ausgeschlossen: Weil sie um Lohn, Menschen ihres gleichen und ihre Glaubens-Genossen, von denen sie nicht beleidiget worden, nicht schlecht, sondern durch allerhand Marter um das Leben bringen; die gebunden sind, und sich nicht wehren können, auch wegen ihrer Mißhandlung ehrlos gehalten worden."

Wie stark die Berührung mit einem Henker verunreinigen konnte, zeigt ein Vorfall aus Hamburg noch aus dem Jahre 1823.[31] Ein Bauernbursche hatte mit einem Scharfrichter, ohne zu wissen, um wen es sich handelte, in einem Gasthaus Bruderschaft getrunken. Als ihm dies hinterher gesagt wurde, floh er in die Einöde. Unter Hinweis auf das Reichsgesetz von 1731 versuchte ein Amtmann, die Schultheiße zu veranlassen, den Bauernburschen zu retten, bevor er verhungerte. Als diese aber ablehnten, beschloss der Amtmann selbst, „den Burschen durch dreimaliges Schwenken einer Fahne über seinen Kopf" wieder ehrlich zu machen. Zur Bekräftigung drückte er ihm die Hand und beide tranken Wein aus einem Pokal.

Schlicht wurde die besagte Person häufig „Meister" genannt. Die abfällige Bezeichnung „Schinder" oder die gleich bedeutende Berufsbezeichnung „Abdecker" nannte das Lexikon wohl bewusst nicht, obwohl die eher scherzhafte Namensgebung „Meister Hämmerling", wie die „Oeconomische Encyclopädie" aus dem Jahre 1777 mutmaßte, „vermuthlich von dem Abschlagen oder Abpuffen des gestorbenen Viehes" herrührte. Der Terminus „Nachrichter" gibt in etwa die Auffassung dieses Berufes wieder: Der Henker vollzog „nach", was im Gerichtsurteil mit dem Wort vollzogen wurde. Der Nachrichter ergänzte also de facto das richterliche Amt.

---

[31] VAN DÜLMEN (2010), S. 95. Daraus auch die nachfolgenden Aussagen. Bezugnahme: BENEKE (1889), S. 354 ff.

1756 erfahren wir, es sei „dem Frohn bey hoher Strafe anzubefehlen, daß er allns und jedes Vieh, welches er im Lande abdecket, sogleich an bequeme Oerter und ohne daß es dem Lande oder den Deichen schaden könne, tief in die Erde einscharre". Auch die Selbstmörder hat der Frohn in der Stille zu beerdigen. Es heißt 1762: „Dem Scharffrichter ist kundzumachen, daß Selbstmörder Senatus ihm die 10 Thl. von solchen Personen, die sich quocumque mode selbst ums Leben bringen und per indulgentiam Ampl. Senatus in der Stille beerdigt werden, zustehen wolle, und könne er, falls die Anverwandten dies zu bezahlen nicht imstande wären, solche jedes Mal mit in die gewöhnliche Rechnung einführen."[32]

Die „Oeconomische Encyclopädie" von 1777 nannte Nachrichter, den Ausdruck der „anständigen Sprechart", Scharfrichter und Angstmann und trennte die Begriffe „Henker" und „Scharfrichter": „Und der vornehmste Knecht dieses Scharfrichters, dessen Geschäft es ist, das Peinigen zu verrichten, den Staupbesen zu geben, und Verbrecher zu henken, wird der Henker genannt."

Scharfrichter galten überwiegend als so unehrliche Leute, dass es schwierig für sie war, eine andere Partnerin als eine Scharfrichtertochter zu finden, was zur Bildung weitläufiger Scharfrichterdynastien und zur verstärkten Absonderung von der Gesellschaft führte.

Oftmals wurden auch die Kinder von Handwerken und Zünften ausgeschlossen.

Es gab noch weitere unehrliche Berufe, nämlich die der Kesselflicker, Weber, Türmer, Bader (Barbiere), Schäfer, Abdecker (Schinder) und andere mehr. Innerhalb dieser Gruppe der Verfemten waren die Scharfrichter außer den Schindern die am meisten Verachteten.

Die „Büttel", wie die Scharfrichter in Norddeutschland auch genannt wurden, wurden allerdings nicht immer als unehrlich angesehen. Örtlich kann das sehr verschieden gewesen sein wie sich auch zeitlich diese Auffassungen gewandelt haben. Je weiter man allerdings in die Neuzeit kam, desto einheitlicher und ablehnender verhielt man sich dem Scharfrichter gegenüber.

Solange Scharfrichter nur Hinrichtungen mit dem Schwert vollzogen, konnten sie noch bedingt als achtbar gelten; es gibt dafür Zeugnisse aus dem 16. Jahrhundert. Nahmen sie aber Hinrichtungen mit dem Strang vor oder mussten sie rädern, so wurden sie als unbedingt unehrbar angesehen.

Bereits die – auch zufällige – Berührung durch den Scharfrichter konnte Menschen ihre Ehre rauben und sie untauglich für den Verkehr mit der Gesellschaft machen. Der im 17. Jahrhundert zu beobachtende Übergang vom Strick und Rad zum Schwert war nicht zuletzt das Ergebnis ständiger Eingaben von Angehörigen Verurteilter um Umwandlung einer entehrenden Strafe in eine nicht entehrende. Die öffentliche Auspeitschung am Pranger mit Ruten – der so genannte Staupenschlag – entehrte den Delinquenten durch die Berührung des Henkers oder seiner Knechte beim Festbinden.

---

[32] FLEISCHER (1939), S. 35.

Eine derartige Schande ging auch an den nächsten Verwandten des Delinquenten nicht spurlos vorüber.

Dem Scharfrichter zur Seite standen Halb- oder Mietmeister, die er vorzüglich mit den niederen, „unehrlichen" Diensten betraute. Dazu zählten insbesondere die Vollziehung des Staupenschlags und der Landesverweisung, das Anlegen von Folterinstrumenten (der Scharfrichter sollte die Tortur möglichst nur beaufsichtigen)[33] und auch des Strangs. Als die immer zur Verallgemeinerung neigende Volksmeinung den Scharfrichter im Verlauf des 16. Jahrhunderts einhellig als unehrlich ansah, waren die unehrlichen Aufgaben fast ausschließlich Sache der Knechte. Nur wenige Ausnahmen hat es davon noch gegeben. Hinzu kam noch, dass dem Scharfrichter weitere Aufgaben übertragen wurden, die mit seinem Amt nichts zu tun hatten. Mit der Abdeckerei, der Entfernung und Verarbeitung von gefallenem Vieh, der Kafillerei, wie sie im Hebräischen und auch in der Gaunersprache genannt wurde, konnte der Scharfrichter seine Einkünfte erhöhen. Im Verlauf des 16. Jahrhunderts erhielten die Scharfrichter ein Monopol für die Abdeckereien, was sie an etlichen Orten verpflichtete, jährlich eine Anzahl von feinen Handschuhen aus Hundsleder an die Geistlichkeit oder die Ratsvorsteher zu liefern. Das Entfernen von Unrat, Reinigung von Kloaken und selbst die Aufsicht über Freudenhäuser wurden den Scharfrichtern übertragen.

Die „Oeconomische Encyclopädie" von 1777 wusste über die Verrichtung der niederen Arbeiten zu berichten: „Obwohl solche Verrichtung auch an einigen Orten die Hirten und die Bauern selbst, in Ermangelung einer solchen Person bisweilen thun: so ist doch eine von den verächtlichen und ekelhaften in der Polizey und Wirthschaft aber dennoch unentbehrlichen Verrichtungen, welche mit dem Scharf- und Nachrichteramte, welches eigentlich aus schrecklichen und grausamen Verrichtungen besteht, durch obrigkeitliche Anstalt insgemein verknüpft ist: und wird also von den Scharfrichtern entweder bisweilen selbst, oder doch durch ihre Knechte, ausgeübt. Daher dann auch diese Personen von diesen zweifachen Amtsverrichtungen, und denen darunter begriffenen besondern Stücken, noch andere Nahmen bekommen."

Ein kaiserliches Patent des Jahres 1731 unternahm den Versuch, die Tätigkeit des Scharfrichters als „ehrlich" darzustellen: „Sonst aber wird in den Rechten das Amt eines Scharfrichters als ein gemeines angesehen, und kann im Nothfall Jemand von der Obrigkeit dazu gezwungen werden. Wer mit dem Scharfrichter isset und trinket, wird darum nicht unehrlich; so wie auch demjenigen, der bereits unter seinen Händen gewesen ist, nichts vorgeworfen werden soll, wenn er zumahl durch einen nachfolgenden richterlichen Ausspruch von der ihm vorher zwar zur Last gelegten Beschuldigung frey und los gesprochen worden."

---

[33] Rechnung des Scharfrichters Franz Wilhelm Hennings vom 31. August 1742 für eine in Bergedorf vorgenommene Folterung über 39 Mark und 12 Schillinge. Einzelposten: „Vor die Tortur Instrumenta mitzubringen"; „A° 1742 d. 31. Augst: habe den Inquihrten Nahmens Andreas Schröder die Instrumenta Vorgezeiget und wie solche Applicirt werden"; „Dato die Daumschraube aufgesetzt"; „Wieder abzunehmen, und zu verbinden". [StA Hamburg, zit. n. KLESSMANN (1981), S. 135.]

Dies änderte aber nichts daran, dass der Scharfrichter und seine Anverwandten und Nachkommen noch bis in das 19. Jahrhundert hinein vielerorts als „unehrlich" galten. Die „Unehrlichkeit" hatte zum einen eine juristische Dimension, und Scharfrichter waren aus den Zünften oder vom Bürgerrecht ausgeschlossen oder als Nutznießer von Testamenten, Schenkungen etc. leichter anfechtbar. Die soziale Dimension der „Unehrlichkeit" umfasste eine „Brandmarkung", weshalb sich ein Scharfrichter beispielsweise in Gaststätten nur an einen bestimmten Tisch mit besonderem Geschirr setzen durfte oder auch einen ausschließlich für ihn bestimmten Krug (in Braunschweig war dieser angekettet) besaß.

Abb. 2: „Der Tisch des Henkers". Nach einer Zeichnung von M. Wiegand, aus der Sonderbeilage zum „Buch für Alle", 58. Jahrgang, 1927. Repro: Blazek

„Und in Hamburg war es dem Scharfrichter, der als unehrlich sonst doch in keinem von Bürgern besuchten Lokale erscheinen durfte, sogar erlaubt, seinen Wein im Ratskeller zu vertrinken und zwar in einer großen auch von andern Bürgern besuchten Kellerstube, die daher auch die ‚Henkerstube' hieß."[34]

In Hamburg wurde der Scharfrichter dennoch als unehrlich angesehen. Er hatte dort seine abgesonderte Grabstätte an der Kirchhofsmauer, und als bei einem Begräbnis im Jahre 1767 die Familie dringend wünschte, den Sarg nur ein einziges Mal durch die Kirche tragen zu lassen, verweigerten dies die Juraten als unschicklich. Im Jahre 1703 sollte daselbst der Scharfrichter Ismael Asthusen II. begraben werden. Jener hatte sich am 6. April 1703 das Leben genommen, nachdem er am 26. März 1703 bei der Exekution eines Gattenmörders zweimal fehlgeschlagen hatte. Die Kranzieher, denen diese Tätigkeit herkömmlich oblag,

---

[34] KOHL (1866), S. 194. Der Verfasser erwähnt dieses unter Bezugnahme auf Beneken, Hamburger Geschichten [wohl: BENEKE (1854)], und im Kontext mit Ausführungen über das Jahr 1671.

verweigerten dieselbe jedoch entschieden, und die Witwe, Engel Asthusen, musste endlich Bootsleute engagieren, welche, im Punkt der Ehre weniger bedenklich, sich dennoch nur vermummten Hauptes dazu herzugeben wagten. Obwohl die Beerdigung der Vorsicht wegen bei Nacht stattfand, kam es doch zu einer blutigen Schlägerei. Die Kranzieher wollten sich nämlich vergewissern, ob etwa von ihren Genossen sich ungeachtet des Verbotes einige zum Leichetragen hergegeben hätten. Sie rissen deshalb den Trägern die Hüte und Mäntel ab, und schließlich musste der Senat die nicht unbedeutenden Kosten (75 Mark Trägerlohn, 11 Mark für die Bewirtung, drei Mark für das Flicken der bei der Schlägerei zerrissenen Mäntel) der Witwe vergüten, weil dieselbe dem Rechte nach auf die unentgeltliche Bestattung ihres Mannes durch die Kranzieher Anspruch gehabt hätte.[35]

Bereits zu Beginn des 19. Jahrhunderts haben viele Scharfrichternachkommen Eingang in das bürgerliche Leben gefunden und es spätestens nach einer oder zwei Generationen zu Ansehen gebracht, das frei von Vorurteilen veralteter Ehrbegriffe war.

Eigentümlich erscheinen die vorliegenden Hinweise auf den Erwerb der beruflichen Qualifikation und den Umgangston. Dort, wo das Richtschwert benutzt wurde, war ein „Erlernen" unumgänglich. Alte Urkunden sind es, die uns darüber interessanten Aufschluss geben. Das mittelalterliche Hamburg, in dessen Mauern jahrelang die Hinrichtungen von gefangenen Seeräubern gleich dutzendweise an der Tagesordnung waren, bildete früher so etwas wie eine „Hochschule" für Scharfrichter. Aus allen Teilen des Landes strömten hier die Scharfrichtersöhne zusammen, um ihre Studien zu machen. Besonders Eifrige verdingten sich sogar als gemeine Henkersknechte, um die Prozedur in möglichster Nähe anschauen zu können. Dabei bedeutete ein solcher Entschluss eine ausgesprochene Degradierung, denn die alten Scharfrichterfamilien besaßen einen starren Berufsdünkel, der fast dem Adelsstolz gleichkam.[36]

Erklärlicherweise gab es unter den Scharfrichtern auch eine vererbte Fachsprache. Das Auspeitschen (den Staupbesen geben) hieß in der Kunstsprache ganz unverdächtig „fegen", und wer diese Leistung gut verstand, der „fegte reinlich". Ein geschickter Meister musste außerdem folgende Dinge können: „zierlich zeichnen", das heißt brandmarken, „vernünftig die Glieder versetzen", d. h. foltern auf der Streckbank etc., „einen feinen Knoten schlagen", d. h. henken, „rasch absetzen", d. h. köpfen, „artlich mit dem Rade spielen", d. h. rädern, „nett tranchiren", d. h. viertheilen, „einem eine Hitze abjagen", d. h. verbrennen.[37]

Nicht unerwähnt bleiben sollte, dass tiermedizinische wie auch chirurgische „Nebentätigkeiten" unter den Scharfrichtern durchaus verbreitet waren, denn diese hatten im Zuge ihrer Arbeit Kenntnisse über Körper gewonnen, die durchaus gewinnbringend in Heiltätigkeiten eingebracht werden konnten.

---

[35] TEUBNER (1871), S. 152.
[36] GRUNWALDT (1932).
[37] BENEKE (1863), S. 172.

Am 2. Januar 1890 stand dieser interessante Beitrag in der „Kanal-Zeitung", einem „Politischen, Lokal- und Unterhaltungsblatt":

Altona. Wo wohnt der Scharfrichter? Mit dieser Frage trat am 21. Dezbr. ein Landmann aus Wilster, der dem vom Norden angekommenen Zug entstiegen war, an dem auf dem Perron des Altonaer Bahnhofes stationierten Polizeibeamten heran. Selbstverständlich war der Beamte neugierig geworden, was der Mann mit dem Scharfrichter zu thun habe, und dieser teilte ihm nun mit, er wolle bei dem Scharfrichter Menschenfett holen, um seine Frau damit einzureiben, da sie sich in einen Knecht verliebt habe und von ihm nichts wissen wolle. Das Menschenfett sollte ein untrügliches Mittel sein, die erloschene Liebe wieder anzufachen!

Bei Untersuchungen zur Genealogie der Scharfrichterfamilien fällt auf, dass bestimmte sich über lange Zeit an einem Ort gehalten haben. Die Hamburger Frone wohnten in der Fronerei, die sich zwischen der Pelzer-, Schauenburger- und Rathhausstraße befand.

Insgesamt sind die Namen von 34 Scharfrichtern überliefert. Aktenkundig wurden sie insbesondere bei Ablauf von Pachtperioden. Der Hamburger Archivar, Historiker und Schriftsteller Otto Beneke zählt zu den Ersten, die sich tiefgründig mit den Persönlichkeiten dieser Randgruppe der spätmittelalterlichen Gesellschaft auseinandergesetzt haben. Mit dem Buch „Von unehrlichen Leuten" hat sich der studierte Rechtswissenschaftler und ehemalige Leiter des Hamburger Senatsarchivs ein Herzensprojekt erfüllt.

Es wird deutlich, dass über mehrere Generationen die Scharfrichterfamilien Asthusen und Hennings in Hamburg das Amt des Frons bekleidet haben. Und dass der rühmliche Büttel Rosenfeld, der bei den spektakulären Hinrichtungen von Klaus Störtebeker und Genossen eine gewaltige Leistung vollbringen musste, selbst ein unrühmliches Ende fand und wegen eines unrespektablen Ausrufs seinen Kopf verlor, dürfte weitgehend unbekannt sein.

Seit den ältesten Hamburger Stadtrechnungen (1350-1385) wurde der Fron als „bedello" (Büttel) bezeichnet. In den Jahren 1361 und 1362 spielte er demnach eine Rolle bei den spätmittelalterlichen, in den Monaten Februar und Dezember stattfindenden Bürgerversammlungen, den „Burspraken". Der Büttel läutete die „Eddaghe", die Tage des Echtedings, ein, an welchen den versammelten Bürgern vor dem Rathaus auch das „civiloquium", die Bursprake, vorgelesen wurde. Er, dem offener Friede und Unverletzbarkeit in seinen Amtsgeschäften gesichert war, rief auf zum Erscheinen vor Gericht mit den Worten: „Wer klagen will, der klage vest."[38]

Derselbe Mann bewachte und beköstigte in seiner Amtswohnung Missetäter und andere Verhaftete, wofür ihm ein Kostgeld gewährt wurde. So erklären sich die folgenden Einträge in den Kämmereirechnungen: 1350, Exposita: „Wernero bodello 3 M 6 d. Thiderico bodello 1 M. Pro scranklocken 18 ß.", 1361, Recepta:

---

[38] Im ältesten Hamburger Stadtteil, St. Petri, stand der Roland, das Zeichen Gerichtsbarkeit sächsischer Städte, auf der alten Dingstätte. [LAPPENBERG (1842), UB Hamburg, S. 40: Nr. XXXI v. 30. Juni 937.]

„Bedello 16 d [= denarius, Pfennig] pro pulsacione bursprake", wenige Zeilen später: „14 ß bodello ex (parte??) Liborii et aliorum, quos tenuit captivos ex parte civitatis. Magistro Brunoni 11 M 4 ß pro cura illorum, qui vulnerati (sunt) ad castellum illorum Sleve. Pro litera conductus.", wieder wenige Zeilen später: „Bodello 14 ß pro expensis captivorum", 1361, Exposita: „Bodello 16 d pro pulsacione bursprake", 1361: „bedello 10 d pro pulsacione eddaghes", 1362, Exposita: „bedello 48 M. pro expensis captivorum et eddaghe to ludende." [für Logis und Läuten zum Eddach], 1375, Exposita: „Bodello 8½ ß pro pulsacione bursprake et eddaghe. 19 ß pro candelis."[39]

1362 findet man den Fron mit diesem Eintrag unter „Recepta": Bedello 8 ß pro sepultura furum." [8 Schillinge für das Eingraben eines Räubers] 1378 findet sich bei den Exposita (Ausgaben): „Bedello 18 ß 4 d. Item 10 Pfd. pro strumulis." [„strumulis" bedeutet sonst Stockfisch.] Es wird deutlich, dass schon damals der Fron des Bürgerrechts nicht teilhaftig werden konnte. Denn ebengedachter Vicko, der Fronbote („preco") um 1370, besaß ein ihm vielleicht erbschaftlich zugefallenes Grundeigentum, welches er 1371 veräußerte. Vicko wohnte als Gefangenenwärter und Scharfrichter abseits „auf dem Berg" und übte sein Amt bis 1384 aus.[40]

In den hamburgischen Stadtrechnungen finden wir bereits im Jahre 1384 neben dem angesehenen Fron (*bedello*) den in seiner Ehrlichkeit eingeschränkten *magister bodelli, cloacarius* genannt, dessen Amt in der Verscharrung der von jenem hingerichteten Personen und dem Fortschaffen des gefallenen Viehs bestand.[41]

Dem Scharfrichter Vicko folgte 1384 der Scharfrichter Peter Funcke. Unter ihm arbeitete Meister Hinze aus Stettin als „Cloacarius" und Verscharrer der Leichen der Hingerichteten. Er wohnte in der Rackerstraße (Racker bedeutet Schinder, Henkersknecht, Abtrittfeger. Dieses Wort machte einen ähnlichen Bedeutungswechsel wie „Schelm"). In diese Zeit fallen die ersten für Hamburg überlieferten Hinrichtungen (1390 und 1392).[42]

Im Jahre 1400 weisen die Kämmereirechnungen der Stadt Hamburg Auszahlungsbeträge aus Anlass einer Mehrfachhinrichtung in Hamburg aus. Dem Büttel wurden für die Enthauptung von 30 Vitalienbrüdern zwölf Pfund (*talenta*) und dem Abdecker Knoker für das Eingraben ein Pfund gezahlt.[43]

---

[39] VFHG (1869), S. 76, 77, 80.
[40] BENEKE (1863), S. 146. Eintrag von 1378: VFHG (1869), S. 274.
[41] BENEKE (1863) schreibt (S. 175): „Eine fernere, ersichtlich von dem alten Cloacariat des Abdeckers herrührende Verrichtung des hamburgischen Frohns, war gassenpolizeilicher Natur. Er mußte nämlich seine Leute zur Winterszeit, wenn Schnee und Eis massenhaft das Pflaster bedeckte, an jeder Straßenecke dreimal laut und deutlich ausrufen lassen: „Haar van de Straaten, edder myne Herren wardt ju panden laten", womit die Einwohner gewahrschauet wurden, ihrer Reinigungspflicht alsobald nachzukommen, wenn sie nicht unnachsichtig in Strafe genommen werden wollten."
[42] KOCH (1988), S. 37.
[43] VFHG (1869), S. 490. Auf eine Mark gingen 16 Schillinge (ß) zu 12 Pfennigen (d), insgesamt also 192 Pfennige. In den Kämmereirechnungen wird fast überall das Pfund zu 20 Schillingen als Rechnungseinheit verwendet, das also 1,25 Mark entspricht.

1 Pfd. Knokere ad faciendum foveam pro Vitaliensibus decollatis. 12 Pfd. bedello ad decollandum 30 Vitalienses.

Bei der ersten Hinrichtungswelle des Jahres 1401, „gleich nach dem 20. October", hatte man den Büttel Rosenfeld aus Buxtehude, auch von Hude genannt, engagiert. Er taucht neben dem Abdecker Knoker, der die enthaupteten Seeräuber einscharrte, in den Kämmereirechnungen der Stadt Hamburg auf. Knoker empfing demnach drei Pfund für das Einscharren von 73 Vitalienbrüdern:[44]

Ad diversa

16½ ß pro expensis cancellarii regine Dacie. 5 ß nuncio pro littera pacis ducis Hollandie. 3 Pfd. Knokere ad sepeliendum 73 personas Vitalienses. (Ad usum Billenwerderes 3941 Pfd. 3 ß 5 d.) 5 Pfd. bedello de Buxtehude ad decollandum Vitalienses. (...) 42 ß Knokere ad custodiendum captivos.

Der Büttel Rosenfeld, der bei der Gelegenheit so manchem Seeräuber den Kopf abgeschlagen hatte, wurde allerdings für einen ungebührlichen Redebeitrag („O nein, er könnte noch wohl an dem ganzen Rathe sein Amt verrichten.") kurz darauf selbst enthauptet.[45]

Im Jahre 1453 unterstanden sich die Brauerknechte, einen jungen, zum Tode verurteilten Knecht, „einen ihrer Collegen", beim Petri-Kirchhof mit Gewalt dem Fron und den Gerichtsdienern zu entreißen.[46] Sie mussten den Scharfrichter bei der Petrikirche empfangen und nach der Hinrichtung bis dort zurück begleiten. Otto Beneke berichtet:[47]

Bei allen Hinrichtungen in Hamburg mußten die mit dem Degen bewaffneten Bruchvögte und bürgermeisterlichen Hausdiener, (welche letztere als Beamte der vormaligen proconsularischen Dielenjustiz ebenfalls einen gerichtlichen Character hatten), den Scharfrichter vor der Frohnerei erwarten, woselbst die traurige Procession ihren Anfang nahm, denselben auch später bis dahin wieder zurück begleiten. Die vornehmeren Leibgardisten des Senats, die Reitenden Diener aber, in diesem Falle hoch zu Roß, brauchten den Zug erst an Petri-Kirchhof zu erwarten und sich dort anzuschließen, wie sie denn auch nur bis dahin den Rückzug mitmachten. Sie waren zu diesem Dienste commandirt, seit

---

[44] VfHG (1873), S. 1 und 2. Auch 1409 findet sich ein Eintrag: „1409 Recepta / Ad diversa / 3 Pfd. 6 d bedello (...) Bedello pro iustificacione et expensis unius Vitaligensis 10 ß. Knoken pro labore suo de Hude et alio Vitaligenbroeder 10 ß. 5 Pfd. pro speciebus, quando civitates fuerunt hic. Bedello pro exsequucione quinque piratarum et pro expensis eorum 2 Pfd. 4 ß. Knoken pro sepultara eorundem 14 ß. 24 ß Hinrico Lampsringh pro signis theolonaribus proconsulam. Bedello 9 ß pro expensis unius cap...", dito 1410 (S. 15): „Knoken pro sepultura 13 fratrum Vitaligensium [für das Eingraben von 30 Vitalienbrüdern] 30 ß. Bedello 5 Pfd. 4 ß pro iustificacione 13 Vitaligensium.", dito 1416. Vgl. LAURENT (1847), S. 43-92 (mit Zusätzen von Johann Martin Lappenberg). Die Kämmereinotiz von 1401 kann genau genommen auf die erste, die zweite oder auch auf mehrere Hinrichtungswellen des Jahres 1401 bezogen werden.

[45] COTTA (1857), S. 382. Jörgen Bracker gibt dem Scharfrichter aus Buxtehude in seinem Störtebeker-Roman (2005) den Vornamen Justus.

[46] CHRISTERN (1843), S. 6 (Zeittafel).

[47] BENEKE (1863), S. 182.

im Jahre 1453 ein zur Execution gehender Delinquent, von Brauerknechten aus des Frohns Händen gewaltsam befreit worden war. Es war also diese Begleitung bewaffneter Gerichtsdiener und Rathstrabanten nur zum speciellen Schutz der Justiz, des Frohns, sowie des Delinquenten gegen etwanige Pöbelangriffe angeordnet, der Frohn aber pflegte sie stets als seine ihm gebührende Ehren=Escorte zu betrachten, und sich, heimgekehrt, allemal sehr freundlich wegen derselben zu bedanken, was die stolzen Salvagardisten immer ungemein verdroß. Vielfach baten sie um Enthebung von dieser ihrem Gefühl widerstrebenden Dienstleistung, fanden aber niemals Erhörung. Das den Zug deckende und den Richtplatz einschließende Militair-Commando bestand (um 1780) aus 1 Major, 2 Hauptleuten, 3 Ober- und 5 Unter-Lieutenants, nebst dem Adjutanten, ferner aus 30 Unterofficiers, 7 Tambours und 380 Mann Infanterie; außerdem noch aus 25 Dragonern unter 1 Officier und 2 Unterofficieren. Von dem Labetrunk, der dem armen Sünder auf seinem letzten Gange vor dem alten Beginnen-Convent in der Steinstraße zu Theil wurde, ist oben im achten Capitel (betreffend die Gerichts- und Polizeidiener) die Rede gewesen.

Von 1479 bis 1671 hatte Hamburg 18 Scharfrichter.

Im Jahre 1528 taucht der „Scharp-Richter" Clawes Rose namentlich in den Akten des Lübecker Niedergerichts auf. Rose wurde am 16. Oktober 1528 wegen der Verwundung von Lenecken Hogreven zu Schadenersatz verklagt:[48]

De Ersame Radt tho Lübeck hefft eines ordels halven uth ohrem neddersten recht vor se geschulden tuschen anclegerschen eines und Peter Hellemann als borgen und fulmechtigen Clawesen Rosen, fronen tho Hamborch andtwordeßmann anders deles, van wegen einer wunde, als Clawes Rose clegerschen in ohre angesichten gegeven, darvor se gelick und affdracht furderde und bogerde und tho erkantenisse des Ersamen Rades stellede, wat ohr baven dat, so ohr im neddersten rechte thogefunden, thogekeret scholde werden, na clage ... laten affseggen:

Dat ein Ersame Radt wisede de sacke by de richtefagede, und wat de van wegen des Rades beiden parten darinne affseden, dar scholde eth by bliven.

Hartmann (oder Hermann) Rüter (seit etwa 1560) scheint ein verbrecherischer Mensch gewesen zu sein und nebenbei ungeschickt, da er wegen schlechten Köpfens bestraft werden musste. Am 22. August 1575 enthauptete er einen Mann namens Wolters, dessen mitschuldige Frau ihm damals prophezeite, „nun werde er bald auch sie, dann aber niemand mehr hinrichten". Am 3. Oktober 1575 traf der erste Teil der Weissagung ein. Rüter scheint sich aber bei den Enthauptung „der Jasbeckschen" dilettantisch angestellt zu haben und wurde „wegen schlechten Köpfens" vorbestraft. Am 24. März 1576 wurde der Büttel Rüter selbst, wegen eines inzwischen verübten Totschlages, durch einen auswärtigen Kollegen enthauptet. Damit traf auch der letzte Teil der Voraussage traf ein. Die Chronik schreibt: „1576 am 24 März wurde dem Scharfrichter Hartmann Rueter durch Meister Jürgen Böhme von Itzehoe der Kopf abgeschlagen."

---

[48] EBEL (1958), S. 82, mit Fundstelle NStB 1528 Dionisii. Vgl. BENEKE (1863), S. 147 („Frohn Claus Rose carnifex", 1528).

Marx Grave (1612-1621) gehörte seinem Wesen nach schon der neuen milderen Zeit an. Er war, wie die Chronik ihn nennt, ein gutmütiger, gar possierlicher Kerl, der nicht nur bei der Tortur zur Erheiterung des armen Gepeinigten allerlei tröstliche Schwanke trieb, sondern auch bei den Hinrichtungsprozessionen durch lustige Erzählungen den armen Sünder, so gut es gehen wollte, „zu zerstreuen trachtete". Manche seiner Witzworte gingen durch die ganze Stadt, beispielsweise bei Gelegenheit der Hinrichtung des flüchtig gewesenen Diebes Kayser, welchen der Harburger Schiffer König wieder eingeliefert hatte. Meister Graves Bonmot lautete: „Den Kaiser hat ein König gefangen und ein Grab hat ihn gehenkt, das heiß ich eine vornehme Justiz!" Neben diesem, bei einem Scharfrichter gewiss sehr seltenen, harmlos-komischen Talent, war er auch ein geschickter Arzt. Und er heilte nicht nur die von ihm gefolterten Inquisiten „schnell und glücklich" wie jeden anderen chirurgischen Fall, sondern er verstand sich sogar auf die Irrenheilkunde. Gerade in diesem Zweig muss er einen Ruf gehabt haben, denn sonst würde die Waisenhaus-Verwaltung Anno 1618 sich schwerlich veranlasst gesehen haben, gerade ihm, dem Scharfrichter, die Kur zweier geisteskranker Mädchen anzuvertrauen, welchen man bereits einige teuflische Besessenheit beizumessen begann. Gelang ihm nun auch diese Kur nicht nach Wunsch, so brachte er jedenfalls seine Patienten so weit, dass man sie später ins neue Zuchthaus schicken konnte. Eine nähere Aufklärung über diesen sehr wunderlichen Fall, den Meono Günther Kiehn in seiner Schrift „Das Hamburger Waisenhaus, geschichtlich und beschreibend dargestellt" (Hamburg 1821) erzählt, ist leider nicht zu finden. Vielleicht gelang es dem klugen Meister Grave, die beiden Kranken der Simulation zu überführen, worauf man sie an den für solche moralische Patienten passenderen Ort brachte.[49]

Grave's Nachfolger wurde im Jahre 1622 Valentin Matz aus Duderstadt, der Hamburg kurz Valten Matz genannt wurde. Von ihm ist überliefert, dass er sich in zwei Fällen weichmütig zeigte, als er Menschen hinrichten sollte, und dadurch Fehler beim Vollstrecken von Urteilen beging. „Das tragische Geschick eines melancholischen Karrengefangenen, der 1624 einen Mord beging, um aus Karre und Welt zu kommen, irrte ihm Auge und Arm dermaßen, daß er ihn vor lauter Mitleid ganz grausam schlecht richtete, und nur mühsam der Rache des Volks entging." Zur Katastrophe kam es am 4. Februar 1639, als Matz den jungen Johann Körner enthaupten sollte, der seinen sieben Jahre zuvor im Jähzorn begangenen Totschlag selbst angezeigt hatte. Körner war selbst in der Büttelei am Berge vorstellig geworden, damit Matz „ihn schließe als einen Mörder". Matz hatte ihn fortgeschickt, Körner kehrte tags darauf zurück. Am Tag der Hinrichtung hieb Matz zweimal fehl, das Volk tobte. Matz warf fluchend sein Richtschwert fort.[50]

Matz hatte durch das symbolische Wegwerfen des Schwertes seine Entlassung gefordert und ließ sich bereitwillig absetzen. Er blieb in Hamburg und kaufte sich in der damaligen Vorstadt vor dem Millerntor an der Stelle, wo sich später (1863) die Schlachterstraße im St. Michaelis-Kirchspiel befand, ein Haus, wel-

---

[49] BENEKE (1863), S. 149.
[50] BENEKE (1854), S. 301-307.

ches ihm auch eigentümlich zugeschrieben wurde. Er betrieb künftig ausschließlich die ärztliche und chirurgische Praxis, er heilte und linderte Schmerzen. In diesem Beruf, den der damals noch kindliche Zustand des Medizinalwesens duldete, wirkte er noch viele Jahre, „that seine Curen an Menschen und Vieh, und hatte viel Respect, selbst beim Volke". Seine Frau starb im Juni 1654 und genoss die Vorzüge eines ehrlichen Begräbnisses: Sie wurde auf einem mit schwarzem Tuch behängten Wagen, begleitet vom Gesang geistlicher Lieder, begraben.[51]

Nach der Räderung der Mehrfachmörderin Wesselin im Jahre 1652 sollte Jacob Gevert sein Amt nicht mehr lange ausüben. Auch außerdienstlich betätigte sich der für seine Brutalität bekannte Mann als Schläger, verwundete am 21. Februar 1653 einen Mitmenschen und machte sich aus dem Staub. Lakonisch meldet die Chronik: „... verwundete der Büttel Jacob Gevers, ein leichtfertiger Hurer, einen Mann und entwich; man setzte ihn ab und gab die Stelle dem Ismael Asthusen."[52]

Im September 1653 wurde der Henkersknecht Juergen Garmers ohne kirchliche Prozedur vor den Stadttoren bei St. Petri beerdigt. Ähnlich stellte es sich im Oktober 1664 mit dem verstorbenen Scharfrichter Ismael Asthusen I. dar. Und als im Jahre 1674 ein weiterer Scharfrichtergehilfe, nämlich Hans Burstabs, starb, entschied seine Witwe, weiteren Diskussionen aus dem Wege zu gehen, und nahm den Leichnam mit nach Glücksburg, wo ihm ein christliches Begräbnis zuteil wurde.[53]

Mit Schreiben vom 5. August 1670 empfahlen Bürgermeister und Rat der Stadt Hamburg der Stadt Reval auf deren Anforderung als Nachfolger des Revaler Nachrichters den sich dort persönlich vorstellenden Samuel Olffsen, der dem Hamburger Scharfrichter 4 ½ Jahre als Meisterknecht erfolgreich gedient hatte.[54]

Johann Wilhelm Lamprecht, auch Johann Wigand Wilhelm genannt, taucht 1731, als er in Hamburg-Bergstedt die Tochter des Halbmeisters (Abdeckers) Hans Möller heiratete, als Scharfrichterknecht in Hamburg auf. Wenige Jahre später arbeitete er als Scharfrichterknecht in Barghorst bei Ahrensbök, dann (um 1736) als Abdecker in Tangstedt bei Norderstedt. Er starb in Alvesloe bei Kaltenkirchen am 8. Juli 1767.[55]

Auf Drängen des Rates übernahm im Februar 1765 Johann Michael Marquard Hennings aus Glückstadt kommissarisch die Scharfrichtergeschäfte in der Hansestadt, da Franz Wilhelm Hennings „eine schwache Leibes-Constitution" aufwies.[56]

---

[51] BENEKE (1863), S. 151.
[52] SCHEUTZOW (1990), S. 223 f.
[53] StA Hamburg, Handschriftensammlung Nr. 493a: „Hamburgische Chronica" des von 1721-1725 als Kämmereibürger tätigen Arnold Amsinck, Einträge für 1653, 1664 und 1674. WHALEY (2012), S. 87.
[54] SEEBERG-ELVERFELDT (1966), S. 326.
[55] TREICHEL (1979), S. 121.
[56] MARTSCHUKAT (2000), S. 114.

Johann Michael Marquard Hennings starb bald, und der nun noch ältere Franz Wilhelm Hennings musste erneut für Ersatz sorgen. Nachfolger wurde also 1767 Hans Jürgen Hennings. Ihm folgte 1769 Georg Philipp Wilhelm Hennings.[57]
Die beiden letzten hatten durch die Viehseuchen sehr zu leiden, denn es war ihnen bei Vermeidung „hoher willkürlicher Strafe" verboten worden, sich zu unterstehen, das Hornvieh, das an Orten, die der Viehseuche verdächtig waren, umgefallen war, weder selbst abzuziehen, noch, wenn dieses bereits abgezogen war, die Häute zu verkaufen. Sie hatten außerdem die Pflicht, den Herren Prätoris sofort vom Auftreten der Viehseuche Mitteilung zu machen.[58]

1810 wurde Wilhelm Heinrich Martin Hennings interimistischer Verwalter des Fronpostens, 1816 bekam derselbe endgültig die Stelle. Sein Nachfolger wurde sein Sohn Hinrich Jakob Theodor Hennings.[59]

Hennings VI. starb bereits 1830 unverehelicht, und mit ihm erlosch der Hamburger Hauptzweig dieser Fronenfamilie. Unter den zwölf Kandidaten des nun erledigten Frondienstes waren sechs praktische Scharfrichter aus Buxtehude, Lüneburg, Bremervörde, Altona, Lübeck und Bützow: zwei Scharfrichtersöhne, nämlich aus Bergedorf ein Hennings, Urenkel Hennings I. und Schutzbürger und Arbeitsmann in Hamburg, und ein Schuster Stohff aus Oldesloh, der seines vormals weit und breit berühmten Scharfrichtergeschlechts nicht ohne Stolz gedachte und sich einen Abkömmling des 1684 entwichenen hiesigen Frons Jacob Stoeff nannte, was ihn eben nicht empfahl, ferner vier Bürger aus Hamburg, ein Lohndiener, ein Barbier, ein früherer Bader und jetziger Schankwirt und der Pferdeverleiher Raphael Georg Voigt, der dann auch 1830 den Dienst erhielt. Nach seinem im Jahre 1852 erfolgten Tod folgte der Sohn Georg Eduard Voigt im Amt.[60]

1875 wurde der Altonaer Abdecker Christian Friedrich Christoffer Dahl zum Nachrichter gewählt, der aber bereits am 1. Januar 1883 wegen Pflichtwidrigkeit entlassen wurde. Daraufhin wurde Otto Birk provisorisch für diesen Posten angestellt.

Friedrich Hehr, am 21. September 1879 in Korb bei Stuttgart geboren, wurde im Zeitraum 1937 bis 1944 zu den Hinrichtungen nach Hamburg gerufen.[61] Hehr hatte 1925 als Gehilfe des für Baden, Württemberg und Hessen zuständigen Scharfrichters Karl Burckhardt beginnen und 1935 das Amt für ein Jahresgehalt von 400 Reichsmark plus 50 Reichsmark pro Hinrichtung übernommen.[62]

---

[57] Vgl. BECKER-WESSELS (2001).
[58] FLEISCHER (1939), S. 35.
[59] Vgl. BECKER-WESSELS (2001).
[60] BENEKE (1863), S. 165.
[61] Ausführliche Lebensbeschreibung bei BLAZEK (2010), S. 95-102.
[62] BA R 3001, Nr. 1323, Bl. 21: Generalstaatsanwalt in Darmstadt an das Reichsjustizministerium vom 21.03.1935; ebenda, Bl. 23: Zahlungsanweisung, 04.06.1935; ebenda, Bl. 18: Württembergisches Justizministerium an Staatsanwälte und Oberlandesgerichte, 05.03.1934. Vgl. EBBINGHAUS/LINNE (1997), S. 336.

Unvollständige Liste der in Hamburg eingesetzten Frone
Vorbemerkung:
Eine Liste der Hamburger Scharfrichter zu erstellen, gestaltet sich besonders schwierig. In den Berichten über erfolgte Hinrichtungen tritt der Name des Scharfrichters in der Regel in den Hintergrund. Wirkungszeiträume und Vornamen lassen sich nur durch Archivarbeit oder tiefgründig recherchierte Sekundärliteratur ermitteln. Einen solchen Versuch hat Otto Beneke im Jahre 1889 unternommen und Informationen über die einzelnen Amtsinhaber ermittelt.[63] Die folgende Liste bedient sich seiner Ergebnisse als Grundlage und lässt bei Otto Fleischer (1939), Jürgen Martschukat (2000) und Matthias Blazek (2010) dargestellte Ergebnisse einfließen.

Vicko 1372-1384
Peter Funcke 1384-1401?
Rosenfeld 1401 (enthauptet)
Johann Prangen 1444
Johann Hagedorn 1471-1481
Michel Dannenberg 1481-1485 (†)
Claus Flügge, „ein Freiknecht von riesiger Körperkraft" (1464, 1485, 1488)
Hinrich Penningk 1521-1528
Clawes Rose ab 1528-1547?
Henrich Wendeborn 1547-1560?
Hartmann Rüter 1560?-1576 (enthauptet)
Jürgen Böhme 1576-1612?
Marx Grave 1612-1621
Valtin Matz 1622-1639, † 1654
Jürgen Gevert (aus der Halleschen Scharfrichterfamilie Gebhart) 1639-?
Jacob Gevert ?-1653
Ismael Asthusen I. 1653-1664 († Oktober 1664)
Berthold Deutschmann 1664-1674
Jacob Stoeff 1674-1685 (floh am 3. November 1685)
Ismael Asthusen II. 1685-1703 (Sohn von Asthusen I, kaufte den Frondienst für 6000 Mark, † am 6. April 1703)
Ismael Asthusen III. 1703-1722
Franz Wilhelm Hennings 1722-1765
Johann Michael Marquard Hennings 1765-1767 (wechselte 1765 von Glückstadt)
Hans Jürgen Hennings 1767-1769 (Bruder des vorigen, 1767 verstorbenen Frons)
Georg Philipp Wilhelm Hennings 1769-1816 (hatte den Ruf einer gewissen Nachlässigkeit)
Wilhelm Heinrich Martin Hennings 1816-1822 (einziger Sohn des vorigen, † 1822, seine Witwe lieferte dessen Richtschwert, auf dem die Namen der damit hingerichteten Personen eingraviert waren, in den 1830er Jahren ab)

---
[63] BENEKE (1863). Vgl. KOCH (1988), S. 330.

Hinrich Jakob Theodor Hennings 1823-1830 (Sohn des vorigen, begann als 20-Jähriger und starb bereits jung)
Raphael Georg Voigt 1830-1852 (ehemals Hamburger Pferdehändler, ausgewält unter 12 Kandidaten)
Georg Eduard Voigt 1852-1875
Christian Friedrich Christoffer Dahl 1875-1883
Otto Birk 1883-1899?
Hermann Birk 1900-1917?
Carl Gröpler, Magdeburg, 1917-1937
Friedrich Hehr, Hannover, 1937-1944

Abschnitt 4:

Die Richtstätten –

Das Halsgericht wurde 1805 noch weiter nach Osten verlegt

Der Grasbrook, eine Elbinsel in Hamburg, heute Hafencity, war von 1400 bis in das 17. Jahrhundert hinein die Richtstätte der Stadt Hamburg.[64] Hamburg erwarb sich durch seine unermüdliche und erfolgreiche Tätigkeit den Ehrennamen „Bändigerin der Seeräuber" – *domitrix piratarum*. Es war schon mit Erklärung vom 14. Oktober 1359 von Kaiser Karl IV. ermächtigt worden, die Elbe gegen Seeräuber zu schützen.[65] Unterm 14. Juli 1462 erhielt es von Friedrich III. das Vorrecht, sein Schiffsgut zu sichern und wieder zu gewinnen und alle Übeltäter, „so man auf der Elbe ankommen und betreten" möchte, nach des Heiligen Römischen Reichs Rechten zu strafen.[66]

Im Lauf der Geschichte sind am westlichen Ende der Insel, direkt gegenüber der Hafeneinfahrt, über 600 Seeräuber enthauptet worden, die letzten drei am 13. Dezember 1624. Alexander Schindler (Pseudonym: Julius von der Traun) schreibt in seiner Novelle „Die Geschichte vom Scharfrichter Rosenfeld und seinem Pathen" (1852): „Die Elbe glich einem Blutstrome, Blut klebte an allen Masten und Segeln, Blut an allen Waarenballen und Tonnen, und als ich zum großen Grasbrook kam, war es mir als triefe die ganze Insel von Blut, wie ein Rabenstein. / In der That, bevor der Hamburger Hafen so stetig voll von Schiffen und so sicher zu erreichen war, ist viel Blut in die Elbe vergossen worden. Bald rauschte es von den Borden kämpfender Schiffe, bald von der Richtstätte am großen Grasbrook nieder, wo die gefangenen Seeräuber, ihre Anzahl mochte noch so groß sein, ohne Schonung auf Befehl der siegreichen Bürger enthauptet wurden. So wurden im Jahre 1402 mit Klaus Stortebecher (sic!) siebzig seiner Gesellen an einem Tage auf dem Brook hingerichtet, und ihre Köpfe, wie die alte Chronik Heinrich Adelungk's sich ausdrückt, ‚zu den anderen gesetzet.'"[67]

---

[64] Über die Insel ausführlich: ZIMMERMANN (1853).
[65] UB Hamburg, Regesten zu 1359, StA Hamburg, Ratthrese, Inv.-Nr. D 14., Prag, 14.10.1359.
[66] OETKER (1855), S. 466.
[67] TRAUN (1852), S. VI f.

1464 wurde auf dem Brook ein Galgen für Räuber errichtet. 1471 wurden die Leichname vom Galgen herunter genommen und eingescharrt, weil ein neuer Galgen errichtet werden sollte.[68]

Hamburg von der Elbseite im Jahre 1700

Abb. 3: Blick auf Hamburg, vom Kleinen Grasbrook aus über die Norderelbe. Vorgelagert ist der Große Grasbrook, auf dem Vieh weidet, mit der Richtstätte am westlichen Ende. Zwischen Stadt und Grasbrook befindet sich das Brooktor mit der dazugehörigen Brücke. Zum Zweck der Befestigung des so genannten hölzernen Wamses am Grasbrookende wurde die westliche Ecke später abgetrennt. Wikipedia.de/gemeinfrei.

Der etwa einen halben Meter hohe Richtblock mit vier schlichten Kreisornamenten ist erhalten; er steht laut Deutschlandführer von Jörg von Uthmann (1979) vor der Landfront des Kaiserspeichers B an der Stockmeyerstraße.[69] Der dort befindliche Galgen war fest gemauert, wie Joachim Luhns Hamburg-Ansicht von 1681 ausweist. Damals war der Grasbrook noch völlig unbebaut, und man gelangte über das Sandtor und das Millerntor auf die Insel. Dieses Halsgericht hatte durch seine feste Bauweise und bereits aus weiter Entfernung mögliche Sichtbarkeit eine gewisse Berühmtheit erlangt. Es wurde, so Rudolf Nehlsen, 1658 abgebrochen.[70]

Weithin sichtbar als Zeichen „mittelalterlichen" Strafvollzuges ragten die Gestelle der Galgen überall auf in den deutschen Landen. Hamburg hatte, ebenso wie Lübeck, zwei Galgen von unterschiedlicher Höhe gehabt, von denen der

---

[68] VfHG (1878), S. IXI.
[69] Mit Verordnung vom 20. April 1707 wurde, da auf dem Grasbrook „allerhand Unordnungen vorgehen", festgelegt: „Daß keine Erde oder Soden, unter was Schein es auch seyn mag, vom Grasbrocke geholet oder gestochen werden soll, bey ernster willkührlicher Strafe. (...)" [PISCATOR (1764), S. 579.]
[70] NEHLSEN (1897), S. 162.

obere für Erzdiebe und der untere für gemeine Diebe bestimmt war. In Hamburg wurde der „höchste Galgen" in einem bis 1724 und in einem späteren Abdruck bis 1781 gehenden „Ausführlichen Bericht derer in Hamburg hingerichteten Missethäter, gedruckt in diesem Jahr", 1645 zum letzten Mal erwähnt.[71]

Nach den Angaben in den alten Chroniken wurden die öffentlichen Hinrichtungen, die nicht Seeräuber betrafen, noch im späten Mittelalter mitten im Stadtbereich, im Kirchspiel St. Petri, auf Hamburgs ältestem Marktplatz, dem „Berg", vollzogen.

In den Kämmereirechnungen der Stadt Hamburg tauchen in der zweiten Hälfte des 14. Jahrhunderts regelmäßig Positionen auf, die im Zusammenhang mit der Reinigung des Galgens (*ad purgandum patibulum*) stehen. Dafür wurden zwischen neun (nur 1357) und 24 Schillinge aus der Stadtkasse genommen. Explizit aufgeführte Zahlungsempfänger waren 1380 *Hincen de Stettyn* (24 ß für Galgen- und Gefängnisreinigung), 1383 *Hinzen cloacario* (24 ß für Galgen- und Gefängnisreinigung), 1386 *Hinrico cloacario* (einmal 16 ß und einmal 24 ß), 1387 derselbe mit der Bezeichnung *magistro Hinrico cloacario* (24 ß).[72]

Der Galgen bzw. das gesamte Pfahlwerk (*patibulum*) wurde 1374 neu erbaut und erhielt eiserne Ketten, und auch 1375 wurden bei der Errichtung eines *patibuli* viele Ausgaben gebucht.[73]

Die Richtstätte wurde in der frühen Neuzeit nach St. Jürgen (= St. Georg) und damit außerhalb der Stadtmauer verlegt. Im Jahre 1554 wurde dort, am Ende des Steindamms, ein hölzerner Galgen gebaut. Delinquenten wurden durch das Steintor dorthin geführt.[74]

Durch den um Hamburg herumführenden Wall führten verschiedene Tore ins Freie: das Steintor, das Deichtor, das Brooktor, das Sandtor, das Niederhafentor, das Millerntor und das Dammtor. Das Steintor war das östliche Haupttor. Die dorthin führende Steinstraße hatte ihren Namen von der frühen Pflasterung. Verließ man die Stadt an dieser Stelle, gelangte man in den Stadtteil St. Georg.

Nach fast zwanzig Jahren Ruhe kehrte 1565 der schwarze Tod in den norddeutschen Raum zurück. In den Hamburgischen Chroniken in niedersächsischer Sprache heißt es über die Auswirkungen in Hamburg: „Anno 1565 was de ganze grote pestelencie in allen landen vnd hir to Hamborch storuen auer xx dusent minschen."[75]

Jetzt wurden in unmittelbarer Nähe zum Galgen Schweineställe errichtet, da diese wegen der Pest nicht mehr in Hamburg gehalten werden durften. Ab sofort lag zudem das Galgenfeld in St. Georg, das man auch Armesünder- oder Seuchenfriedhof nannte, in St. Georg. Hier wurden die Gehenkten, die Armen und die Pestopfer beerdigt.

---

[71] HUDTWALCKER/TRUMMER (1825), S. 329.
[72] VfHG (1869), S. 59, 145, 183, 211 f., 307, 368, 435 f., 462.
[73] BENEKE (1889), S. 303.
[74] LUTZ (2005), S. 14.
[75] LAPPENBERG (1861), S. 148.

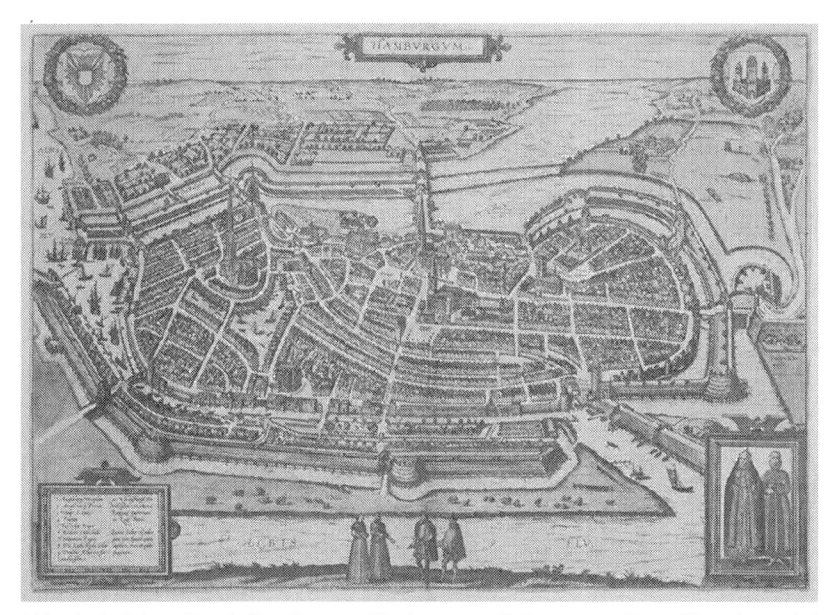

Abb. 4: Auf dem Vogelschauplan von Hamburg von Südosten von Frans Hogenberg sind rechts oben, allein in weiter Flur, Galgen und Rad zu sehen. Aus: Georg Braun und Frans Hogenberg, „Civitates orbis terrarum", Band 4, Köln 1588. www.zeno.org/gemeinfrei.

Die Stallungen wurden direkt neben Abdeckerei und Richtstätte gebaut. Der Grützmachergang, die Südseite der Brennerstraße, die Westseite der Neuenstraße und die Nordseite der Brunnenstraße, also der heutige Straßenabschnitt der Rostocker Straße zwischen Stift- und Danziger Straße, wurde früher „beim Schweineköven" oder „Schweineköven buthen dem Steinthoer" und die St. Georger Jahrhunderte lang nur die „Swienskövener" genannt.[76]

Das „Gericht vor dem Steinthore" wurde im Jahre 1565 als vorhanden und zwar als sehr baufällig erwähnt. Deshalb wurde noch im gleichen Jahr ein richtiger Dreibein aufgeführt, drei gemauerte Pfeiler mit drei Balken darauf, daneben ein Köppelberg, andernorts als Rabenstein bezeichnet: ein Erdhügel mit Grasboden zu den Enthauptungen.[77]

1609 wurde das Galgenholz erneuert, im Oktober 1609 wurde der Köppelberg vor dem Steintor laut Otto Benecke „fertig gemacht".[78] Das Hochgericht lag, mit Wassergraben und Zugbrücke versehen, inmitten der Stadtweide „Borgesch" in St. Georg, unweit Tor Nr. 4, im Bereich der jetzigen Brennerstraße. Hier wurden die Hinrichtungen vollzogen, die nicht die Seeräuberei betrafen. Dazu heißt es in Neddermeyers Topographie der Freien und Hansestadt Hamburg aus dem Jahre

---

[76] Die nicht sehr schmeichelhafte Bezeichnung für die Ortslage entstand, als den Branntweinbrennern daselbst Plätze für ihr Vieh angewiesen wurden. [MEEDER (1839), S. 308; ROSS (1951), S. 8.]
[77] BENEKE (1889), S. 304.
[78] BENEKE (1863), S. 231.

1832: „Brennerstraße. Am nordöstlichsten Ende lag einst das Hochgericht (Köppelberg). Es kam 1609 nebst der Abdeckerei hierher (wo es früher lag, ist mir unbekannt). Beide sind 1805 vor No. 4, nach dem Borgfelde (Galgenfelde) verlegt. Den Namen erhielt die Straße 1824; vorher gehörte diese Gegend mit zum Schweineköven."[79]

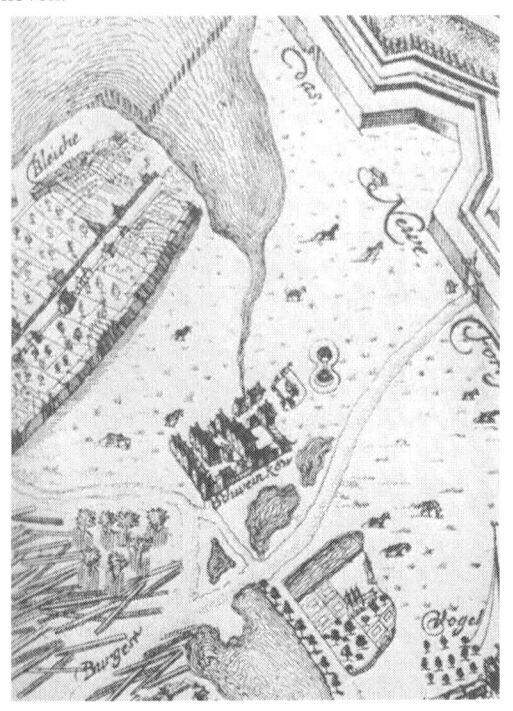

Abb. 5: Diese Illustration zeigt den „Schweineköv" in St. Georg, dicht neben der Abdeckerei und dem Galgen. Ausschnitt aus dem Vogelschauplan von Hamburg von Diederich Lemkus, 1686. Repro: Blazek

Der Köppelberg wurde laut Hans Ross auch „Hurlberg" genannt. Die Zugbrücke, die man bei Hinrichtungen hinunterließ, wurde trotz Absperrung manchmal von Neugierigen besetzt.[80]

Die Gegend muss durch Galgen und Abdeckerei einer sehr starken Geruchsbelästigung ausgesetzt gewesen sein, und das Gebiet wurde, gerade in den Abendstunden, gemieden.[81]

---

[79] NEDDERMEYER (1832), S. 319 f. Zur Begrifflichkeit Nr. 4: „Das andre Thor, welches nach dem Galgen, der Kuhmühle und nach Wandsbeck führt, heißt Nummer Vier." [NESTLER (1805), S. 26.]
[80] ROSS (1951), S. 7; des Dr. M. Schlüters Historisch und Rechtsbegründeter Tractat von den Erben in Hamburg, Hamburg 1698, führt den „Hurlberg" unter den vor dem Stein- und Deichtor gelegenen Gassen und Plätzen an.
[81] LUTZ (2005), S. 14.

In der Hamburgischen Chronik von dem Doktor der Philosophie Carl W. Reinhold (1777-1841) und Bildungsschriftsteller Georg Nicolaus Bärmann (1785-1850) aus dem Jahr 1820 wird noch ein Wort über die inzwischen aufgegebenen Richtstätten verloren: „Nebenher erinnern wir noch, daß der Weg vom Dom bis zum vormaligen Hochgerichte der Stadt dieselbe Länge hatte, wie vom Dom bis zum Cruzifix zu St. Georg; daher also die Hamburgische Sitte, die Delinquenten nur vor dem Spitalthor (jetzt Steinthor) hinzurichten, und die Enthaupteten auf einem Anger neben Sanct Georgs Kirchhof zu begraben. – In älteren Zeiten, wo die Ringmauern der Stadt von geringerem Umfange waren, befanden sich das Hochgericht und die Meierey in der Gegend, wo jetzt die Lilienstraße (vor etlichen Jahrzehnden noch Rackerstraße genannt) liegt, und man erzählt, daß zu jener Zeit an der Südecke der Neustraße der Galgen seinen Platz gehabt haben soll."[82]

Hans Ross beschreibt die Lage der bis 1805 gebrauchten Richtstätte in einem Aufsatz über öffentliche Hinrichtungen im Jahre 1951 so: „Der Zug mit dem Bürgermilitär, dem Bruchvogt, dem Geistlichen, dem Henker und dem Todeskandidaten hat den Armensünderdamm verlassen und biegt in die heutige Stiftstraße links hinein zur Richtstätte. Ehedem hieß dieses Stück der Stiftstraße Bergstraße, nach dem dort befindlichen Köppelberg benannt. Das Galgenfeld lag innerhalb des heutigen Straßenvierecks aus Stift-, Brenner-, Bülau- und Rostocker Straße. Der früheste Galgen stand an der Stelle, wo jetzt die Volksschule Rostocker Straße liegt, der spätere an der Stelle der heutigen Impfanstalt."[83]

Zeitzeuge Jonas Ludwig von Heß (1756-1823) schreibt 1811 über die aufgegebene Örtlichkeit:[84] „Bei No. 4. / Eine Reihe Häuserchen, die um den ehemaligen Köppelberg und Schinderhof standen. Auf dem erstern wurden Maleficanten enthauptet oder gerädert. Er hatte die Figur eines abgekürzten Kegels, war mit einem Wassergraben umgeben, über welchen eine Zugbrücke gieng, die fast nur bei Hinrichtungen niedergelassen ward. Inwendig war dieser Enthauptungsberg hohl. Er ist vor wenig Jahren nebst dem dabei gestandenen Schinderhofe, – das Haus des Frohns zum Abdecken und Trocknen der Felle, – vor No. 4 nach dem sogenannten Borgfelde, wo schon ein Galgen stand, verlegt worden. Zu diesen verschiedenen Federungen der menschlichen Gesellschaft ist dort ein Raum von 1244 Quadr. Ruthen eingezäunt, die hier auch an ihrer rechten Stelle, einsam und abgesondert von den Wohnungen der Menschen, liegt."

Der dort befindliche Galgen wird als 16 Fuß hoher „Zweibein" und als letztmalig 1805 gebraucht beschrieben.[85] Die Örtlichkeit wurde beschrieben mit „beim Strohhause". Ganz in der Nähe der Richtstätte befand sich außerhalb des Steintores „hinter dem Strohhause" die „Vogelstange", das heißt hier der Platz mit

---

[82] REINHOLD/BÄRMANN (1820), S. 102 f.
[83] ROSS (1951), S. 7. Der Steindamm wurde vom 17. bis zum 19. Jahrhundert der Armesünderdamm genannt.
[84] HEß (1811), S. 9.
[85] LAUFFER (1936), S. 56.

der Stange, wo das Vogelschießen stattgefunden hatte (wohl erstmals am 27. Juni 1663).[86]

Am 6. November 1656 wurde neben dem Köppelberg der höchste Galgen, der baufällig war, abgebrochen und ein neuer auf dem Bauhof verfertigt und sofort aufgesetzt. Es zogen alle Zimmerleute, Bleidecker und Bauhofsarbeiter mit einem beladenen Wagen, darauf Trommlern und Pfeifern, paarweise nach dem Borgesch hinaus, brachen gemeinsam den alten Galgen ab und richteten sofort den neuen auf. Auch der Galgen auf dem Pferdemarkt wurde unter ähnlichen Feierlichkeiten am 1. Dezember neu errichtet.[87]

Im Jahre 1680 war das Hochgericht erneut reparaturbedürftig und zu erneuern. Kein ehrbarer Zunftmeister wollte diese Arbeit verrichten. Schließlich mussten sie die Arbeiter der Befestigungsbehörde ausführen, die aber erst dann begannen, als der zuständige Herr Senator selbst den ersten Axthieb ausgeführt hatte, womit das ehrlose Werk ehrbar gemacht wurde.[88]

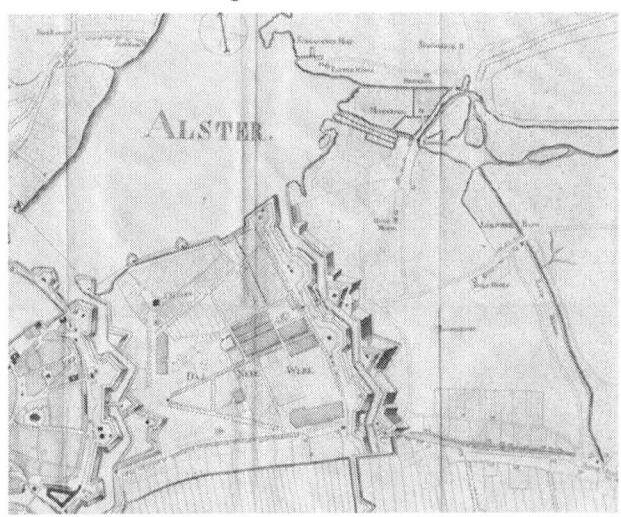

Abb. 6: Ausschnitt aus dem „Plan der Kayserlichen Freyen Reichs Stadt Hamburg" aus dem Jahre 1787. Auf der freien Fläche in der rechten Bildhälfte ist das Hochgericht eingezeichnet. Jonas Ludwig von Heß: Hamburg topographisch, politisch und historisch beschrieben, Erster Teil, Selbstverlag, Hamburg 1787

Nach einem Orkan stürzte das Hochgericht mitsamt aufgehängtem Missetäter am 2. September 1717 zusammen und wurde am 11. August 1718 feierlich wieder hergestellt. 1751 befand sich das Hochgericht „durch wühlende Schweine in

---

[86] WOSNIK (1926-1), S. 10; CHRISTENSEN (1908), S. 48. CLEMENS (1844), schreibt, S. 523: „hinter dem Strohhause, vom Volke ‚klein Jerusalem' genannt". Die Bezeichnung bezieht sich laut WICHMANN (1863), S. 213, auf die auf der Nordseite befindlichen, im Auftrage des Kaufmanns und Freimaurers Otto von Axen (1757-1831) 1802 erbauten Armenwohnungen.
[87] GALLOIS (1862), S. 244. Vgl. BENEKE (1863), S. 231.
[88] BENEKE (1863), S. 231 f.

einem ganz ruinösen Zustande", sodass der Rat den benachbarten Eigentümern befahl, „daß sie ihre Schweine in der Schnauze beringen möchten".[89]

1752 war es dann wieder soweit, dass bei einem heftigen Gewitter der Galgen umkippte. So sah St. Georg im Sommer 1753 abermals das feierliche Schauspiel einer Galgenerrichtung. Eile tat auch Not, weil eine Kindsmörderin bereits seit längerem auf ihre Hinrichtung wartete.[90]

Johann Bernhard Basedow schreibt 1792: „Köppelberg heißt zu Hamburg der in der Vorstadt St. Jürgen aufgeführte Erdhügel, auf welchem die Missethäter mit dem Schwerdte oder mit dem Rade hingerichtet werden."[91]

Auf alten Karten findet man im Bereich der Hamburger Richtstätte ein großes Feldkreuz eingezeichnet, das man als Armsünder-, Galgen- oder auch Urtelkreuz bezeichnet. Dort wurde den Verurteilten Gelegenheit zu geben, ihr letztes Gebet zu verrichten. Bei ihnen wurde auch für bereits Gerichtete gebetet.[92]

In der „Sammlung der Verordnungen der Freyen Hansestadt Hamburg" von Daniel Christian Andersen findet sich diese Verordnung vom 5. Juli 1814, in denen den Einwohnern untersagt wird, Dünger vom alten Köppelberg fortzuschaffen:[93]

Jul. 5.   ***Publicandum***

wegen der dem Gassen=Reinigungs=Pächter angewiesenen Dünger=Plätze.

Da in Gemäßheit des mit dem Gassen=Reinigungs=Pächter geschlossenen Contracts, demselben folgende Düngerplätze angewiesen sind:

1. Vor dem Altonaer Thore, rechts am Glacis.
2. Bey der Oehlmühle.
3. Vor dem Dammthore, links neben und hinter den Kirchhöfen.
4. Der Bucksche Garten beym Lombard.
5. Die Paulstraße.
6. Der alte Dreckraum in St. Georg.
7. Der alte Köppelberg ebendaselbst.
8. Die Weide bey der Kirche daselbst.

So wird dies hiemit zu jedermanns Wissenschaft gebracht, und Allen und Jedem verboten, ohne Vorwissen und Genehmigung des Gassen=Pachters, Otten, Dünger von diesen Plätzen wegzunehmen, mit der Verwarnung, daß Jeder, der diesem entgegen handeln würde, in eine Strafe von 2 Rthlr. für jedes weggenommene Fuder verfallen seyn soll.

Hamburg, den 5. Jul. 1814.

Abseiten der Polizey=Behörde.
Th. Brunnemann,
J. H. Bartels, Dr.

---

[89] BENEKE (1863), S. 237.
[90] Ebenda.
[91] MEIER (1792), S. 186.
[92] PAULS (1943), S. 236.
[93] ANDERSEN (1815), S. 162.

Auf einer Karte von 1810 sieht man einen Weg, der durch das Tor, wo sich nunmehr außerhalb die Begräbnisplätze St. Georg, St. Jacobi und Reformierte sowie die Stadtweide „Borgesch" befanden, am Strohhaus, wo sich das Heu- und Strohmagazin der Reiterei befand, vorbei nach Borgfelde (Galgenfelde) führte. 1805 wurden die Abdeckerei und die Richtstätte dorthin und somit weiter nach Osten verlegt. Der neue Köppelberg (oder auch „Köpfelberg") wurde 1813 von den Franzosen befestigt und mit Kanonen besetzt, 1856 wurde er abgetragen. Heute geht die Lübecker Straße über die Stelle: genau da, wo die Lübecker Straße auf die Alfredstraße trifft.[94]

In der Hamburger Umgebung wurden im 17. Jahrhundert weitere Galgen aufgerichtet, die aber nur wenig in Gebrauch gekommen zu sein scheinen. 1602 setzte der Drost von Pinneberg, Simon Werpup, an die Grenze zwischen Eppendorf und Lokstedt einen Galgen, der dem Volkswitz Anlass gab, der ganzen Gegend den heute noch lebendigen Ortsnamen „Hoheluft" zu geben. Hoheluft war damals noch eine kleine Ansiedlung an der Isebek.[95] Im Jahre 1660 ließ der dänische Feldmarschall Ernst Albrecht von Eberstein (1605-1676), Drost von Pinneberg, in Altona, „nach der hamburgischen Grenze zu", gegen den Protest der Hamburger einen Galgen aufstellen, um Soldaten vom Desertieren abzuhalten.[96]

1688 befanden sich laut Franz Heinrich Neddermeyer auf dem Pferdemarkt ein Galgen und ein hölzernes Pferd für das Militär.[97]

Eine vorwiegend dem militärischen Strafrechtsbereich eigentümliche Form war der Wippgalgen, wie er etwa auf den Wällen von Hamburg (Johannes Jansson, Theatrum exhibens Illustriores Principesque Germaniae superioris civitates, Amsterdam 1657) abgebildet erscheint. „Ich will geprellt werden, wenn …" und „Ich will mich prellen lassen" sind Beteuerungsformeln, die im Zusammenhang mit dem Strafvollzug zu sehen sind. So wurde hier geprellt, das heißt, Diebe wurden durch Schnell- oder Wippgalgen hingerichtet, „indem man sie so lange am Galgen emporzog und wieder fallen ließ, bis ihre Knochen zerschmettert waren" (mit auf den Rücken gebundenen Händen).[98]

Im Jahre 1744 wurde für die Soldaten feierlich ein eigenes Hochgericht in der Bastion Nr. 4 in St. Georg errichtet.[99]

Karten aus der Zeit kurz vor 1700 zeigen Galgen bei Hamburg, Altona, Bergedorf und Harburg (1688 bei Bergedorf mit Leiter, bei Harburg mit Rad).[100]

---

[94] CHRISTENSEN (1908), S. 48.
[95] HOFFMANN & CAMPE (2002), 513 f.
[96] SCHMID (1747), S. 48.
[97] NEDDERMEYER (1832), S. 285.
[98] Vgl. bzgl. Wippbalken STEINER-WELT (2002), S. 48.
[99] BENEKE (1863), S. 236 f.
[100] JOHANN FRIEDRICH VOIGT, „Die Elbkarten des Heinrich Brandt von 1688 und 1698", in: VfHG (1919), S. 57.

Abschnitt 5:

Die Einzelfälle –

Weit über tausend Hinrichtungen in Hamburgs Geschichte

I. Mittelalter bis zum Beginn der Reformation (1517)

Es lässt sich leider nur grob schätzen, wie viele Menschen in Hamburg ihr Leben unter der Hand des Scharfrichters lassen mussten. Eine besondere Rolle hat hier die Strafe für Seeräuberei gespielt. Elsa Hennings hat auf der Grundlage einer in Hamburg überlieferten, bis zum Jahr 1390 zurückgehenden, aber wohl kaum vollständigen Liste von Exekutionen darauf hingewiesen, dass bis zum Jahr 1600 etwa 500 Enthauptungen wegen Seeraubs vorgenommen worden seien.[101]

Die besagte Liste, die noch 1926 vom Verwalter des Hamburger Kriminal-Museums, Richard Wosnik, fortgeschrieben wurde, scheint im Wesentlichen die in den alten Hamburger Ratsprotokollen erwähnten Hinrichtungen aufzuführen. Mit einer Liste in Hamburg hingerichteter Krimineller „von 1390 bis zur Jetztzeit" leitete Wosnik seine „Beiträge zur Hamburgischen Kriminalgeschichte" ein.[102]

Bereits in dem 1853 aufgelegten Nachschlagewerk „Der neue Pitaval – Eine Sammlung der interessantesten Criminalgeschichten aller Länder aus älterer und neuerer Zeit" von Julius Eduard Hitzig und Willibald Alexis wird diese Übersicht erwähnt: „Statt dessen fanden wir in einem alten Verzeichnis, der von Anno 1390 bis in das vorige Jahrhundert in Hamburg hingerichteten Personen folgende Registrande unter dem Jahr 1590 (...)."[103] (siehe hier: 11. Oktober 1581)

Weitere Historiker und Chronisten haben sich mit der Materie befasst, so Wolffgang Henrich Adelungk (1649-1710) in der „Kurtzen historischen Beschreibung von Hamburg" (Hamburg 1696), Bernhard Heßlein in „Hamburgs berühmte und berüchtigte Häuser in historischer, criminalistischer und sozialer Beziehung" (Zweiter Band, Hamburg 1850), Johann Gustav Gallois, „Hamburgische Chronik von den ältesten Zeiten bis auf die Jetztzeit", Band 1 und 2, Hamburg 1861 und 1862, sowie Karl Koppmann in den „Kämmereirechnungen der Stadt Hamburg 1350-1470" (Band 2, Hamburg 1873).

Die alten Hamburger Ratsprotokolle berichten von über 600 Hinrichtungen, die auf dem westlichen Ende des Grasbrooks in den Jahren zwischen 1390 und 1624 vollzogen wurden. Eberhard Isenmann resümiert, dass es bis 1532 nur wenige

---

[101] StA Hamburg, Senat, Cl. VII, Lit. Mb, No. 3, Vol. 1 (Appellationsurteile), Kurtzer Auszug derer Delinquenten so (...) durch die Justiz alhir zu Hamburg abgestrafft (...), StA Hamburg, Senat, Cl. VII Lit. Mb. Nr. 3 Vol. 1, S. 1-82 (Delinquentenliste 1); Kurtzer Außug was von A° 1390 bis Anno 1690 alhier zu Hamburg vor Delinquenten (...) durch die Justitz abgestrafft sind (...), ebd. Beilage (Delinquentenliste 2). Zur Entwicklung des Hamburger Strafrechts vgl. HENNINGS (1935).

[102] WOSNIK (1926-1), S. 17, 24-51. Das Buch steht in der Staatsbibliothek in der Hamburg-Abteilung unter der Signatur /HH 6464/ 1: 1/2.

[103] HITZIG/ALEXIS (1853), S. 60 f. Jürgen Martschukat führt eine anonyme Liste aus dem Jahre 1824 als Quelle einer Delinquenten-Liste an.

Hinrichtungen gegeben habe, die nicht Seeräuber betrafen: „In Hamburg etwa wurden in der Zeit von 1390 bis 1532 zwar über 330 Menschen hingerichtet, doch befanden sich darunter allein schon 306 Seeräuber, von denen am Tag vier Mal bis zu 75 Personen auf einmal enthauptet oder gehenkt wurden. Nimmt man die vielen Kirchendiebe des Jahres 1392 und die drei Aufrührer von 1483 hinzu, so bleiben für den gesamten Zeitraum von 142 Jahren nur noch 6 sonstige Hinrichtungen übrig."[104]

Zwischen 1390 und 1550 gab es nach Chronik-Recherchen von Ralf Wiechmann, Mittelalter-Experte im Museum für Hamburgische Geschichte, 485 Hinrichtungen in Hamburg (zu 97 Prozent Seeräuber). Nach weiteren 50 Jahren (bis 1600) kommt man auf eine Gesamtzahl seit 1390 von mindestens 581 Hinrichtungen (davon mindestens 428 Seeräuber). Von 1600 bis 1735 wurden in Hamburg 288 Menschen hingerichtet.[105]

Im Jahre 1624 wurde vor Hamburgs Toren die letzte Hinrichtung von Seeräubern und Freibeutern vollzogen. Die letzte Hinrichtung einer Frau, die ein Kind, allerdings nicht ihr eigenes, ermordet hatte, wurde in Hamburg im Jahre 1809 vollzogen. In den Jahren 1808 und 1809 erfolgte je eine Hinrichtung durch das Schwert, 1812 und 1813 wurden dort drei Verbrecher durch das Fallbeil enthauptet, 1816, 1818 und 1822 jedoch wurde wieder je ein Todesurteil durch das Schwert vollstreckt.[106]

1935 wurde die Untersuchungshaftanstalt Hamburg-Stadt an der Straße Holstenglacis zum Standort einer zentralen Hinrichtungsstätte bestimmt und 1938 mit einem Hinrichtungstrakt und einem neuen, dauerhaft aufgestellten Fallbeil ausgestattet. Bis 1945 wurden auf dem Hof der Untersuchungshaftanstalt etwa 500 Hinrichtungen vollstreckt. Zu den bekanntesten Opfern zählen die so genannten Lübecker Märtyrer, die drei katholischen Priester Johannes Prassek, Eduard Müller und Hermann Lange sowie der evangelische Pastor Karl Friedrich Stellbrink, die am 10. November 1943 enthauptet wurden.

1385
Eine Frau, die ihren Knaben umgebracht hatte

Aus dem Jahre 1385 berichtet das Kämmerei-Rechnungsbuch der Stadt Hamburg, dass einem Knecht 8 Schilling gezahlt wurden, weil er ein Weib aus dem Glindesmoor lebendig begrub, die ihren Knaben umgebracht hatte.[107]

1390
Eine Gattenmörderin und ihr Komplize, ein Küster

Im Jahre 1390 wurden wegen Mordes zwei Personen hingerichtet. Eine namentlich nicht genannte Frau wurde lebendig verbrannt, ihr Komplize aber, ein Küster, gerädert und aufs Rad gelegt.[108]

---

[104] ISENMANN (1988), S. 165.
[105] DANKER (1988), S. 83.
[106] BRELOER/KÖNIGSTEIN (1982), S. 72.
[107] HAMBURG-MOORBURG.DE (2012).
[108] WIECHMANN/BRÄUER/PÜSCHEL (2003), S. 93.

Allein Adam Tratziger (1523-1584) hat diesen alten Kriminalfall in seiner Chronik aufgearbeitet:[109]

Im jare 1390 baweten die von Hamburg das Haus Morborch auf das Glindesmor wider Herzog Heinrich zu Braunschweig und Lüneburg willen und gefallen.

Es begab sich auch dieses jares zu Hamburg ein seltzame geschicht. Ein statdiener hette ein weib, die der ehren nicht from war, innder mit vielen andern bulschaft und unzucht treib. Nu waren einmal algemeine der stadt diener sampt ihren frauwen und rinderen bei einander, trunken, tanzten und waren frolich. Und es trug sich zu, daß einer saß bei gemeltes dieners weib, der sie, wie zu erachten, wol kente, der scherzet mit ihr, und schlug ihr mit einem finger auf dem maule ein brumlein. Do ihr man sach, daz sie sollichs vor gut annam, ward er zornig, gab ihr einen backenstreich und strafet sie aldar vor jdermeniglich umb ihre leichtfertigkeit.

Das weib schwieg still und gedacht, sie wolt der gelegenheit warnemen, daz sie ihr leit widerumb tonte rechen. Do sie nu auf den abent mit ihrem manne heim ging, seht er sich auf einen stuel und wurt entschlafen, daz ihm der köpf auf eine seiten hing. Solchs ersache sie, zug ihme sein eigen schwert aus und hieb ihme den hals entzwei, daz er an der stette tot blieb. Da sollichs geschehen war, ging sie zu dem kuster zu Sanct Jacob, mit deme sie auch bulete, erzelete ihm den Handel und bat daß er ihr den toten leichnam solte helfen wegbringen, so konten sie darnach ihren willen desto freier mit einander brauchen. Der kuster ließ sich überreden, trug den man aus dem Hause auf S. Jacobs kirchhof, aldo machet er ihme eine kulen und vergrub ihn darein. Darnach gieng er mit dem weib wieder heim und trieb feine Unzucht mit ihr. Do sie also eine totsunde mit der andern aufgeheufet hetten, peiniget und erschreckte sie ihr gewißen und wurden erst bedenken, daß, wan mnn die newe gruben auf dem kirchhofe sehen wurd, und des dieners mihen, so wurde man ihn aufgraben und also den toten leichnam finden und erkennen. Darumb bat das weib den kuster, daz er solt das grab widerumb offnen und den leichnam herausnemen. Des ließ sich der toi auch bereden. Also brechten sie den toten leib wider in das Haus, macheten ein groß fewer und legten ihn darein, vermeinten ihn also zu verbrennen. Davon erhub sich so ein grewlicher gesinnt, daß die nachbaren herumb dauon aufwacheten, auch braßelte das fewer und gab so ein Haufen flamen und funken von sich. Die nachbaurn liefen für die turen, klopfeten an und do ihnen niemands wolle aufmachen, brechen sie mit gewalt die tur auf, kamen in das Haus und funden den toten leichnam, ohngeferlich zum halben teil verbrennet im fewer liegen. Also wurden sie angegriffen und umb die geschicht gefraget. Sie bekenten die böse mörderische tat und das weib wurt lebendig verbrant, der kuster aber wurt auf ein rat gelegt.

Dazu eine aufschlussreiche Fußnote folgenden Inhalte: „Fast wörtlich übersetzt nach Korner z. J. 1390, welcher sich auf die chronica bezieht. Tratziger hat den Kirchhof näher bezeichnet als St. Jacobi und aus dem campanarius clericus Kor-

---

[109] LAPPENBERG (1865), S. 106 f.

ners seinen Küster gemacht. Stelzner, welcher den Tratziger ausschrieb, fügt hinzu, daß zum ewigen Andenken der That über des Küsters Hausthüre auf St. Jacobi Kirchhof ein in Stein gehauener Mannskopf und ein Weibskopf eingemauert seien, welche zu seiner Zeit noch zu sehen waren. Ebenso in dem Verzeichnisse der zu Hamburg seit dem Jahre 1390 Hingerichteten. Kurz erwähnt in den Niedersächsischen Hamburg. Chroniken S. 239 und 491, wo indessen der obige Stadtdiener, Corners Stipendiarius, der Stadtvogt genannt wird."

1392

Viele wegen Kirchenraubs

Im Jahre 1392 wurden „viele" wegen Diebstahls in der Kirche „hingerichtet".[110]

Der Chronist Detmar berichtet über die damaligen Zustände im nördlichsten Teil des Reiches. Nach seinen Aussagen wurden im Jahre 1392 in Lübeck und Hamburg viele Diebe und Kirchenräuber ergriffen und bestraft: „In deme iare Christi MCCCXCII do wurden to Lubeke unde to Hamborch vele deve unde kerkenbrekere begrepen, do vorrichtet worden mit rechte; unde was bi langen iaren ne so grot scade scheen in der wise, alse in der tyd."[111]

1400

36 Vitalienbrüder

Im Jahre 1400 wurden 30 Vitalienbrüder von einem nicht näher bezeichneten Büttel enthauptet, der dafür zwölf Pfund erhielt. Vitalienbrüder (auch: Vitalier; Lateinisch: *fratres Vitalienses*) nannten sich die Seefahrer, die gegen Ende des 14. Jahrhunderts zunächst als Blockadebrecher die Lebensmittelversorgung Stockholms bei der Belagerung durch dänische Truppen sicherstellten und anschließend als Kaperfahrer den Handelsverkehr in der Nord- und Ostsee beeinträchtigten.

Die Städte hatten in jenem Jahr 1400 eine große Flotte in See geschickt, wozu Hamburg eine ansehnliche Hilfsmacht stellte, welche von den Senatoren Albrecht Schrey und Johann Nanne befehligt wurde. Die Flotte kam bei Friesland an, traf auf die Viktualienbrüder, schlug sie nach einem hartnäckigen Kampf, tötete und ersäufte 80 und machte 36 zu Gefangenen, welche zu Hamburg auf dem Grasbrook hingerichtet wurden.[112]

1401

12 Vitalienbrüder

72 Vitalienbrüder

80 Vitalienbrüder

Im Jahre 1401 wurde der Kampf gegen die Vitalienbrüder fortgesetzt. Zwölf derselben wurden wieder auf dem Grasbrook hingerichtet.[113]

---

[110] WIECHMANN/BRÄUER/PÜSCHEL (2003), S. 93.
[111] DETMAR (1829), S. 47.
[112] ROPELIUS (1832), S. 75.
[113] ELERS (1868), S. 35.

„Am Tage nach St. Feliciani" (*altohand na Feliciani* = am Tage nach St. Feliciani [in Bremen und Hamburg 20. Oktober]) 1401 wurde der 40 Jahre alte Seeräuber Clawes (Klaus) Störtebeker nebst 72 seiner Gefolgsleute auf dem Grasbrook hingerichtet. Ihre Köpfe wurden auf Pfähle gesteckt und am Elbufer aufgereiht, zur Warnung für alle den Strom befahrenden Schiffer.[114]

Klaus Störtebeker soll ein sehr stattlicher Mann gewesen sein. Er war der berühmteste Räuber Norddeutschlands, seine Gefangennahme erfolgte bei Helgoland (40 Seeräuber wurden getötet, 70 gefangen genommen). Der Geschichtsschreiber Albert Krantz (1448-1517) berichtet um 1500 in seinem Werk „Wandalia" von einem „iudicium publicum", einem öffentlichen Prozess, der Störtebeker und seinen Kumpanen gemacht wurde.[115]

Abb. 7: Hinrichtung Störtebekers (links) und der Vitalienbrüder auf dem Grasbrook im Jahre 1401. Oben links sind schon die Köpfe seiner Mitkämpfer aufgereiht. Flugblatt zum 300-jährigen Jubiläum der Gefangennahme, gedruckt bei Nicolaus Sauer auf dem Schaarsteinweg, Hamburg 1701. Wikipedia.de/gemeinfrei.

---

[114] Vgl. KOPPMANN (1879), S. 45. Die so genannte Wendische Chronik (801-1535) zieht in ihren verschiedenen Fassungen mal die Ereignisse auf 1402 zusammen, in anderen Handschriften legt sie jedoch die Gefangennahme und Hinrichtung Gödeke Michels und seiner Gesellen ins Jahr 1403. Ausführlich wird die Enthauptung Störtebekers und seiner Seeräuberkameraden auf dem Grasbrook von dem Lübecker Chronisten Johann Rufus in seiner zwischen 1406 und 1430 verfassten Chronik beschrieben. Rufus nannte die Köpfe der Bande so: „desser zeerovere hovetlude weren gheheten: Godeke Mychels, Wichman, Wychbold unde Clawes Stortebeker". Störtebeker hieß in Wirklichkeit mit Vornamen Johann, vgl. PRIET (2010), S. 18.
[115] KRANTZ (1575), S. 229.

Anno 1401. haben die Hamburger den berühmten See-Räuber Claus Störtebeck / nebst noch einem / Wichmann genannt / bey das Heilig-Land angetroffen / worauff sie die See-Räuber tapfer angegriffen / bey 42. Mann erschlagen / und 70. gefänglich in Hamburg gebracht / welche alle auf dem Brocke sind enthauptet / und ihre Köpffe auf Pfähle gestecket; der Scharfrichter so sie gerichtet / hieß Rosenfeld. Zum Gedächtniß dieser / oder der Hamburger rühmlichen That (welche Ehre / nebst GOtt / dem Herrn Simon von Utrecht / Herrn Hinrich Jenefeld / und Herrn Claus Schacke / Raht-Männer zu Hamburg / und Haupt-Leute auf den Schiffen zuzuschreiben ist) hat man eine stattliche Silber-Geschirr so in der Schiffer Gesellschafft befindlich machen lassen / aus welchen Fremde und Einheimische die Gesundheit zu trinken pflegen / und wird dabey ein Buch überreichet / in welchen jedweder seinen Nahmen / nebst einem Gedenck-Spruch einzuschreiben pflegt / und solch Geschirr wird der Stürtzebecher genannt. Im selbigen Jahr sind abermahl 80. See-Räuber aufgebracht / deren Hauptleute waren Gödecke Micheel und Gottfried Wichold / promovirter Magister Artium, sie wurden gleichfals auf dem Brocke enthauptet / und ihre Köpffe auf Pfähle / zu den vorigen gestecket.

Störtebekers Hinrichtung und die seiner Gesellen Hennig Wichmann, Magister Wigbold und Gödeke Michels 1401 sind nur durch zwei Zeilen in einer alten Chronik belegt. Die kurze Hamburgische Chronik von 1457 berichtet nämlich:

„Anno 1402 ward Wichmann unde Störtebeker afgehouwen altohand na Feliciani. Anno 1403 ward Wikbolt unde Goedeke Michael afgehouwen."

Die Hinrichtung Klaus Störtebekers und Gödeke Michels beendete die Gefährdung durch Seeräuber („Vitalienbrüder") in Nord- und Ostsee.

In der zweiten Hinrichtungswelle, die Gödeke Michels und Wigbold und ihre Weggefährten betraf, äußerte sich der Büttel abfällig gegenüber der Obrigkeit und verlor aus diesem Grunde wenig später selbst seinen Kopf. Otto Beneke berichtet darüber 1854 in den „Hamburgischen Geschichten und Sagen":[116]

Auch diese 80 Seeräuber wurden ebenso wie ihre frühern Spießgesellen auf dem Grasbrook enthauptet. Als nun aber der ehrsame Rath der Stadt Hamburg, welcher der Hinrichtung beigewohnt hatte, die schwere Arbeit des Scharfrichters Rosenfeld wahrgenommen hatte, der bis an die Knöchel im Blute stand, fragte er ihn nach Vollendung seiner Aufgabe voll Theilnahme, „ob er sehr ermüdet sei?" Darauf soll Rosenfeld gar grimmig gehohnlacht und trotzig erwiedert haben, „es sei ihm noch nie wohler gewesen und habe er noch Kraft genug um den ganzen Rath ebenfalls zu köpfen!" welcher höchst frechen Antwort wegen ein hochedler Rath sich sehr entsetzte und den unverschämten Kerl sofort abthun ließ.

In den Hamburgischen Chroniken in niedersächsischer Sprache heißt es:[117]

Anno 1401 wart to Hamborch Clawes Stortebeker vnd Godeke Mychel vor seerouer vpgehalet vnd myt eren gesellen vp dem Broke gekoppet.

Anno 1403 worden de anderen seerouers vpgehalet. Alse Wykbolt vnd Gotfridus nam her Clawes Stacken vnd her Dyryk Jenefelt, ratmans to Hamborch, kort na Feliciani, vnd worden den vorbenomeben seerouers de koppe vp dem Broke myt eren gesellen afgehouwen.

---

[116] BENEKE (1854), S. 116; DEECKE (1857), S. 161-166.
[117] LAPPENBERG (1861), S. 402.

Im Jahre 1701 feierte Hamburg das 300-jährige Jubiläum der Gefangennahme Störtebekers und seiner Mannschaft und gab zu diesem Anlass ein Flugblatt heraus. Darauf wird der Scharfrichter Rosenfeld namentlich genannt und die Richtstätte mit „auf dem Brocke" (= auf dem Grasbrook) bezeichnet.[118]

Bei Christoph George Jargow heißt es 1729 über den Akt und die Örtlichkeit („Graß-Brock"):[119] „... das erstemahl 70 und darunter die Capitaine Niclas Störtebecker und Wiechman / das andere mahl 80 mit dem Ertz-Räuber Gödecke Michel und einen gelehrten Magister Wichbold (welcher ebenfals wie Schiff-Capitains-Stelle vertreten) fingen / auf den Graß-Brocke vor Hamburg nach der Elbe werts mildem Schwerdt richteten, und die Häupter an der Elbe auf Pfäle nagelten. Zu Hamburg in der Schiffer-Gesellschafft ist annoch Störtebeckers Mund-Becher zu sehen, und kann /der da will/ daraus Wein trincken und in das dabey befindliche Buch seinen Nahmen zeichnen."

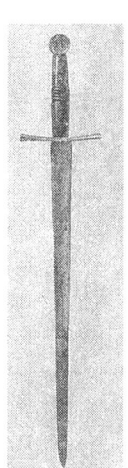

Abb. 8 und Abb. 9: Störtebekers Mund-Becher und rechts das Schwert, mit dem die Vitalienbrüder 1401 hingerichtet wurden. Entnommen aus einem Beitrag mit dem Titel „Zum 500. Todestage des Seeräubers Hans Störtebeker, gerichtet zu Hamburg im Jahre 1402". Illustriertes Weltblatt, 1902

Über den Verbleib des 1401 gebrauchten Schwertes schreibt der Bibliothekar in Hamburg Gottfried Schütze 1784:[120] „Das Andenken der beyden am meisten berüchtigten Seeräuber Michael Götke und Claus Stortebecker wird bey uns noch immer theils durch das auf dem Zeughause befindliche Schwerdt, mit welchem sie hingerichtet worden sind, und theils durch den großen silbernen Pocal erneuret, der in der hiesigen Schiffergesellschaft als ein Theil der diesen Freybeutern abgenommenen Beute vorgezeiget wird."

1878 fanden Arbeiter beim Bau von Zollanschlussbauten auf dem Grasbrook einen Schädel mit einem Loch in der Schädeldecke. Ein weiterer Schädel folgte,

---

[118] Der vollständige Text bei SEEBALD (2009), S. 297.
[119] JARGOW (1729), S. 163.
[120] SCHÜTZE (1784), S. 101.

ebenfalls ohne weitere Skelettteile. Man dachte zunächst, wie es in der Zeitschrift „Stahl und Eisen" des Vereins Deutscher Eisenhüttenleute 1888 heißt, an Störtebeker, der natürlich längst nicht alleine dafür in Frage kommt, und präsentierte den Schädel zunächst in der dort ausgestellten Sammlung ihrer Fundstücke. Beide Schädel wechselten dann zunächst am 16. Oktober 1878 in die Sammlung Hamburgischer Altertümer, dann in das Kriminalmuseum der Stadt Hamburg und schließlich 2004 in das von Fritz Schumacher konzipierte, 1922 gegründete Museum für Hamburgische Geschichte.

Die beiden Schädel wurden später als männlich identifiziert, und sie sind beide von großen vierkantigen Nägeln durchbohrt worden. Exekutionsnägel waren grundsätzlich zwischen 30 und 40 Zentimeter lang.[121]

1408

Plukkebrade und 9 weitere Vitalienbrüder

Im Jahre 1408 operierten die Vitalienbrüder erneut vom friesischen Territorium aus. Sie erbeuteten diesmal gleich fünf hansische Schiffe. Im Mai 1408 liefen zwei Koggen der Hanse und sechs weitere Schiffe mit Unterstützung von holländischen Schiffen und insgesamt rund 700 Mann Besatzung nach Flandern aus, um einen erneuten Kriegszug gegen die Vitalienbrüder zu führen. Noch im gleichen Jahr wurden der *vitaligenbroder* Plukkebrade (Pflückebraten) und neun andere in Hamburg enthauptet und ihre Köpfe auf Pfähle gesteckt.[122]

1422

204 Seeräuber

1422 wurden in Hamburg wieder 204 Seeräuber hingerichtet, schreibt Wolfgang Menzel in seiner Geschichte der Deutschen.[123]

1427, am Abend des heil. Antonius

Ratsherr Johann Kletzen

Im Jahre 1427 wurde, nach dem Verlust hamburgischer Schiffe in der Schlacht im Sund, der Hamburger Flottenführer und Ratsherr Johann Kletzen enthauptet. Kletzen (oder Kletzeken) wurde nach der Niederlage des Verrats angeschuldigt. Da er ohnehin, als früheres Oberhaupt der Opposition im Kollegium der Sechziger, einem 1410 geschaffenen Gremium der Bürgerschaft zur Kontrolle der Ratspolitik, dem Senat verhasst war, wurde er zunächst eine Zeitlang in der Fronerei inhaftiert und dann am Abend des heil. Antonius 1427 auf öffentlichem Markt enthauptet.[124]

---

[121] Die dafür erforderlichen Ausgaben wurden laut MAISEL (1992), S. 121, in den Stadtbüchern angegeben (belegt bis 1784).
[122] OETKER (1855), S. 466.
[123] MENZEL (1843), S. 542. Der Hinweis ist bei Menzel nicht belegt.
[124] 1427 wurde eine hanseatische Flotte im Sund von den Dänen besiegt und die Hamburger und Lübecker Bürgermeister hierbei gefangen genommen. Vgl. LIEBOLDT (1843), S. 34.

Adam Tratziger schreibt darüber:[125] „H. Johan Kleitzen / welcher von dem Raht mit etzlichen Völckern dem Fürsten zu Holstein zu Hülffe geschicket / Als nun dieselbe ohne Ordre einige Excursion und Außfall gegen Flenßburg gethan / darüber es zu einem Treffen kommen / In welchen Hertzog Heinrich zu Schleßwig und Graff zu Holstein erschlagen / So ist vorgedachten der Stadt Hauptman / der ihre Völcker geführet und commandiret / die Schuld imputiret / darüber er in Hafft genommen und praevia causae cognitione die Execution ergangen und auff dem Berge in Hamburg enthauptet worden / so geschehen Anno 1427. auff S. Anthonii Abend."

In der 1865 herausgegebenen „Tratziger's Chronica der Stadt Hamburg" heißt es auf Seite 161: „Solchs geschah auf dem Berge bei S. Peter amb abende Antonii." Und dazu die Fußnote: „1428 Jan. 16. Korner, Detmar und Rufus z. J. 1427, mit deren Erzählung Tratziger sonst übereinstimmt, geben als Tag der Hinrichtung St. Pauls Bekehrung (1428 Jan. 24.) und als Ort den Marktplatz an. St. Antonii (Jan. 17.) und den Berg s. in Niedersächsischen Hamburg. Chroniken, S. 12, vgl. S. 37. 252. 407."

In den Kammer-Rechnungen von 1427 heißt es über die Hinrichtung: „1427 Exp. ad div. 85. pro decapitatione Dni. Joh. Cletsen. 16s. pro 1 t. cerev. quando Dns. J. C. decap. 16s. bedello vigilibus quando Dnus. J. C. erat detentus pro cerevis."[126]

1433

40 Seeräuber

Im Jahr 1433 vereinigten sich Hamburg und Bremen gegen die Seeräuber. Sie rüsteten eine Flotte aus, trafen und eroberten einige Raubschiffe. Hamburg, das sich mit dem Rückzug der Seeräuber nicht zufrieden gegeben hatte, eroberte durch einen förmlichen Kriegszug Emden und Leerort in Ostfriesland, welches damals bloß Raubschlösser friesischer Edelleute waren. Vierzig Räuber wurden nach Hamburg gebracht, hingerichtet und ihre Köpfe auf dem Grasbrook aufgesteckt. Viele Raubschlösser wurden zerstört. In dieser bis 1435 währenden Strafexpedition zerstörte Hamburg die letzten Reste der Vitalienbrüder in Ostfriesland, welches immer noch bzw. wieder genug Existenzmöglichkeiten für die Seeräuber geboten hatte.[127]

1444

Katharina Hanen

Zwischen 1444 und 1581 wurden etwa vierzig Frauen in Hamburg in Hexen- bzw. Zauberprozessen verurteilt und verbrannt. 1444 wurde eine Frau wegen Hexerei/Zauberei verbrannt, und zwar Katharina Hanen. Es war eine der frühesten nachweislichen Hinrichtungen von Hexen (*mulieres divinatrices, incantatrices*), wenn nicht, sogar die früheste. Was der Frau vorgeworfen wurde, ist nicht bekannt. Im selben Jahr (1444) erhielt der Büttel Johann Prangen 3 Reichstaler 4

---

[125] TRATZIGER (1664), o. S. (gegen Ende erstes Drittel, unter 1420).
[126] Er hatte vermutlich Bier unter seine Mannschaft verteilt. Vgl. TRUMMER (1844), S. 10.
[127] ROPELIUS (1832), S. 88.

Schillinge wegen „Unkosten" für die besagte „Hexe" (*incantatrix*) und für das Verbrennen derselben 8 Schillinge.[128]

Hamburg verfolgte zwischen 1444 und 1642 mindestens 37 Hexen, und zwar 30 Frauen und sieben Männer. Die Zahl wird etwas höher liegen, da nicht alle Namen überliefert sind. Frauen, die in Hamburg auf dem Scheiterhaufen verbrannt wurden, waren u. a. 1444 Katharina Hanen wegen Zauberei, 1583 Abelke Bleken, 1601 Catharina Carstens, 1606 Engel Reimers, 1619 Abelke Dabelstein, 1642 Gretje Wever und Cillie Hempels. 1610 starb Anneke Petersen auf der Folter.[129]

Hinweise über die Verfolgung von Hexen in Hamburg finden sich in den Kämmereirechnungen der Stadt Hamburg und in gerichtlichen Prozess- und Folterprotokollen.

Laut den Delinquentenlisten wurde 1444 in Hamburg noch eine weitere Frau hingerichtet. Dem Büttel wurden in dem Jahr „1 Rthl. 4 ß cr." bezahlt, um ein Weib lebendig zu begraben, eine Strafe, die allgemein bei Kindsmord verhängt wurde.[130]

1458

1 Frau

Im Jahre 1458 wurde in Hamburg eine Frau auf Urteil des Rats wohl wegen Hexerei verbrannt. In den Stadt-Rechnungen jenes Jahres kommt noch vor, dass 3 Rthlr. 1 ß für Holz, Pech und Stroh verausgabt wurden, um ein „Weib" zu verbrennen.[131]

1464, Mittwoch nach Margarethen

40 Seeräuber

Im Jahre 1464 wurde wieder eine größere Zahl an Seeräubern in Hamburg enthauptet, darunter der Seeräuber-Hauptmann Hinrich Schindes oder Schinder. Der aus Eisenach stammende Stadtchronist Wilhelm Louis Meeder schreibt:[132] „In eben dem Jahre wurden auf dem Grasbrook vierzig Seeräuber, mit dem Anführer derselben, Hinrich Schinder, enthauptet. Der Scharfrichter der Stadt, Claus Flügge, war so geübt, daß er immer sechs Räuber gleichzeitig auf ihren Stühlen niedersitzen ließ und ihnen die Köpfe nach der Reihe abschlug, ohne das Schwert aus der Hand zu legen."

---

[128] TRUMMER (1844), S. 109.
[129] LEHMANN-BRUNE/PETERSEN, S. 51. Die ersten Hexenhinrichtungen sind für Hamburg 1444, 1458 und 1482 belegt. Vgl. „Eine junge Hexe (1611)" (Rutenstrich am neuen, steinernen Kaak und Stadtverweisung, vollzogen an Catharina Dieckmann), in: BENEKE (1956), S. 118, BENEKE (1916), S. 113.
[130] TRUMMER (1844), S. 109.
[131] Ebenda.
[132] MEEDER (1838), S. 537. OETKER (1855), S. 466, nennt eine weitaus größere Zahl, die sonst aber nicht bestätigt wird: „1464 des Mitwochens nach Margarethen sind 64 Seeräuber enthauptet und die Köpfe auf Pfähle gesteckt."

1480

„14 Eingefangene"

1480 wurden „14 Eingefangene" zu Hamburg mit dem Schwert hingerichtet.[133]

1482

1 Frau

Im Jahre 1482 wurde in Hamburg eine Frau wegen Hostienschädigung hingerichtet. Darüber berichtet Carl Trummer: „Der Fall von diesem Jahre ist hinreichend bekannt als die Historie von dem Kohlstrauch in Eppendorf. Eine Bauerfrau in diesem Dorfe hatte, um ihren Kohl, das derzeit wichtigste Gemüse, besser gedeihen zu lassen, bei dem Genusse des h. Abendmals die consecrirte Hostie aus dem Munde genommen, und in ihrem Kohlgarten unter einem Kohlstrauch begraben. Die Geistlichkeit im Kloster des Orts fand später bei der feierlichen Nachgrabung, daß die Wurzel dieses Strauches wie ein Crucifix geformt war, „das Weib aber ist von dem Recht mit dem Tod bestraft worden."[134]

1483

Rype Krenkel, Clas von Kymmen, Heinrich van Loh

Gerd Kopenschop, Hans Meier

Im Jahre 1483 wurden in Hamburg drei Männer wegen Aufruhrs hingerichtet. Damals erregte der Böttcher Heinrich van Loh, ein nach Hamburg entwichener hannoverscher Leibeigener des Edelmanns Henrich Freytag, einen wilden Aufruhr, wodurch die Abfassung des städtischen Gesetzbuchs 1497 veranlasst wurde, „welches den demagogischen Umtrieben ein Ziel setzte". Zuerst wurden zwei Männer der zurückgeschlagenen Ruhestörer, Clas von Kymmen und Haupträdelsführer Rype Krenkel, von den Bürgern überwältigt und gefangen genommen. Sie wurden (wie auch van Loh), des Aufruhrs und Hochverrats überwiesen, zum Tode verurteilt, in die Fronerei zur Beichte geführt, und alle Bürger umstanden am 18. Juli 1483 um 14 Uhr, „das Recht zu schützen, im heißen Sonnenbrande den Berg, wo die Hinrichtung sogleich vor sich ging". Auch van Loh entging seiner Strafe nicht und wurde am 10. Oktober 1483 zwischen dem äußeren und inneren Spitalerthor, die man beide verschlossen hatte, um den Volksandrang abzuhalten, mit dem Schwert enthauptet. Hierzu verlautet in einer alten Chronik:[135] „Auflauf zu Hamburg. Im Jar 1483 ward ein Auflauf in der Stat Hamburg von etzlichen von der Gemeinheit. Der Raht kriegete von den Bürgern beystand u. ließe etliche von den stiftern mit dem schwert richten und ward der Aufruhr gestilt."

---

[133] ZIMMERMANN (1820), S. 309.
[134] TRUMMER (1844), S. 109.
[135] JANICKE/DITTMAR/HERTEL (1899), S. 103. Zitat entnommen aus: NN (1827), S. 19. Vgl. ROPELIUS (1832), S. 98. Von Loh wurde „zwischen den Thoren enthauptet" [SCHÜTZE (1784), S. 276]. Die Liste der zu Hamburg Hingerichteten nennt ihn einen „Böttgeralten". Genaue Darstellung des Aufruhrs bei GALLOIS (1867), S. 131 ff.

Gleich nach Heinrich van Loh teilte ein gleiches Los ein alter Mann, den man beschuldigte, dass er neue Unruhen anzuzetteln versucht habe.[136]

Gallois schreibt:[137] „Von den zum Anhange des hingerichteten von Lohe Gehörigen erreichte übrigens noch Manchen gelegentlich die Rache des Rathes, nachdem die Pestilenz von 1484 weidlich unter dem gemeinen Volke ausgeräumt hatte. So wurde Gerd von Hachten gezwungen, sich mit Hingabe von 400 Pfd. zum Besten des Steinthorbaues vom Schwerte zu retten, als er einen seiner Schuldner nach Hamburg gelockt und hier eigenmächtig eingesperrt hatte; Gerd Kopenschop ward hingerichtet, weil er in der Mühle zu den dort das Korn messenden Herren und Bürgern gesagt hatte, er wolle mit einem richtig gekempten Fasse nachmessen, weil die in der Mühle gebrauchten Fässer unrichtig seien. Der Böttcher Hans Meier endlich, welcher den alten Bürgermeister von Schwaren so arg verwundet hatte, wurde 1489 wegen Diebstahls weichhastig; er konnte aber die Stadt nicht verlassen, wurde ertappt, zum Galgen verurtheilt, aber aus Fürbitten seines Amtes zum Schwerte begnadigt."

1488

Kapitän Hinrich Stümer mit 73 Seeräubern

Im Jahre 1488 wird der sagenhafte Büttel Claus Flügge erneut erwähnt. In der „Zeitschrift des Vereines für hamburgische Geschichte" heißt es 1858 dazu: „Im Jahre 1488 ward ein Capitain Hinrich Stümer oder Stömer mit 73 Seeräubern durch den Scharfrichter Claus Flügge hingerichtet."[138]

Auch in den Kämmereirechnungen der Stadt Hamburg im Zeitraum 1471 bis 1500 tauchen mehrfach den Büttel betreffende Einträge auf: „3 Pfd. 12 ß bedello pro expensis Nicolai Schulten Nativitatis. 1 Pfd. pro judicii exequtione certorum forefactorum eidem. 12 Pfd. cloacario pro purgacione camerarum bedellie Navititatis." Dann: „1 Pfd. 16 ß bedello pro expensis cujusdam Hermen Langen. 12 ß cloacario pro purgatione camerarum." Und schließlich (1495 Exposita): „Ad diversa: 34 Pfd. 10 ß bedello pro expensis forefactorum et judicio eorundem, inter quos erant famuli Henrici Onneken."[139]

1492

5 Seeräuber

Im Jahre 1492 wurden fünf Männer wegen Seeräuberei hingerichtet.[140]

Hamburg hatte genug Gründe, die Vitalienbrüder bis zu ihrem Verschwinden gnadenlos zu bekämpfen. Nur äußerst selten ließ man dort Gnade walten. Gottfried Schütze berichtet über das Jahr 1495: „Bey dem Jahre 1495 wird es als eine besondre Merkwürdigkeit angeführet, daß man einem Seeräuber, Stephan Salis, das Leben geschenket habe (...)."[141]

---

[136] CLEMENS (1844), S. 203.
[137] GALLOIS (1867), S. 138.
[138] VfHG (1883), S. 214.
[139] VfHG (1873), S. 287, 443, 617.
[140] WIECHMANN/BRÄUER/PÜSCHEL (2003), S. 93.
[141] SCHÜTZE (1784), S. 259.

1504

Hartwich Bolle

Ein Raubmörder

Im Jahre 1504 wurde ein Lizenziat (Inhaber einer akademischen *Licentia docendi*), Hartwich Bolle, der Seeräuberei überwiesen und auf dem Grasbrook hingerichtet.[142]

Im gleichen Jahr soll laut dem Verzeichnis der hingerichteten Personen in Hamburg ein Raubmörder hingerichtet worden sein.[143]

II. 1517 bis 1600

1521

Vitus Völsch

Belohnung der Geburtshelfer in Hamburg im 16. Jahrhundert: Im Jahre 1521 wurde Veit oder Vitus Völsch zu Hamburg öffentlich verbrannt. „Er hatte sich für eine Bademutter bey den Frauen in Kindesnöthen brauchen lassen."[144]

Völsch, der sich später Doktor Vit oder Veit nannte, war der Sohn des verstoßenen Mönchs Hans Völsch. In „Wolffgang Henrich Adelungks kurzen historischen Beschreibung der uhralten Kayserlichen etc. Stadt Hamburg etc." gibt es dazu auf Seite 72 diese Nachricht: „Es wurde auch dieses Jahr (1521) zu Hamburg ein seltzamer Ebentheuer verbrandt, welcher sich Doctor Viet nennete, es hatte derselbige hin und wieder viel unerhörte wunderliche Händel ausgerichtet, sich auch eine Zeitlang für eine Bademutter ausgegeben, und bei den Frauen in Kindes-Nöthen gebrauchen lassen."[145]

In der 1557 vollendeten „Tratziger's Chronica der Stadt Hamburg, Der alten weitberuhmten Stadt Hamburg chronica und Jahrbucher von der Zeit Caroli des Großen bis uf das keisertumb Caroli des Funfften" heißt es: „Es wurt auch einer diz jares zu Hamburg verbrennet, der nennet sich doctor Veit, hette hin und wider seltzame abentewer ausgerichtet und sich ein zeitlang fur eine bademume ausgegeben und bei den frawen in kindesnoten gebrauchen lassen."[146]

„Sonach wurde denn von Rechtswegen der angebliche Doctor Veit nach dreiwöchentlicher Untersuchung durch Hinrik Penningk, den Büttel, zu Pulver und Asche verbrannt."[147]

---

[142] MEEDER (1838), S. 131.
[143] WIECHMANN/BRÄUER/PÜSCHEL (2003), S. 93. Dass im Jahre 1515 75 Personen wegen Seeräuberei hingerichtet wurden, wie HENTIG (1962), S. 171, angibt, ist trotz der höchsten aller Delinquentenzahlen nirgends belegt.
[144] BALDINGER (1780), S. 570, „Anekdoten", mit dem Hinweis: „S. ausführlicher Bericht derer in Hamburg hingerichteten Missethäter etc."
[145] NESTLER (1802); vgl. BENEKE (1856), S. 58-63; Kämmereirechnung Hamburg 1521, in: VFHG (1883), S. 176 f.
[146] LAPPENBERG (1865), S. 257, mit der Erläuterung: „Vergl. Hamb. Chroniken z. J. 1521, S 46 ff., welche beinahe wörtlich übereinstimmen, und daselbst die Anmerkung."
[147] BENEKE (1856), S. 62 f.

Der Regierungsrat Ludwig von Hess (1719-1784) kommentiert Veits Verhalten in seinen „Freymüthigen Gedanken über Staatssachen" 1775 so: „Heil dir Veit, du Menschenfreund! wenn ich dein Grabmal wüßte, ich setzte noch heute eine Eiche darauf."[148]

1524

Heinrich von Zütphen

1524 tauchen in den Kämmereirechnungen der Stadt Hamburg wieder Ein- und Ausgaben im Zusammenhang mit der Tätigkeit des Büttels auf, wie beispielsweise unter den Exposita: „1 Pfd. 4 ß bedello pro judicaudis 2 maleficis, 16 ß cloacario, Nativitatis. Pro fovea fodenda bedello 8 ß. 2 Pfd. curie sancti Spiritus pro pastura bovis masculi."[149]

Die beiden Malefikanten scheinen zunächst Heinrich von Zütphen zu sein, der in dem Jahr wegen Gotteslästerung verbrannt wurde. Das vom Vikar Johann Schnittger gesprochene Urteil lautete: „Dieser Bösewicht hat gepredigt wider die Mutter Gottes und wider den christlichen Glauben aus welcher Ursache ich ihn vonwegen meines gnädigsten Bischofs zum Feuer verurtheile."[150]

23. Oktober 1524

Laurens Goltsmidt

Der andere war der Raubmörder Laurens Goltsmidt (23. Oktober 1524). Dazu heißt es in den „Hamburgischen Chroniken":[151]

Anno 1524 im Octobris wort Laurens Goltsmidt, ein Ditmerscher, de kop afgehouwen, der orsake, dat he gerouet hadde vp der straten twisken Luneborch vnd hir, vnd enen man vormordet hadde. Darto hadde he ok enen, Johan van Linden genant, anno 18 bi dem Perdemarket vp enen sonnauent to dren apenbar gedodet. Doch was dat notwere, so dat he dar nene not van hadde, vnd quam hir wedder binnen vnd was ein sin langer kerel vnd gink kostlik her, enen wulfespilz stedes vmmegehangen vnd enen langen rutink vp der siden. Auerst so fro alse dut ludbar wort, dat he gerouet hadde, wort he vort angegrepen in der Rikenstrate vnd int recht vorordelt vnd darna den 23 Octobris afgehouwen. Vnd her Steffen was mit em vte vnd sede em wat gudes vor vnde troste en mit Gades worte. Vnd dusse was de erste, dar her Steffen mede vte was. Jodoch hatte Laurens in der stunde, do he vor dat swert sitten gan scolde, sik entsculdiget der vndat, de he in den pinen bekant hadde, vnd Heft sik vorwilt darup vor dat strenge richte Gades to gande, dat he des vnsculdich wer, dar he vp to dem dode vorordelt was.

---

[148] Hess (1775), S. 37.
[149] Kämmereirechnung Hamburg 1524, in: VfHG (1883), S. 247 f. Ausgaben für *maleficorum* finden sich dort auch in den Jahren 1525 und 1532, dito an verschiedenen Stellen *executori justicie* oder *executione justicie*.
[150] Soldan (1880), S. 490.
[151] Lappenberg (1861), S. 48 f. *her Steffen* = Stephan Kempe, Prediger zu St. Katharinen.

22. Oktober 1525
Claus Kniphof nebst 72 Seeräubern

Im Jahre 1525 unterstützten Seeräuber Christian II. von Dänemark, und Hamburg rüstete eine Flotte gegen sie aus. Zuerst wurden vier Schiffe (Kraffeln) in Richtung Norwegen ausgesandt, um der Seeräuberbande des dänischen Seeräubers und Admirals Claus Kniphof, Stiefsohn des Bürgermeisters Johann Kock oder Mynter zu Malmö, habhaft zu werden. Erst die am 3. Oktober 1525 ausgelaufene zweite Flotte von sechs Hamburgischen Kriegsschiffen hatte Erfolg, und zwar auf der Osterems, wo man am 6. Oktober in die Nähe der Bande kam. Wenig später, und zwar „des sondages na Feliciani" (Feliciani im hamburgischen Kalender: 20. Oktober 1525), wurden 162 Seeräuber nach Hamburg gebracht. Claus (eigentlich Nikolaus) Kniphof wurde laut den „Hamburgischen Chroniken" mit 72 seiner Gesellen am 22. Oktober 1525 auf dem Grasbrook hingerichtet. Die übrigen Mitglieder der Bande wurden frei gelassen, da Kniphof sie zur Mitarbeit gezwungen hatte.

Friedrich Georg Buek findet in seinem Exemplar des Manuskripts von Tratziger eine Stelle, „die sich freilich nicht in dem Westphalschen Abdrucke findet". Danach seien die Seeräuber beim Eichholz ans Land gesetzt, in drei Gliedern zwischen den Schiffern und „unter Trommeln und Pfeifen" zum Rathaus geführt, wo der Senat sich versammelt hatte. „Claus Kniephof ward angeklagt, daß er geraubet und genommen hatte 170 Schiffe. Er verantwortete sich selber. Der Proceß währete in die 7 Stunden, aber Frau Margaretha hatte einen Brief geschrieben, daß er ein Seeräuber wäre, welcher, als er verlesen, ihm den Tod that." Buek schlussfolgert: „Hier scheint also ein Standrecht gehalten zu seyn, worauf wahrscheinlich sofort die Hinrichtung erfolgt ist, – ‚und wurden', sagt Thraciger, ‚die, so er mit Gewalt dazu gebracht, losgelassen', also 89 Mann."[152]

Über die Unterbringung Kniphofs heißt es in der Kämmereirechnung: „25 Pfd. bedello pro expensis juvenis Nicolai Knyphoff in carcere consumptis."[153] Sein letzter Beichtvater war der Hamburgische Prediger Stephan Kempe, dem er ebenso als Beichtvater beistand wie ein Jahr zuvor dem Raubmörder Goltsmidt. Die „Hamburgischen Chroniken" berichten:[154] „In dem suluen jare [1525, d. Verf.] wort Kniphof genamen in der Osteremse mit veer scepen, vnd worden to Hamborg gebrocht den 22 Octobris, vnd lxxiiij worden afgehouwen. Und de anderen worden los gekant."

Drei Lieder wurden über Kniphof zu Papier gebracht. Der Sieg über den dänischen Admiral bezeichnete das Ende der Bedrohung durch Seeräuber in der Nordsee und stärkte die Stellung der Hans gegenüber Dänemark.

---

[152] BUEK (1840), S. 29 f.
[153] VfHG (1883), S. 335.
[154] LAPPENBERG (1861), S. 50, 274.

1526

4 Seeräuber

Der von der Insel Fehmarn stammende Schiffer und Seeräuber Hauptmann Martin Pechlin, der mit seinem Kumpan Brun von Göttingen in den Jahren 1524 bis 1526 die Nordsee und die Ostsee beunruhigte, wurde 1526 auf der See vor Norwegens Küste im Kampf mit Lübischen Kaufleuten von dem Bergfahrer Gert Korbmacher (laut dessen Tagebuch) erschossen. Vier Seeräuber konnten in dem Jahr dennoch zur Rechenschaft gezogen und enthauptet werden.

1532

1 Mann

Im Jahre 1532 wurde in Hamburg ein Mann „hingerichtet zwischen beiden Toren". Ausgesprochen war eine „Verfestung" (Friedloslegung) wegen Mordes.[155]

1532 (oder aber 1531) heißt es in der Kämmereirechnung der Stadt Hamburg: „16 ß cloacario. 9 Pfd. 9 ß 8 d bedello pro diversis expensis maleficorum et executione justicie."[156]

1535

3 Seeräuber

Im Jahre 1535 wurden in Hamburg drei Männer wegen Seeräuberei enthauptet.[157]

Ende 1535

Jurgen Make

Der ehemalige Kistenkieker und Diener des Rates Jurgen Make erstach im September 1535 spätabends hinterrücks seinen Amtsnachfolger, Zehnpfennigsknecht Hans Winkelmann, mit einem Dreikanteisen. Über seine Ergreifung wird berichtet: „Man ergriff den Jurgen Make am 10. Oktobris anno 1535, abends, im Hause seiner Beischläferin auf dem Catharinen-Kirchhofe …" Dort hatte sich Make nachts aufgehalten, bei zwei Schwestern, die beide Kinder von ihm hatten. Make war verheiratet. Am 5. November wurde er vor Gericht gestellt, am 8. November empfing er sein Todesurteil, wonach „der Jurgen Make deweyle derseve den Hans Winkelman vom levende tom tode gebracht, selvens vom levende tom tode" zu bringen sei. Ihm gelang aber am 11. November frühmorgens die Flucht aus der Froneryi. Mit ihm verschwand auch der Fronsknecht. Den Knecht erwischte man in Salzwedel, brachte ihn zurück und räderte ihn auf dem Richtplatz in St. Georg. Jurgen Make wurde in Dänemark gefasst und dort von unten herauf gerädert.[158]

---

[155] WIECHMANN/BRÄUER/PÜSCHEL (2003), S. 93. Der Hinweis auf die Örtlichkeit erscheint hier zum ersten Mal. Dennoch: Laut BENEKE (1863), S. 105 f., wurden in Hamburg die Missetäter „seit Jahrhunderten" auf gemeiner Richtstätte „vor dem Steinthore" hingerichtet, „mit Ausnahme der am Elbstrande des Grasbrooks enthaupteten Seeräuber".
[156] VfHG (1883), S. 443.
[157] WIECHMANN/BRÄUER/PÜSCHEL (2003), S. 93.
[158] SCHEUTZOW (1990), S. 28-31; LAPPENBERG (1861), S. 86 f.; VfHG (1894), S. CCIXI.

20. März 1536
1 Mann

In der Nacht auf den 1. Februar 1536 wurden in Hamburg drei Menschen erstochen. Der Mörder eines derselben wurde noch am selben Tag in Ketten gelegt. Am 17. März wurde der junge Mann vom E. E. Rat verurteilt und nach den üblichen drei Tagen, am 20. März also, zur Hinrichtung hinausgeführt. Der Scharfrichter schwang das Schwert, hieb aber zu hoch, nämlich oberhalb des Mundes hinein statt in den Hals, sodass Unterkiefer und Hals unversehrt blieben. Dieser unschöne Anblick brachte die anwesende Menschenmenge auf, es wurde wild und wollte Selbstjustiz am ungeschickten Büttel üben. Dieser machte sich mit seinem Knecht auf und lief übers Borgfeld nach Hamm zu, und das wütende Volk setzte ihm mit Geschrei und Steinwürfen nach. Die Reitendiener ritten auch nach und sprengten zwischen den Flüchtenden und dem Volk hin und her, damit sie letzteres etwas zurückhielten. So bekam der Fron Luft und erreichte das feste Haus beim Hammerbaum und zog hinter sich die Zugbrücke auf. Während er nun verschnaufte und das Haus von innen verrammelte, hatte das Volk die Zugbrücke niedergeworfen und begann, mit Bäumen die Türe zu stürmen. Mittlerweile hatte E. E. Rat in der Stadt diese Ereignisse vernommen und schickte nun, was an Reitendienern und Reisigen in der Eile aufzutreiben war, mit Spießen, Schießröhren und Haken bewaffnet, hinaus. Als sie zum Hammerbaum kamen, war es die höchste Zeit. Der Fron und sein Knecht hatten sich tapfer gewehrt, ihr Leben teuer verkaufen wollen und von oben herab Steine und Ziegel auf das Volk geworfen, wovon ein Kerl getötet und mehrere verwundet waren. Aber den Angriff der Reisigen hielt das Volk nicht aus, sodass der Fron und sein Knecht gegen 17 Uhr sicher in die Stadt geleitet werden konnten. Der arme Sünder hatte, obwohl er „missgehauen" war, an dem Fehlstreich des Frons sein junges Leben gelassen. Sein Körper wurde im Anschluss nicht, wie sonst bei Enthaupteten gebräuchlich, mit aufgepfähltem Kopf aufs Rad gelegt oder als Kadaver eines Malefikanten auf dem Galgenfelde verscharrt. Denn sein Stiefvater nahm gleich vier erbgesessene Bürger zu Zeugen, dass der Delinquent „übel gerichtet" sei, und damit bewies er „klärlich", dass ihm zuviel geschehen sei, was über Recht und Urteil hinaus gehe, was also nicht anders gebessert werden könne, als durch ein ehrliches Begräbnis. Da nun der junge Mörder auch nicht enthauptet worden und folglich das übliche Verfahren nicht genau anzuwenden war, so gab E. E. Rath zur Beruhigung der aufgeregten Gemüter darin nach und ließ es geschehen, dass der Körper im anständigen Sarg in St. Jürgen beerdigt wurde. Alle, die den Fron tätlich verfolgt und ihn im Hammerbaum belagert hatten, wurden, soweit man ihrer habhaft werden konnte, mit Gefängnis oder Geldbußen bis zu 10 Jochimstalern angesehen. Und einige, die deshalb entwichen waren, mussten bei ihrer Rückkehr ebenmäßig tüchtig bezahlen, was man damals mit „in die Büchse blasen" bezeichnete.[159]

---

[159] BENEKE (1854), S. 203-205 („Der Frohn mißhauet einen Uebelthäter").

16. August 1536
Berend Bräseker nebst 3 Knechten

Am Bartholomäustag 1536 wurde Berend Bräseker, Neuwerker Inselvogt und Hamburger Bürger, durch eine Wache von Soldaten und Ratsdienern im Amthaus festgenommen und nach Hamburg geführt. „Er war auf frischer That ertappt worden, einen Seeraub begangen zu haben." Bräseker soll seeräuberischer Weise einen Stader Ewer genommen und die Mannschaft in den seinigen zu steigen gezwungen haben, um sie in der Werkballie, einer Meersströmung bei Neuwerk, zu ersäufen. Wegen dieses Vergehens wurde er am 16. August 1536 mit dreien seiner Knechte auf dem Grasbrook mit dem Schwert enthauptet.[160]

Wilhelm Louis Meeder schreibt dazu:[161]

Ein hamburgischer Bürger und Amtmann zum Neuen-Werk, Berend Bräseker, ward 1536 durch eine Wache von Soldaten und Rathsdienern im Amthause verhaftet und nach Hamburg geführt, weil er bei Seeräuberei unmittelbar ertappt worden war, das Schicksal seiner Kollegen traf ihn ebenfalls, er ward mit dem Schwerdte gerichtet. — Die Dithmarscher schickten in demselben Jahre eine Deputation nach Hamburg, die dem Rathe die Beschwerde vorlegte, daß ein gewisser Johann von Münster aus dem Lande Hadeln Seeräuberei getrieben habe, den sie der Stadt auslieferten, damit er seine Bestrafung finden möge. Er ward vor Gericht gestellt, wo er behauptete, nicht auf den Elbstrom sondern nur auf Dithmarscher Grund und Boden geraubt zu haben, er erkenne also ihr Gericht nicht an, da er ihre Rechte nicht verletzt habe. Die Hamburger waren jedoch theils verpflichtet die Elbe, soweit Ebbe und Fluch geht, von Seeräubern rein zu halten, andern theils auf dieses Recht zu eifersüchtig, um es sich bei irgend einer Gelegenheit entwinden zu lassen. Sie verlangten von der Deputation die Beweise, ob sie von ihren Obrigkeiten den besondern Auftrag erhalten hätten, in dieser Sache zu handeln; als diese sich vollkommen rechtfertigen konnte, und zugleich bewiesen, daß Hamburg verpflichtet sei, die Seeräuber zu bekämpfen, so fragten die Richter nur, ob sich die Sache so verhalte, wie sie vorgetragen worden sei; die Abgeordneten antworteten mit Ja! da nun Johann sich der Landräuberei schuldig bekannt hatte, so ward die einfache Aussage der Dithmarscher als Beweiß angenommen und der Beklagte enthauptet.

Der Hamburger Amtmann und seine Genossen bekamen „aus besonderer Gnade" die Köpfe mit in die Grube.[162]

1536
Johann von Münster

Im gleichen Jahr widerfuhr einem gewissen Johann von Münster aus dem Lande Hadeln das gleiche Schicksal, weil er Seeräuberei getrieben haben soll.[163]

---

[160] FORTMANN (1833), S. 202. Das Datum liefert: FRIEDRICHSON (1890), S. 134. Dort ist die Richtstätte ausnahmsweise mit „auf dem kleinen Grasbrook" bezeichnet.
[161] MEEDER (1838), S. 131.
[162] OETKER (1855), S. 466.
[163] GALLOIS (1853), S. 427.

3. Februar 1537
1 Mann

Anno 1537, den 3. Februar, berichtet Bernd Gysekes Chronik (zwischen 1541 und 1542 geschrieben), „wort ein man von der Morborch utgetrecket ut dem Stendor und was vorordelt, dat man em mit dem swerde scolde richten, umme undat willen, de he mit enenr ko gedan hadde."[164]

1540
Zwischen 6 und 9 Frauen

In den Jahren 1540, 1545 und 1555 sind jeweils mehrere Frauen festgenommen und wieder freigelassen bzw. verbrannt worden. Die Zahlen bewegen sich zwischen sechs und neun Zauberinnen, sodass von Massenhinrichtungen, wie man sie aus anderen Gegenden kennt, keine Rede sein kann. Die angeklagten Frauen wurden als „incantatrix" und „malefica" (= Zauberin), „venefica" (= Giftmischerin) oder „divinatrix" bzw. „saga" (= Wahrsagerin) bezeichnet. Typologisch betrachtet, gab es bis Mitte oder Ende des 16. Jahrhunderts zwei Arten von Zaubereiprozessen: die Verurteilung wegen Schadenzauber, male ficium, und wegen zauberischer Wahrsagekunst.[165]

1543
1 Frau

Im September 1543 wurde einer Mutter von einigen Leuten gesagt, dass ihr zehnjähriges Kind ihr einiges gestohlen habe. Die Frau geriet so in Zorn, dass sie ihr Kind mit 14 Wunden ermordete; die Leiche legte sie mit einem Stein in eine Mulde und warf sie in ein Fleet. Alsbald nach eingetretener Ebbe wurde das Verbrechen entdeckt, die Mutter verhaftet und bald hingerichtet.[166]

26. März 1555
Lange Reineck mit mehreren Schiffsleuten

Die Hamburger waren gezwungen, einige Bojer und Ewer auf der Elbe auszulegen, welche das gefährdete Stapelrecht schützen sollten. Diese Bojer und Ewer hatten die Aufgabe, die Schiffe, die an ihnen vorbeisegeln wollten, einzuholen und zu beschlagnahmen. Der Kapitän eines Bojers, Lange Reineck, wurde mit mehreren Schiffsleuten am 1. März 1555 gefangen nach Hamburg zurückgebracht und angeklagt, „dass er die Schiffe mit List habe an sich ziehen und See-

---

[164] HAMBURG-MOORBURG.DE (2012).
[165] Zit. n. VERBAND DER GESCHICHTSLEHRER (1995), S. 397. Dortiger Personen- und Archivaliennachweis: 1583 Abelke Bleken, 1594 Lemken Meyer alias Cordes, 1642 Gretke Webers und Cillie Hempels: Urteilsbuch des Niedergerichts 1640-1642, StA Hamburg, Senat, Cl. VII, Lit. Ma, No. 5, Vol. 4a3, 1589 Wilcken Vette und der Leichnam seiner Frau: E. E. Raths Appellations-Urteile in Criminalibus 1589-1628, StA Hamburg, Senat, Cl. VII, Lit. Mb, No. 3, Vol. 1 (Appellationsurteile), Kurtzer Auszug derer Delinquenten so (…) durch die Justiz alhir zu Hamburg abgestrafft (…), StA Hamburg, Senat, Cl. VII Lit. Mb. Nr. 3 Vol. 1, S. 1-82 (Delinquentenliste 1); Kurtzer Außug was von A° 1390 bis Anno 1690 alhier zu Hamburg vor Delinquenten (…) durch die Justitz abgestrafft sind (…), ebd. Beilage (Delinquentenliste 2).
[166] MEEDER (1838), S. 129 f.

räuberei damit treiben wollen". Nach kurzer Untersuchung der Sache fand man ihn wie die übrigen schuldig, und schon am 26. desselben Monats wurden sie mit dem Schwert gerichtet; der Leichnam Reinecks aber, als der eines Meineidigen, verbrannt.[167]

16. Juli 1555

4 Frauen und Männer

Außerdem kam es 1555 zu einer Massenverurteilung von 14 Personen wegen „Hexerei". Zwei von ihnen, zwei Männer, starben in der Folter (sie wurden „zu Tode gepeinigt"), vier Frauen und Männer (worunter die „Vögtin aus Hamm" war) wurden am 16. Juli 1555 auf dem Scheiterhaufen lebendig verbrannt, und acht Frauen erhielten einen Freispruch.[168]

Friedrich Gottlieb Zimmermann schreibt:[169]

Die Ausübung des Rechts, besonders in peinlichen Fällen, war rasch, scharf, ja furchtbar. Zwey böse Buben, welche 1557 mehrere Abende im November und December hinter einander die Wohnungen und Lusthäuser auf dem Damme vor dem Dammthore angezündet hatten, wurden den 18. December ergriffen und bereits den 19. Januar des Neujahres auf dem Meßberge verbrannt, oder wie dann immer der Ausdruck lautet, „zu Tode gesmöket." 1580, den 8. August wurde einem Jungen der Kopf abgeschlagen, weil er einem Rathmanne – die Fenster eingeworfen hatte. Selbst wenn Verbrecher vor Vollstreckung der Strafe gestorben, wurde das Urtheil noch an den Leichnamen vollzogen, wie 1581 an Daniel Holste, einem Schreiber, der beschuldigt gewesen, Schmähbriefe gegen den Rath geschrieben und auf allerhand Verrath gesonnen zu haben: dem Leichnam wurde am Kaak die rechte Hand, auf dem Rondeel der Kopf abgehauen und anderer Greuel damit verübt. Der Leichnam eines Falschmünzers, Jürgen Schulte, wurde 1585 noch verbrannt. Noch hatte auf diese Art der Gerichtsbarkeit der finsterste Aberglaube einen Schauder erregenden Einfluß. Ein Doctor Viet war 1521 verbrannt worden, weil er schwangeren Frauen bey der Entbindung Hülfe geleistet hatte. Doch das geschah noch vor der Reformation. Wie wenig aber die Grundsätze sich seit derselben darin geändert, sieht man aus der Menge von HexenProzessen, welche von den alten Erzählern mit Sorgfalt angemerkt worden sind. Allein in der zweyten Hälfte dieses Jahrhunderts wurden, 1555 den 13. July vierzehn Hexen eingezogen, 4 davon lebendig verbrannt und zwey zu Tode gepeinigt, 1556 wurde 1 Hexenmeister mit seinen Gesellen verbrannt, 1581, um einige Jahre zu überspringen, 6 Hexen nebst Einem Crystallenkucker, 1583 fünf Zauberinnen, 1587 ein Kuhhirt und ein Mann aus Mohrwärder, der Hexerey beschuldigt, 1594 ein armes Weib um derselben Ursache willen. Zu solchen Grausamkeiten verführte verblendeter Sinn ein sonst so menschenfreundliches, helldenkendes und besonnenes Volk; aber es war die Krankheit des Jahrhunderts überhaupt, die mit ihren bleyernen Fittigen noch

---

[167] MEEDER (1838), S. 131. Laut den Delinquentenlisten wurden 1555 in Hamburg „viele" wegen Seeräuberei enthauptet und verbrannt.
[168] Vgl. WIECHMANN/BRÄUER/PÜSCHEL (2003), S. 93; SOLDAN (1880), S. 490.
[169] ZIMMERMANN (1820), S. 485-487.

auf den Völkern lastete, bis muthigere Vertheidiger des gesunden Menschenverstandes das Heilmesser an diesen Schaden zu legen wagten.

25. Juli 1556

1 „Hexenmeister" und weitere Personen

Jacobi 1556 (25. Juli) wurde ein „Hexenmeister" „sammt seinen Kameraden" lebendig verbrannt. Carl Trummer vermutet: „Vielleicht gehört hierher der Fall aus einem meiner Delinquenten-Register, wonach 1575 am 22. August Rolff Moller enthauptet, hiernächst beim Gericht ins Feuer geworfen, und verbrannt wurde. Die Verbrechen werden freilich nicht angegeben."[170]

1557

1 Wolf

Ein Wolf, der über das Elbeis nach Hamburg gelangt sein soll, hatte im Winter 1556/57 großen Schaden angerichtet und das Vieh dezimiert. Am Morgen des 10. Februar 1557 griff er die auf dem Weg in die Stadt befindliche Ehefrau des Horner Hufners Arends und ihre Magd an. Er attackierte sie, als sie vom heiligen Geist-Gehöft nach der Hohlen Rönne kamen, und verletzte die Bäuerin so stark, dass sie drei Tage später starb. Der „Landherr im Hamm und Horn" (ein Hamburger Magistratsmitglied) ordnete daraufhin Treibjagden an, worauf der Wolf im Hasselbrook aufgespürt wurde und sich in Jasper Buchwalds Gehöft verfing. Die Bauern erschlugen das Tier und hängten es dann, wie einen Missetäter, mit einem Strick um den Hals an der größten Eiche der Heerstraße auf.[171]

1565

2 Männer

Daniel Yssel

Im Jahre 1565 wurden in Hamburg zwei Mann wegen Brandstiftung im Rauch erstickt. Ferner wurde der Seeräuber Daniel Yssel (oder Gieseler) auf dem Grasbrook gerädert und anschließend aufs Rad gelegt.[172] Diese Räderung war eine von zwei Ausnahmen in der Hamburger Geschichte (1591 wurde ein weiterer Seeräuber gerädert), da bis zum Jahr 1600 sämtliche Seeräuber enthauptet wurden.

1568

1 Frau

Im Jahre 1568 wurde in Hamburg eine Frau enthauptet und zu St. Jürgen begraben.[173]

---

[170] TRUMMER (1844), S. 112.
[171] BENEKE (1854), S. 236.
[172] WIECHMANN/BRÄUER/PÜSCHEL (2003), S. 93.
[173] WIECHMANN/BRÄUER/PÜSCHEL (2003), S. 93.

Johann Brock nebst seiner Seeräuber-Bande

Außerdem wurde 1568 der holländische Kaperkapitän Johann Brock aus Amsterdam, dessen Tod die niederländischen Freiheitskämpfer (Geusen) furchtbar rächten, nebst seiner Seeräuber-Bande auf dem Grasbrook enthauptet. In der „Zeitschrift des Vereines für hamburgische Geschichte" heißt es dazu 1858 in einer Fußnote: „1568 oder 1569 wurde der Seeräuber-Capitain Johann Bruck mit seinen Gesellen auf dem Grasbrooke enthauptet und sind die Köpfe auf Pfähle gesteckt worden, wie das MS. Beschreibung der Delinquenten zu Hamburg verzeichnet."[174]

1570

1 Mann

1570 wurde ein Mann wegen Diebstahls gehängt.[175]

1571

3 Männer

1571 wurde ein Mann wegen Einbruchs, ein Mann wegen der Beschädigung von Bäumen und ein weiterer wegen Mordes enthauptet.[176]

Cord Schumann

Chronist Johann Gustav Gallois erwähnt die 1571 erfolgte Hinrichtung von (Seeräuber) Cord Schumann auf dem Grasbrook.[177]

1572

2 Seeräuber, 1 Frau, 1 Mann

1572 wurden auf dem Grasbrook zwei Freibeuter und außerdem eine Frau wegen Kindsmordes enthauptet. Ein weiterer Mann wurde in dem Jahr enthauptet und auf dem St. Georg-Friedhof begraben.[178]

18. September 1573

Hans von Enkhusen nebst 28 Seeräubern

Im Jahre 1573 wurde der Seeräuber Hans von Enkhusen (auch: *Ersthausen*, sonst *klein Henselein* genannt) mit seiner Mannschaft in Hamburg hingerichtet. Auf einem Blatt des Briefmalers Georg Benitsch (um 1587) ist die Enthauptung von 33 kahl geschorenen Männern zu sehen, die am 10. September 1573 gefangen genommen (und auch hingerichtet) worden seien.[179] Datum und Personenzahl weichen von anderen Darstellungen ab. „Die 29 Gefangenen wurden sämtlich auf dem Grasbrook hingerichtet und ihre Köpfe auf Pfähle genagelt; den drei Knaben schenkte man ihrer Jugend", heißt es 1833 in den „Historischen Blättern" (S. 186).

---

[174] ZVFHG (1858), S. 475.
[175] WIECHMANN/BRÄUER/PÜSCHEL (2003), S. 93.
[176] WIECHMANN/BRÄUER/PÜSCHEL (2003), S. 93.
[177] GALLOIS (1853), S. 427.
[178] WIECHMANN/BRÄUER/PÜSCHEL (2003), S. 93.
[179] WICK (1573).

Abb. 10: Hinrichtung von Seeräubern am 18. September 1573 in Hamburg. Flugblatt aus der Nachrichtensammlung Wick (1560-1586). Wikipedia.de/gemeinfrei.

Wilhelm Louis Meeder schreibt über die äußeren Umstände:[180]

Den 12. September 1573 liefen in den hiesigen Hafen der hamburgische Capitain Pieter von Bremen und der Schiffer Lorenz Goldschmidt mit einer Pinte ein, auf welcher sie einen gefürchteten Seeräuber Hans von Enkhusen, nebst 23 seiner Mitschuldigen und 3 Knaben gefangen einbrachten. Sie wurden, die letztern ausgenommen, sämmtlich auf dem Grasbrok geköpft. — Als die Hamburger das Raubschiff angriffen, sprang ein Oberer desselben über Bord, indem er rief: „ich kenne Euch Hamburger, ich komme nicht in Eure Hände!" Der zweite Capitain, Bruder Claus, nebst dem Schreiber Hans von London, und drei andere

---

[180] MEEDER (1838), S. 131.

fielen im Kampfe. — Am Richttage war in Hamburg das Gedränge der Schaulustigen so groß, daß unter deren Last die Brooksbrücke brach, wobei ein Reiter mit Pferd hinabstürzte, er brach nur ein Bein, dagegen eine Frau das Leben verlor.

Friedrich Oetker schreibt abweichend: „1573 sind zwei Freibeuter gerichtet; ingleichen wurden auch 26 Seeräuber enthauptet, die Köpfe auf Pfähle gesteckt."[181]

In einer Handschrift der „Chronologia oder des Verzeichnisses derer Delinquenten" ist unter dem Jahre 1573, 12. (18.) September, vermerkt, die Exekution (der 29 Missetäter) habe Hartmann Rüter in einer Viertelstunde auf ebener grüner Erde verrichtet und mit seinen Schuhen im Blute der Abgehauenen gestanden. Ein wenig erinnert dies an die Dichtung über die Arbeit des Büttels Rosenfeld im Jahre 1401.[182]

13. Dezember 1574

Cord von Essen

Am 13. Dezember 1574 wurden abermals sechs Seeräuber, nebst deren Hauptmann, Cord von Essen, auf dem Grasbrock enthauptet. Zwei mit ihnen gefangene Knaben wurden begnadigt.[183]

1574 enthauptete Büttel Hartmann Rüter seinen eigenen Knecht.[184]

1575

1 Frau, 2 Männer

Im Jahre 1575 wurden in Hamburg eine Frau (offenbar wegen Hexerei) enthauptet, ein Mann enthauptet und verbrannt und ein Mann gehängt.[185]

1576

Hartmann Rüter

3 Männer

Im Jahre 1576 wurden in Hamburg der Büttel Hartmann Rüter wegen Totschlags enthauptet, ein Mann wegen Einbruchs enthauptet und aufs Rad gelegt und zwei Männer gehängt.[186]

---

[181] OETKER (1855), S. 466.
[182] Handschrift der Chronologia oder des Verzeichnisses derer Delinquenten, 1573, 12. (18.) September, Mitteilung von Herrn Dr. Trümmer.
[183] MEEDER (1838), S. 131.
[184] HENTIG (1962), S. 165.
[185] WIECHMANN/BRÄUER/PÜSCHEL (2003), S. 93.
[186] WIECHMANN/BRÄUER/PÜSCHEL (2003), S. 93.

12. August 1576
Gretje von Erffert (Erfurt?), Frantje von Collen, Antje Heidenviecks, Gatje Beckmanns und Gesche Schweens

Am 12. August 1576 wurden fünf angebliche Hexen verbrannt, deren Namen der Nachwelt erhalten geblieben sind: Gretje von Erffert (Erfurt?), Frantje von Collen, Antje Heidenviecks, Gatje Beckmanns und Gesche Schweens.[187]

1577
1 Mann

Im Jahre 1577 wurde in Hamburg ein Mann enthauptet.[188]

13. Mai 1578
Jan van Brügge nebst 21 seiner Gefährten

Bereits 1578 hatten die Hamburger abermals die Gelegenheit, die Hinrichtung von Seeräubern anzusehen. Ein Irlandsfahrer namens Mathias Wulfken hatte den allgemein gefürchteten Jan van Brügge nebst 21 seiner Gefährten eingefangen. Sie wurden allesamt, wie üblich, am 13. Mai 1578 auf dem Grasbrook enthauptet.[189]

6 Frauen, 2 Männer

Ferner wurden im Jahre 1578 in Hamburg ein Mann wegen Mordes enthauptet und aufs Rad gelegt, sechs Frauen wegen „Hexerei" verbrannt und ein Mann enthauptet und zu St. Jürgen begraben.[190]

Durchaus gebräuchlich war es, am Leichnam des inzwischen verstorbenen Täters noch die verwirkte Strafe zu vollziehen: Am 13. Januar 1578 wurde der in der Fronerei gestorbene Cord Besche aus Verden in einem Sarg vor das Gericht gebracht, zum Galgen verurteilt und darauf auch wirklich aufgehängt.[191]

1579
1 Frau, 3 Männer

Im Jahre 1579 wurde in Hamburg eine Frau enthauptet, weil sie heimlich zurückgekehrt war, nachdem man sie aus der Stadt verwiesen hatte, ein Mann wegen Mordes gerädert und danach auf das Rad geflochten und zwei Männer wegen Mordes enthauptet.[192]

---

[187] TRUMMER (1844), S. 112; SCHEUTZOW (1990), S. 156-160.
[188] WIECHMANN/BRÄUER/PÜSCHEL (2003), S. 93.
[189] MEEDER (1838), S. 131. Bei CHRISTERN (1843), S. 7, wird 1575 als Ereignisjahr angegeben.
[190] WIECHMANN/BRÄUER/PÜSCHEL (2003), S. 93.
[191] MfKS (1938), S. 121.
[192] WIECHMANN/BRÄUER/PÜSCHEL (2003), S. 93. Zu den Hintergründen bei der enthaupteten Frau: NEHLSEN (1897), S. 163.

1580

4 Männer

Wegen Mordes und Diebstahls wurde 1580 in Hamburg ein Mann gefoltert, gerädert und danach aufs Rad gelegt. Im selben Jahr wurde ein Mann wegen „Hexerei" enthauptet und verbrannt, ein weiterer Mann gehängt und schließlich ein Mann wegen Aufruhrs geviertelt und an vier Tore genagelt (11. Oktober, siehe hierunter).[193]

1581

21 Seeräuber

1581 wurden „die 21 Piraten, welche die Hamburger bei Freiburg hatten wegnehmen lassen und weswegen Herzog Heinrich das Hamburger Bier und den Handel mit Hamburg verbieten ließ", „ohne alle Gnade auf dem Grasbrook enthauptet und mit ihren auf Pfählen genagelten Köpfen der Strand geziert".[194]

8. August 1581
Hans Tolch

Am 8. August 1581 wurde einem Jungen namens Hans Tolch „beim Strohhause" (also vor dem Steintor) der Kopf abgeschlagen, weil er dem Ratmann Gevert Delmhorst die Fenster eingeworfen hatte.[195]

Dazu Georg Nicolaus Bärmann: „Man darf mit Grund voraussetzen, daß zu damaliger Zeit mehrere dergleichen empörende Dinge in Hamburg, wie anderer Orten vorfielen, wenn man von den Chronikenschreibern unter andern vernimmt, daß in eben jenem Jahre (1581) zu Hamburg ein Knabe enthauptet wurde, weil er einem Senator – die Fenster eingeworfen hatte."[196]

12. August 1581
6 Frauen

Am 12. August 1581 wurden sechs angebliche Hexen lebendig verbrannt.[197]

11. Oktober 1581
Daniel Holst

Der Kanzleischreiber Daniel Holst wurde am 9. Oktober 1581 in die Fronerei gesetzt. Der Grund: Er hatte Schmähbriefe an den Rat und andere Orte verschickt. Der Chronist Johann Gustav Gallois schreibt: „... wurde ein Schreiber von der Kanzelei, Daniel Holst, welcher an fremde Fürsten und Herren verrätherische Briefe geschrieben haben sollte, inhaftirt. Als er in Haft starb, viertheilte man den todten Körper auf eine barbarische Weise". Noch am 9. Oktober holte eine aufgebrachte Menschenmenge den Leichnam aus der Fronerei. Der Chronist berichtet: „Kanzleischreiber Daniel Holst starb in der Fronerei nach der

---

[193] WIECHMANN/BRÄUER/PÜSCHEL (2003), S. 93.
[194] GALLOIS (1853), S. 427.
[195] TRUMMER (1844), S. 433, mit Verweis auf STELZNER (1731), S. 392.
[196] BÄRMANN (1817), S. 107 f.
[197] TRUMMER (1844), S. 112.

Publication des Urteils. Dessenungeachtet wurde der todte Körper vor das Gericht gebracht und folgendes Urteil wider denselben gefällt: daß er auf dem Berg vor den Kaak gebracht, ihm die rechte Hand abgehauen und solche an den Kaak genagelt, dann auf den Richtplatz gefahren, auf eine Bank gelegt, der Kopf mit einem Beile abgehauen, der Leib geöffnet, die Eingeweide herausgerissen und verbrannt, dann der Körper in vier Theile auf dem Winsenturm, dem Schaarthor, dem Millernthor und auf dem blauen Thurme an der Alster aufgesteckt werden sollten." Diese Hinrichtung ist am 11. Oktober 1581 erfolgt. Dr. Gallois bestätigt: „Dies Schlachterurtheil ward wirklich vollzogen."[198]

1582

Hans von Lüneburg

1582 wurde Hans von Lüneburg wegen Mord und Diebstahl mit glühenden Eisen gezogen, gerädert und aufs Rad gelegt.

18. März 1583

1 Frau

Abelke Bleeken aus Ochsenwerder, eine Schönheit und einzige Tochter eines wohlhabenden Bauern, wurde, nachdem der Vogt zu Ochsenwerder Dirk Gladiator sie angestiftet hatte, am 18. März 1583 wegen Schadenzauber und Teufelspakt lebendig verbrannt.[199]

26. August 1583

5 Frauen

Am 26. August 1583 wurden sechs angebliche Hexen lebendig verbrannt.[200]

1583

2 Männer

1583 wurden außerdem ein Mann wegen Diebstahls gehängt und ein der Falschmünzerei beschuldigter Mann, der bereits tot war, im Sarg verbrannt.[201]

---

[198] REINHOLD/BÄRMANN (1820), S. 116; GALLOIS (1853), S. 326; HENTIG (1954), S. 411; SCHEUTZOW (1990), S. 220. In dem alten Verzeichnis der seit Anno 1390 in Hamburg hingerichteten Personen findet sich lt. HITZIG/ALEXIS (1853), S. 60, folgende Registrande unter dem Jahr 1590: „Den 11. October ist Daniel Holstein, Stadtschreiber, geviertheilt, und an vier Thore der Stadt gehenkt, die Hand aber an den Pranger genagelt; er hatte viele Schmähbriefe auf den Rath geschrieben und solche nach andern Orten verschicket."
[199] TRUMMER (1844), S. 112; ausführlich: BENEKE (1856), S. 110-118. Lt. TRUMMER (1844), A. 113, besteht die ganze Prozessakte nur aus der Urgicht, d. h. der auf der Folter gegebenen Aussage der Angeschuldigten Bleken vom 7. Marz 1583 (= einzige aus Hamburg überlieferte Urgicht).
[200] TRUMMER (1844), S. 112.
[201] WIECHMANN/BRÄUER/PÜSCHEL (2003), S. 93. Nach 1583 wurden in Hamburg nachweislich zehn Frauen (und ein oder vier Männer) wegen magischer Delikte verbrannt. [VERBAND DER GESCHICHTSLEHRER (1995), S. 397.]

1585

Joachim Lutter

Jürgen Schulz

„1585 wurde Joachim Lutter in den höchsten Galgen gehängt, weil er die Kirchen bestohlen hatte. Den 12. April selbigen Jahres wurde Jürgen Schulz, ein Falschmünzer, todt im Sarge aus seinem Hause geholt und öffentlich verbrannt."[202]

1586

1 Frau, 3 Männer

Im Jahre 1586 wurden in Hamburg ein Mann wegen Mordes und Diebstahls gefoltert, gerädert und enthauptet, eine Frau wegen Mordes und Diebstahls enthauptet und verbrannt sowie zwei Männer wegen „Hexerei" lebendig verbrannt (8. August, siehe hierunter).[203]

Der zuerst genannte Mann war Hans Gorries, der Küster von St. Johannis in Eppendorf, die Frau Elisabeth Elers.

18. April 1586

Hans Gorries und Elisabeth Elers

Es war am 18. April 1586 als der vormalige Küster zu Eppendorf Hans Gorries, nach Urthel und Recht zuvor auf dem Hopfenmarkt, dann auf dem Berge, ferner auf dem Pferdemarkt und zuletzt auf dem Hochgerichte vor'm Steinthore mit glühenden Zangen gezwickt, alsdann gerädert und der Körper aufs Rad geflochten ward.

So schreiben im Jahre 1820 die Chronisten Carl W. Reinhold und Georg Nicolaus Bärmann.[204] Gorries, der seiner Ehefrau überdrüssig worden war, lebte mit einer Frau namens Elisabeth Elers im Ehebruch. Um diese Person indessen auch kirchlich zu besitzen, sann er darauf, sich seiner rechtmäßigen Frau zu entledigen.

Wilhelm Louis Meeder geht ausführlich auf die Hintergründe ein:[205]

Der Küster zu Eppendorf, Hans Gorries, suchte sich seiner Frau zu entledigen, um seine Concubine, eine gewisse Elisabeth Elers, heirathen zu können. Anfangs versuchte er bei einer Spazierfahrt auf der Alster die Ruderknechte zu bewegen, das leichte Fahrzeug stark zu schaukeln; er hoffte seine Frau würde das Gleichgewicht verlieren und in das Wasser stürzen, doch gelang es ihr sich fest zu halten. Gorries nöthigte sie bald darauf zu einer zweiten Wasserfahrt, er leitete das Fahrzeug selbst und suchte es den Mühlenstrom hinauf, gegen die starke Brandung zu treiben, um seine geängstete Gattin auf eine scheinbare un-

---

[202] NEHLSEN (1897), S. 163.
[203] WIECHMANN/BRÄUER/PÜSCHEL (2003), S. 93.
[204] REINHOLD/BÄRMANN (1820), S. 529.
[205] MEEDER (1839), S. 133 ff. NEHLSEN (1897), S. 163, bestätigt das Hinrichtungsdatum von Hans Görres, „1586, den 18. April".

glückliche Weise ertrinken zu lassen. Jetzt ward er vom Müller bemerkt, der ihn mit derben freien Äußerungen zurücktrieb und ihn offen beschuldigte, bei solchem rasenden Beginnen müsse er eine böse Absicht haben; der Küster suchte zu behaupten er thue das nur, um seiner Iran alle Furcht zu benehmen. Diese tolle Fahrt ward bekannt, viel besprochen und seiner Vertheidigung nirgends Glauben geschenkt. – Gorries war jedoch fest entschlossen den Mord zu vollführen; seinem Wohnzimmer gegenüber, dessen Fenster nach dem Garten gerichtet waren, stand ein Pflaumenbaum. Eines Sonntags Morgens befestigte er in diesem ein mit einer Kugel geladenes Gewehr; er richtete es scharf nach der Stelle seines Wohnzimmers, wo seine Frau beim Mittagessen zu fitzen pflegte. An den gespannten Hahn beseitigte er ein Garn, welches er durch eine zuvor gebohrte kleine Öffnung von außen nach der Stube leitete, das Ende des Fadens befestigte er sich vermittelst einer Schlinge um seinen Hals und erwartete so vorbereitet das unglückliche Opfer seines ungerechten Hasses. Kaum hatte seine Frau ihren Platz eingenommen, als er die Linie anzog, der Schuß fiel und seine Gattin, durch die Brust geschossen, sank todt vom Stuhle. Rasch beseitigte der Mörder den Faden und das Gewehr, beides warf er in die Alster, dann begann er lauten schreien und zu klagen und theilte den herbeieilenden Nachbarn mit, daß ein Bösewicht oder ein unvorsichtiger junger Bursche durch das Fenster geschossen und seine Frau getroffen habe. Zwar regte sich überall ein starker Verdacht, da jedoch junge Männer sich zuweilen mit Feuergewehren belustigten, so musste des Mörders Aussage vorläufig gültig sein. – Bald fand sich die genannte Elers bei ihm ein und sie lebten wie junge Eheleute. Jetzt erinnerte man sich, daß Gorries einst bei einem Zechgelag geäußert hatte, daß, wenn er nur seine Frau los sei, er die Elers sogleich heirathen würde; die Aussage des Müllers hinsichtlich der bekannten Fahrt auf der Alster vereinigte sich mit den schon vorhandenen Verdachtsgründen, er ward also eines Sonntags aus der Kirche abgeführt und nach der Frohnerei gebracht. Im ersten Verhör gestand er den Mord; dem Geständnis folgte bald das Urtheil welches am 18. April, 1584 vollführt wurde. „Nach Urtheil und Recht" wurde er zuerst außen, Hopfenmarkt, dann auf dem Berge, hiernach auf dem Pferdemarkt und zuletzt auf der Richtstätte vor dem Steinthor mit glühenden Zangen gezwickt, dann gerädert und der stümmelte Leichnam auf das Rad geflochten. Dieses furchtbare Unheil mag als ein Beispiel damaliger Criminal=Justiz dienen. Die Elers war vermuthlich überführt worden, den beabsichtigten und vollführten Mord vorher gewußt zu haben, sie ward mit dem Schwerte gerichtet, der Kopf verbrannt und dessen Asche nach den vier Himmelsgegenden zerstreut.

8. August 1586

2 Männer

Im Jahre 1586 wurden laut Carl Trummer am 8. August ein Kuhhirte aus Fuhlsbüttel und ein Bauer aus Moorwerder, am 13. desselben Monats ein Bauer aus dem Spadenlande wegen Hexerei lebendig verbrannt.[206]

---

[206] TRUMMER (1844), S. 114. Abweichende Jahreszahl 1587 bei FORTMANN (1833), „Peinliche Justiz", Nr. 21, S. 164. Spadenlande: Teil der Marschlande, an der Norderelbe.

1587

1 Frau, 6 Männer

Im Jahre 1587 wurden in Hamburg eine Frau wegen Brandstiftung im Rauch erstickt, vier Männer wegen Diebstahls gehängt und zwei Männer wegen „Totschlags" enthauptet.[207]

1588

4 Männer

Im Jahre 1588 wurden in Hamburg zwei Männer wegen Mordes enthauptet, ein Mann wegen Mordes gerädert und der Leichnam aufs Rad geflochten und ein Mann gehängt.[208]

1589

1 Mann

Im Jahre 1589 wurde in Hamburg ein Mann wegen „Hexerei" verbrannt.[209]

1590

1 Frau, 18 Männer

Im Jahre 1590 wurden in Hamburg zahlreiche Delikte mit der Höchststrafe belegt: zwei Männer wegen Mordes gefoltert, gerädert und enthauptet, zwei weitere Männer wegen Mordes enthauptet, eine Frau (bereits tot) wegen „Hexerei" im Sarg verbrannt, ein Mann ohne Angabe von Begleitumständen hingerichtet, ein weiterer Mann gehängt, ein Mann wegen Raubes und Diebstahl gerädert, aufs Rad gelegt und enthauptet, ein Mann enthauptet und gerädert, ein Mann im Stehen enthauptet, fünf Männer enthauptet und drei Männer gehängt.[210]

1591

9 Frauen und Männer

Im Jahre 1591 wurde in Hamburg ein Mann wegen Mordes enthauptet, eine Frau wegen „Hexerei" verbrannt, sechs Frauen und Männer gehängt und ein Mann wegen Seeräuberei ausnahmsweise gerädert.[211]

1592

1 Frau, 4 Männer

Im Jahre 1592 wurde in Hamburg ein Mann wegen Diebstahls in der Kirche und Mordes gerädert, eine Frau wegen Mordes enthauptet und drei Männer wegen Mordes enthauptet.[212]

---

[207] WIECHMANN/BRÄUER/PÜSCHEL (2003), S. 93.
[208] WIECHMANN/BRÄUER/PÜSCHEL (2003), S. 93.
[209] WIECHMANN/BRÄUER/PÜSCHEL (2003), S. 93.
[210] WIECHMANN/BRÄUER/PÜSCHEL (2003), S. 93.
[211] WIECHMANN/BRÄUER/PÜSCHEL (2003), S. 93.
[212] WIECHMANN/BRÄUER/PÜSCHEL (2003), S. 93.

Im Jahre 1592 hielten zwischen Hamburg und Lübeck vier Kerle ein Mädchen auf, notzüchtigten es drei Tage lang, schnitten ihm den Leib auf, nahmen das Herz heraus, teilten es in vier Teile „und fraßen es dann zusammen auf".[213]

1593

2 Männer

Im Jahre 1593 wurde in Hamburg ein Mann enthauptet und ein Mann gehängt.[214]

1594

Mehrere Seeräuber

1 Frau, 11 Männer

1594 wurden wieder mehrere Freibeuter „ohne alle Gnade" auf dem Grasbrook enthauptet und mit ihren auf Pfählen genagelten Köpfen der Strand geziert.[215]

In dem Jahr wurden laut den Delinquentenlisten in Hamburg eine bereits gestorbene Frau wegen „Hexerei" verbrannt, sechs Männer wegen Mordes enthauptet, ein Mann wegen Seeräuberei enthauptet und sein Kopf aufgenagelt und vier Männer gehängt.[216]

1595

1 Frau, 7 Männer

Im Jahre 1595 wurden in Hamburg zwei Männer wegen Mordes und Diebstahl gefoltert, gerädert und enthauptet, eine Frau wegen Beihilfe zum Mord enthauptet, vier Männer wegen Mordes enthauptet und ein Mann wegen Diebstahls gehängt.[217]

In den Delinquentenregistern findet sich die vielleicht hierüber beinhaltete Angabe: „1595 Dec. 1 wurden Hans Ehlers und Christoph Richters, das waren zwei Jungens, enthauptet. Sie hatten auch zwei Jungens todtgestochen." Hans Ehlers hatte nach Ansicht des Gerichtes Lorenz Petersen und Christoph Richters (hier Christopher Writers genannt) umegbracht. Das Niedergericht befand in beiden Fällen am 26. November 1592 wegen Totschlags bzw. Misshandlung und Totschlags auf Schwert nach Stadtrecht (von 1497).[218]

---

[213] WOSNIK (1926-1), S. 30. Vermutlich gehörten die drei wegen Mordes 1592 hingerichteten Männer zu dieser Gruppe.
[214] WIECHMANN/BRÄUER/PÜSCHEL (2003), S. 93.
[215] GALLOIS (1853), S. 427. Mit seinem Hinweis: „Es mag schließlich noch bemerkt werden, daß am 26. October 1602 der Rath eine Verordnung erließ, wie es mit den seetriftigen Gütern auf der Insel Neuwerk zu halten sei."
[216] WIECHMANN/BRÄUER/PÜSCHEL (2003), S. 93.
[217] WIECHMANN/BRÄUER/PÜSCHEL (2003), S. 93.
[218] TRUMMER (1844), S. 434 f.

1596

9 Männer

Im Jahre 1596 wurden in Hamburg sieben Männer wegen Mordes enthauptet, außerdem ein Mann gehängt und ein Mann wegen Diebstahls enthauptet.[219]

1597

5 Männer

Im Jahre 1597 wurden in Hamburg zwei Männer enthauptet, drei Männer gehängt und ein Mann wegen Raubmordes enthauptet und aufs Rad gelegt.[220]

III. 1601 bis 1854

1607

Mehrere Seeräuber

1607 wurden erneut mehrere Freibeuter „ohne alle Gnade" auf dem Grasbrook enthauptet und mit ihren auf Pfählen genagelten Köpfen der Strand geziert.[221]

Dazu heißt es in den Erläuterungen zu „Der Stadt Hamburg Gerichts-Ordnung und Statuta":[222] „Johann Leners et Lorentz Adrianßen, Belgae, capitis supplicio affecti, quod pyraticam exercuissent, et navim Nicolaus Petersen et Johann Schröders in mari spoliassent, et nonnulorum Gallorum naves expugnassent. 13. Nov. 1607. – Bgm. Möll."

Ende 1609

Gerd Kock

Der erste Delinquent, der auf dem im Oktober 1609 restaurierten Köppelberg hingerichtet wurde, hieß Gerd Kock.

11. Juni 1610

Anneke Petersen

Überliefert sind zwei Fälle, wo beide Male der tote Körper der Angeklagten auf einer „Schlöpe" hinausgeführt und verbrannt werden sollte. Der erste Fall datiert vom 11. Juni 1610, als die bereits in der Fronerei zu Tode gekommene Anneke Petersen, die „Püstermakersche", nachträglich verurteilt und bestraft wurde. Die Hintergründe: In Hamburg ermordete Davidt Breckewoldt im Jahre 1610 seine Frau, um seine Geliebte Ilsabe Duckers heiraten zu können. Ilsabe hatte ihren Geliebten angeblich zu dieser Tat angestachelt. Sie hatte von Anneken Petersen, einer „bekannten Zauberin", das wegen seiner Unsichtbarkeit als magisch angesehene Rattengift geliefert, das die Geliebte Brekewoldts zur Ermordung seiner Ehefrau haben wollte. Gängige Praxis war, die Beteiligten mittels Tortur zu

---

[219] WIECHMANN/BRÄUER/PÜSCHEL (2003), S. 93.
[220] WIECHMANN/BRÄUER/PÜSCHEL (2003), S. 93.
[221] GALLOIS (1853), S. 427.
[222] VfHG (1842), S. 524. Nachricht von Bürgermeister Hieronymus Hartwig Möller (1641-1702).

Geständnissen zu bewegen. Sie hatte einen Beutel Rattengift von der bekannten Zauberin Anneke Petersen besorgt, um die Ehefrau damit umzubringen.[223]

Der Privatdozent an der Universität Hamburg Jürgen Martschukat hat sich in seinem Buch „Inszeniertes Töten" mit der Geschichte der Todesstrafe in Hamburg vom 17. bis zum 19. Jahrhundert befasst. Er schreibt: „Unter den insgesamt 320 Hingerichteten befanden sich 73 Frauen, von denen 49 enthauptet wurden. Aus dieser Gruppe waren wiederum vierzig des Kindsmordes schuldig befunden."[224]

4. April 1614

Gretke Segers

Am 4. April 1614 wurde die Magd Gretke Segers aufgrund der Senat-Erkenntnis vom 1. April des Jahres, weil sie ihre Mutter getötet hatte, mit dem Schwert enthauptet, ihr Leib unter dem Rad begraben und ihr Kopf darüber auf einer Stange aufgesteckt.[225]

19. August 1616

1 Mann

Ein Mann, der seine kleine Tochter in einem Wutanfall mit einem Beil erschlagen hatte, wurde am Montag, dem 19. August 1616, in Hamburg von unten auf gerädert und sein Leichnam im Anschluss auf das Rad geflochten. Der englische Reisende John Taylor (1580-1654) hat seine Eindrücke ausführlich und eindringlich zu Papier gebracht.[226]

Taylor, damals 36 Jahre alt, berichtet:[227]

Als der Sträfling auf der Todesstätte angelangt, wurde er von den Beamten dem Henker überantwortet, welcher seine Würgeschanze mit zwei weiteren Scharfrichtern und deren Leuten betrat, so von der Stadt Lübeck und einer andern Stadt, deren Name mir entfallen ist, gekommen waren, um ihren Hamburger Amtsbruder in seinem wichtigen Werke zu unterstützen. Nun ward die Zugbrücke aufgezogen, und der Sträfling bestieg eine Erderhöhung, so mit der Absicht errichtet ist, daß das Volk die Execution auf eine Viertelmeile in der Runde mit ansehen könne. Alsdann nahmen vier Henkersknechte ein Jeder einen kleinen Strick und hielten den armen Sünder an Händen und Füßen auf dem Rücken liegend ausgestreckt; darauf hob der Hauptthenker oder Großmeister dieses wichtigen Geschäftes ein Rad auf, etwa von der Größe eines Kutschenvorderrades; und erstlich, nachdem er Wamms und Hut abgelegt, in Hemdsärmeln, als wolle

---
[223] Urteilsbuch des Niedergerichts 1607-1610, StA Hamburg, Senat, Cl. VII Lit. Ma. No. 5, Vol. 4a2. NEDDERMEYER (1847), S. 293, gibt an, dass damals insgesamt zwei Püstermacher in Hamburg (nur im Stadtbereich) angesiedelt waren.
[224] MARTSCHUKAT (2000), S. 23. Auf S. 25 weist ders. darauf hin, dass von Beginn des 17. bis zur Mitte des 18. Jahrhunderts 33 Menschen gerädert worden seien. „Außer einem Straßenräuber und einem Kirchendieb, der durch seine Tat unmittelbar gegen Gott gesündigt hatte, waren aller Geräderten des Mordes für schuldig befunden. 15 der Personen waren Frauen."
[225] TRUMMER (1844), S. 434 f.
[226] EVANS (2001), S. 59 f.
[227] Zit. n. ZVfHG (1883), S. 462.

er Federball spielen, nahm er das Rad, setzte es auf die Kante und drehte es gleich einem Kreisel oder Drehrädchen herum; alsdann faßte er es bei den Speichen, und es in die Höhe hebend, schlug er mit einem mächtigen Stoß eines der Beine des armen Wichtes in Stücke (ich meine die Knochen), worüber er entsetzlich aufbrüllte; alsdann nach einer Weile zerbrach er das andere Bein auf dieselbige Art, und so weiter.

Beim Umsehen bemerkte Taylor noch „zwanzig Pfähle mit solchen Rädern oder Teilen von Rädern, mit Menschenköpfen, die man mittels einer durch den Schädel getriebenen, großen Speiche auf die Pfähle genagelt" und zur Erbauung der Stadtbewohner hier zur Schau gestellt hatte.[228]

Die Zeitschrift des Vereins für hamburgische Geschichte kommentiert, wie folgt:[229] „Die Unthat des Zimmermanns war nach den Chroniken 1616 August 10 geschehen. Die Hinrichtung des Uebelthäters am 26. August ist ein praktischer Beleg zu der von Taylor gerühmten schnellen Justiz der Hamburger und stimmt völlig zu der Nachricht, daß alle peinlichen Urtheile am Freitage gesprochen und die Leibesstrafen am Tage darauf, die Todesurtheile am Montag nachher vollzogen wurden."

1618

14 Frauen, 1 Mann

Im Jahre 1618 berichtete eine Berliner Zeitung, in Hamburg seien 14 „böse Weiber" und ein Mann „mit dem Schwerte gerechtfertigt" worden, und noch 50 Personen seien wegen Hexerei in Haft.[230]

15. März 1619

1 Frau

Am 5. März 1619 wurde eine Hamburger Betrügerin, „Puzzenmakersche", aufgehängt. In der Geschichte steht diese Hinrichtungsform, bezogen auf Frauen, abgesehen von 1591 und 1701 als Ausnahme da.

Der Ausdruck „Puzzenmakersche" stand in Hamburg für eine Betrügerin oder Bübin.[231] Die besagte Frau, Tochter eines gut situierten Krahnträgers, hatte lange Zeit in Hamburg ihr Unwesen getrieben, ehe sie aufflog. Otto Beneke weiß über diesen Fall und die Person in seinen „Hamburgischen Geschichten und Denkwürdigkeiten" unter der Überschrift „Malefizweiber" zu berichten. Er schreibt:[232] „Sie war nur eines Krahnträgers Tochter, aber ein großes ansehnliches Frauenzimmer, mit höflichen Sitten und guter Manier zu leben. Sie war so schlau und verschmitzt, daß sie sich täglich anders kleidete und gebehrdete, heute als ehrbare Bürgersfrau, morgen als vornehme Dame aus der Fremde, übermorgen als altes Bettelweib, dann wieder als Vierländerin, auch oftmals als ein

---

[228] EVANS (2001), S. 60.
[229] ZVfHG (1883), S. 478.
[230] JANSSEN (1903), S. 738.
[231] NESTLER (1803), S. 126. Zum Begriff des Krahnträgers siehe PABEL (1996), S. 245.
[232] BENEKE (1856), S. 136. Vierlande: das Gebiet der vier Kirchspiele Curslack, Kirchwerder, Neuengamme und Altengamme.

Mann. Sie hatte schon den Leuten das Bett unterm Leibe und die Kleider vom Körper geschwatzt, und die Beute vor den Augen der Beraubten davongetragen, die ihr noch dazu einen Dank schuldig zu sein glaubten. Zuletzt war der Juwelierladen auf dem Pferdemarkt von ihr geplündert und zwar so. Sie hatte es verstanden den alten sonst so klugen Goldschmidt in eine sehr angelegentliche Unterhaltung mit der hübschen Barbierstochter nebenan zu verwickeln. Der verliebte Alte vergaß darüber seiner gewöhnlichen Vorsicht ganz und gar, und während er vor der Thüre schäkerte, schlich die gewandte Vermittlerin in den Laden und räumte auf. Beim Verkaufen ihrer Beute wurde sie aber entdeckt."

Vor der Hinrichtung hatte man ihr um des Anstands willen ein paar Mannshosen angelegt, über welche dann ihr Weiberrock herabfiel. In „einem ausführlichen Bericht derer in Hamburg hingerichteten Missethäters, welche die Justiz theils mit dem Schwerdt, Strang, Feuer, Rad, und harquebusiret, vom Leben zum Tode gebracht sind. Gedrukt in diesem Jahr." heißt es: „1619 den 5ten Martii ist die Puzzenmachersche (Puzzenmakersch) eines Krahnträgers Tochter in den höchsten Galgen gehenket."

Hiernach wurde bei Frauen in Hamburg nur noch auf die Strafe des Schwerts oder auf Zuchthaus erkannt. Rudolf Nehlsen schreibt: „Nach dieser ist kein Weib mehr in Hamburg gehängt worden."[233]

Frühjahr 1619

Abelke Dabelstein

Ein zweiter Fall, bei der eine Inquisitin bereits in der Fronerei verstorben war, datiert laut Carl Trummer vom Frühjahr 1619 und betrifft Abelke Dabelstein. Ihr Leichnam war laut Urteil vom 19. März 1619 und Ratserkenntnis vom folgenden Tag auf einer „Schlöpe" (einem Schlitten) zur Mahlstatt zu transportieren und dort zu verbrennen.[234]

1619

Wolf Dietzen

In einer Senats-Erkenntnis vom 12. November 1619 heißt es: „Auf angestellte Peinliche Klage des Rechtens gegen und wider Wolf Dietzen, Gefangenen und Angeklagten, erkennt E. E. R. auf vorgehabten Rath der Rechtsgelehrten allem beschehenen Vorbringen nach zu Recht, daß die am 8. September jüngsthin im Niedergericht ergangene Findung zu confirmiren etc., und soll derselben zufolge der Gefangene und Angeklagte seiner begangenen Mishandlung halber mit dem Schwerte am Leben gestraft, und der todte Körper mit Feuer verbrannt werden."[235]

Im März 1619 wurden in Hamburg einige Huren am Kaak mit Ruten gestrichen und aus der Stadt gebracht, nachdem man ihnen das rechte Ohr abgeschnitten hatte.[236]

---

[233] NEHLSEN (1897), S. 163. Siehe aber 4. Februar 1701. Vgl. BENEKE (1889), S. 290.
[234] TRUMMER (1844), S. 137, 452.
[235] TRUMMER (1844), S. 138. E. E. R. steht für Eines Ehrbaren Rates der Stadt Hamburg.
[236] SCHEUTZOW (1990), S. 221.

1622

Rosmöller jun.

Rudolf Nehlsen schreibt weiter: „1622 wurde des Thürdieners am Dom, Rosmöller, Sohn mit glühenden Zangen gezwickt und in den höchsten Galgen gehängt, weil er das Rathhaus um 10000 Pfd. bestohlen hatte."[237]

1624

1 Sträfling

Ein Karrengefangener, der 1624 einen Mord beging, um aus Karre und Welt zu kommen, landete auf dem Schafott. Scharfrichter Valten Matz war offensichtlich gerührt und nervös, dass er ihn vor lauter Mitleid „ganz grausam schlecht" richtete. Er entging nur knapp der Rache der anwesenden Bevölkerung.[238]

13. Dezember 1624

3 Seeräuber

Am 13. Dezember 1624 fanden die letzten Hinrichtungen auf dem Grasbrook statt. Enthauptet wurden drei Seeräuber.[239]

Im November 1624 kehrte der Schiffer Tiedeke Schaper in den Hamburger Hafen zurück. Er hatte unterwegs bei Neuwerk ein Gefecht mit einem Seeräuberschiff siegreich bestanden, von dessen Besatzung er vier Männer gefangen mitführte. Diese wurden in Hamburg als überwiesene und geständige Seeräuber verurteilt. Es handelte sich um einen Türken, einen „dunkelgelben Mohr, vermuthlich ein Barbareske", einen türkischen Renegaten, Franzose von Geburt, und einen Engländer, bei dem sich herausstellte, dass er nur als Sklave des Türken gezwungenermaßen den Seeräubern gedient hatte, weshalb er auch begnadigt und nach England heimgeschickt wurde.

Während die drei Seeräuber vor der Exekution in der Fronerei saßen, versuchten die Herren Pastoren, die Ungläubigen zu bekehren. Der Türke und der Mohr „nahmen willig Lehre an" und taten, wie die Chronik erzählt, „ein gar herrliches Bekenntnis". Der Renegat wird dagegen als „ein eingeteufelter Kerl" beschrieben. „Alle Versuche, diesen Renegaten zum christlichen Glauben zurückzubringen, oder nur einige Reue in seinem verstockten Gemüte zu erwecken, waren fruchtlos." Am 13. Dezember wurden dann die beiden Bekehrten, der Türke und der Mohr, in stattlicher Geleitschaft zum Elbstrand hinausgeführt, der Renegat aber auf einer Schleife dahin gebracht, worauf alle drei enthauptet und ihre Köpfe auf Pfähle gesteckt wurden.

Über die Verurteilung heißt es in den Erläuterungen zu „Der Stadt Hamburg Gerichts-Ordnung und Statuta".[240] „Anno 1624 d. 10. Dec. tres piratae, unus Anglus, circumcisus apostata, alter Turca ex Algier, tertius Maurus ex Salem,

---

[237] NEHLSEN (1897), S. 163.
[238] BENEKE (1863), S. 150, 259.
[239] BENEKE (1856), S. 137 f.
[240] VfHG (1842), S. 524.

qui per Tietcken Schaper navarchum huc advecti et in diversis proeliis navalibus prope Capo Finis terrae capti fuerant, capitis damnati. – Clan."

Über die Hinrichtungen berichtet auch der Schullehrer Johannes Jens Ropelius (1762-1839), ein Mitglied der Gesellschaft der Freunde des Vaterländischen Schul- und Erziehungswesens zu Hamburg, in seiner „Chronik oder Geschichte von Hamburg". Nach seiner Darstellung handelte es sich bei den Delinquenten um „einen Türken, einen Griechen und einen Renegaten, von Geburt Franzose".[241]

Die Hinrichtung jener Seeräuber war die letzte dieser Art in Hamburg.

13. Juni 1631

Hinrich Küsch

Nach den Delinquentenlisten wurde am 13. Juni 1631 ein Brauer namens Hinrich Küsch zwischen den Toren gerichtet, der am 19. Juni des Vorjahres Augustin Brodt erstochen hatte. Dazu Carl Trummer: „Es ist die auf diese That erfolgte späte Strafe auffallend. Allein die Handschriften setzen hinzu: Er konnte sich auch zum Wehrwolf machen. Vielleicht war dieser Umstand auf die Bestrafung von Einfluß."[242]

1632

3 Soldaten

Der Chronist Gallois berichtet über das Jahr 1632: „Am 26. März wurden ein Tambour und ein Pfeifer wegen eines Raubmordversuches gegen Otto Mack, Sohn des Unterküsters zu St. Jacobi, geköpft und auf's Rad gelegt. Am 30. April warf ein Mann seinem eigenen Kinde einen Krug an den Kopf, woran es am 5. August starb[,] und entlief. Am 24. Juli erstach ein Junge den anderen beim Steinthore, und am 30. August mußten drei Soldaten um ihr Leben würfeln, wegen eines Todtschlages, dessen Thäter nicht heraus zu bringen war: der jüngste von ihnen warf die wenigsten Augen und ward enthauptet."[243]

4. Februar 1639

Johann Körner

Der Schuhknecht Johann Körner, Sohn eines gut situierten Steuermanns, der am 13. März 1632 auf der Zollenbrücke im Jähzorn seinen Schwager Nicolaus Dannemann hinterrücks angefallen und erstochen hatte, bat bald nach seiner Rückkehr aus der Fremde (im Sommer 1638) den Fron, Valten Matz, ihn zu töten, um sein beißendes Gewissen loszuwerden. Das Gericht verurteilte ihn zum Tode, und der Rat bestätigte das Urteil.

Am 4. Februar 1639 sollte es zur Katastrophe kommen. Körner betrat die Richtstätte freudig und getrost. Auf seinem „von schönen blonden Haaren umflossenen lieblichen Angesicht" habe ein so heller Glanz gelegen, „dass man schier

---

[241] ROPELIUS (1832), S. 141. Vgl. REINHOLD/BÄRMANN (1820), S. 150.
[242] TRUMMER (1844), S. 139.
[243] GALLOIS (1862), S. 90.

meinte, eines Engels Antlitz zu sehen". Valten Matz war umso mehr irritiert, als der Delinquent ihm dankte für das, was er nun an ihm verrichten werde, und ihn mit guten treuherzigen Augen anblickte. „Noch hoffte er sich zu fassen, indem er ihn heftig zurückstieß und niederdrückte auf den Armsünderstuhl." Körner begann zu beten, verwirrt schwang Matz das Schwert, die Augen voller Tränen, und hieb zweimal fehl. Der Scharfrichter traf einmal in die Schulter und dann in den Kopf, sodass der letztere abgeschnitten werden musste.[244]

Als das Werk endlich gelungen war, warf Matz das Schwert weit von sich und verfluchte sich selbst. Gleichgültig gegen das, was um ihn vorging, ließ er sich von seinen Leuten fortreißen und von der bewaffneten Macht schützen vor der gegen ihn heranstürmenden entfesselten Wut einer aufgebrachten Menschenmenge. Nur mit größter Mühe gelang es der in Eile durch Reiterei verstärkten Soldateska unter der Führung von Enno Wilhelm Freiherr von Knyphausen (1586-1656), Oberst der Stadt Hamburg, sich mit den Dienern der Justiz durch die mit Äxten, Steinen und Knitteln bewaffneten Massen des aufgeregten Volkes durchzuschlagen.[245]

Was nun genau geschah, berichtet der Advokat zu Hamburg Dr. Gallois: „Der vor Volkswuth bangende Henker verkroch sich sofort in den Keller unter dem Köppelberge. Die Zuschauer erhoben nämlich einen greulichen Tumult, warfen mit Steinen, brachen die Brücke und die Umfriedung ein und hieben Alles mit Äxten zusammen. Sie wollten den Scharfrichter massakriren, der mit genauer Noth durch die Reiterdiener nach der Stadt gerettet ward. Unser Oberst Kniphausen ward zwar mit einigen Hundert Mann hinauskommandirt, welche verschiedene Male scharf unter den rasenden Pöbel feuerten, wogegen dieser aber den Soldaten mit Steinwürfen so hart zusetzte, daß sie Gott dankten, davon zu kommen und sich zurückziehen mußten; es gab Tote und Verwundete dabei."[246]

Eine Chronik sagt, Valten Matz sei darauf nur deshalb vom Rat „cassirt" worden, „weil er sein Schwert weggeworfen".[247]

17. Januar 1642

Gretje Wevers (Margaretha Webners)

Die Hexenverfolgung gelangte in Hamburg niemals zu einer Ausdehnung wie anderswo. Die Register und auch der bei Carl Trummer mehrfach angeführte Vegesacksche Kommentar zum neuesten Statut erwähnt einen Fall vom Januar 1642. Vegesack sagt: „Am 14. sei eine Zauberin (die Listen: eine alte Hexe) Gretje Wevers (Margaretha Webners) laut ihrer Urgicht dahero, daß sie von Gott abgefallen, und allerhand Zauberei gebraucht, condemnirt, daß sie sollte mit dem Schwert gerichtet, und der Körper sammt dem Kopfe ins Feuer geworfen

---

[244] BENEKE (1863), S. 150; BENEKE (1854), S. 301-307; zum Mord: GALLOIS (1862), S. 90.
[245] BENEKE (1863), S. 150.
[246] GALLOIS (1862), S. 128.
[247] BENEKE (1863), S. 150; BENEKE (1854), S. 301-307.

werden. Das NGericht hatte erkannt, daß sie verbrannt werden sollte. Am 17. ward sie enthauptet, beim Gericht auf's Feuer geworfen, und verbrannt."[248]

29. August 1642

Cillie Hempels

Bei einem späteren Fall variieren die Zeitangaben. Der Vegesack'sche Commentar gibt an, am 29. August 1642 sei Cillie Hempels, eine Hexe, gerädert und der Körper verbrannt. Im Niedergericht sei erkannt, sie solle lebendig verbrannt werden. Das Todesurteil datiert vom 22. August 1642. Cillie Hempels wurde „wegen ihres Abfalls von Gott, ihrer Zauberei und gegen ihren eigenen Mann begangene Mordtat" bestraft. Die Delinquentenregister geben die Zeit auf den 25. September 1643 an, sie nennen die „alte Hexe" Cillie Haubels und bemerken, sie habe ihren eigenen Mann ermordet und sei daher viermal mit dem Rade gestoßen, ehe ihr Körper beim Gericht zu Asche verbrannt worden sei. Dieses war die letzte nachweisbare Hexenverbrennung in Hamburg, die sich vielleicht noch damit entschuldigen lässt, dass hier ein Gattenmord zu sühnen war.[249]

1645

Matthias Reineke

In den Jahren 1483, 1570, 1583, 1616, 1622 und 1645 wurden in Hamburg Delinquenten an „den höchsten Galgen" gehängt. Ihre Verbrechen tasteten besonders schutzbedürftige Güter an: Bestohlen waren die Windmühle, die Kirche, das Rathaus, der Raum, in dem die berühmte güldene Tafel von Lüneburg aufbewahrt wurde.[250]

Der Stadtkirchenprediger in Celle Sigismund Hosmann (1660-1701) schreibt über den Kirchendiebstahl vom Jahr 1644:[251]

Allein von dieser so ungewissen Sage wollen wir nicht reden/ sondern nur anführen/ daß sich auch A. 1644. ein heilloser Mensch/ Matthias Reinicke, gelüsten lassen/ die Taffel zu berauben. Es hatte sich derselbe des Nachmittages in der Kirche lassen verschliessen/ und war auf dem so genanten Lector geblieben/ über der Orgel herab aufs Chor gestiegen/ und des Abends zwischen 7. und 8. Uhr zum Altar getreten/ da er die Taffel zur helffte offen gefunden/ und/ wie er einen Sack geholet/ den Raub hinein zu stecken/ an derselben bey anderthalb Stunden gebrochen/ und etwas von Golde und andern Kostbarkeiten entwendet/ welches er in Hamburg an verschiedenen Orten verkaufft. Das güldene Crucifix hat er auch in Händen gehabt/ es aber stehen lassen/ dieweil er vernommen/ daß einst eine Königinn ein Stück von Golde aus der Taffel gekricht/ um es in ihrer Crone zu tragen/ hernach aber unsinnig geworden/ und von diesem Golde das Crucifix machen lassen. Die göttliche Rache aber hat ihn verfolget/ entde-

---

[248] TRUMMER (1844), S. 139.
[249] TRUMMER (1844), S. 139. Vgl. abweichend SOLDAN (1880), S. 117. BENEKE (1916), S. 117, erwähnt, dass der Körper der Geräderten in ihre roten Frieskleider gewickelt wurde, ehe er bei der Richtstätte ins Feuer geworfen worden sei.
[250] HENTIG (1962), S. 132; 1483 laut BENEKE (1889), S. 290, 296.
[251] HOSMANN (1700).

cket/ und zur Straffe gezogen/ massen er zu Hamburg in den höchsten Galgen gehencket worden.

Der seit 1643 amtierende Richter Johan Schlebusch hatte laut Adam Tratziger Matthias Reineke „für [= vor] Hamburg in den högesten Galgen hencken lassen".[252]

4. September 1647
Dr. theol. Leonhard Gratian

Leonhard Gratian, Dr. der Theologie und ein Jesuit, war zum Luthertum übergetreten und hatte in Hamburg am 14. Juli 1647 auf der Kanzel sich öffentlich dazu bekannt. Er hatte eine hübsche Frau, was ihn aber nicht abhielt, ein Mädchen von 15 Jahren zu notzüchtigen. Deshalb setzte man den Doktor am 10. September 1647 in die Büttelei, und da es in seinem Prozess zutage kam, dass er mit Knaben und Vieh Sodomiterei getrieben hatte, wurde er zum Feuertode nach dem Statut verurteilt. Das Ministerium mochte aber nicht leiden, dass einer von den Seinigen so ende, „intercedirte" für ihn und bewirkte beim Rat, dass der Doktor mit der Schwertstrafe begnadigt wurde. Am 4. September wurde ihm der Kopf abgeschlagen, nachdem er am Köppelberg noch eine gar bewegliche Bußpredigt an das Volk gehalten.[253]

Dazu dieser Hinweis von Augustin von Balthasar:[254]

Freu dich sehr! o meine Seele.) Dieses Lied wird von verschiedenen dem Italienischen Doct. Med. LEONH. DE GRATI, *da er zu Hamburg, wegen verübter Nothzucht an einem 9 jährigen Mädchen hingerichtet worden; von andern aber einem Lutherschen Prediger ... zugeschrieben.*

1651 richtete der Büttel Jacob Gevers einen hübschen jungen Mann, der am 20. September gestohlen hatte, mit 70 Hieben am Pranger so zu, dass man ihn am anderen Tag tot fand.[255]

1652
Ehefrau des Bürgers Wessel

Im Jahre 1652 musste sich die Ehefrau des Bürgers Bernd Wessel, eines Danziger Boten, wegen mehrfachen Mordes verantworten. Sie war überführt und geständig, gleich mehrere Leute ihrer angeheirateten Verwandtschaft, wie zunächst ihren früheren Ehemann Hans von Essen, mittels vergifteter Getränke umgebracht zu haben. Auf dem gut besuchten Richtplatz wurde sie zunächst mit glühenden Zangen an Armen und Brüsten gerissen, dann von oben herab gerädert und ihr Leichnam aufs Rad gelegt. Zur Warnung wurde ihr Kopf auf einen Pfahl genagelt. Der Büttel, der mit der Aufgabe betraut war, die Wesselin derart hinzurichten, war Jacob Gevers, der für seine besondere Brutalität bekannt war.[256]

---

[252] TRATZIGER (1664), o. S. (Gerichtsbedienstete im hinteren Drittel).
[253] GALLOIS (1862), S. 198.
[254] BALTHASAR (1763), S. 529.
[255] SCHEUTZOW (1990), S. 221.
[256] SCHEUTZOW (1990), „Grausamkeit gegen Grausamkeit", S. 223 f.

31. Januar 1653
Cord Erdmann

Am 31. Januar 1653 henkte man in Hamburg einen Dieb namens Cord Erdmann und brachte dessen steif gefrorenen Körper aufs St.-Marien-Magdalenen-Kloster, wo sich damals die Anatomie befunden hatte. Als der Physikus Dr. Paul Marquard Schlegel (1605-1653) mit Hilfe seines Jungen die Stricke von den Händen des Kadavers löste, fuhren diese mit Heftigkeit auseinander, und die eine Hand versetzte ihm eine Ohrfeige. Schlegel glaubte, dass der Kerl wieder lebendig geworden sei, und erschrak darüber so sehr, dass er krank wurde und starb. Der Magister der Philosophie Kanonikus der Hamburgischen Domkirche Christian Ziegra (1719-1778) schreibt in Schlegels Lebensbeschreibung: „Es ward den 31 Januar ein junger Dieb gehangen und des Abends abgenommen. Wie er ihn anatomiren wolle, und die auf dem Rücken gebundene Hände auflösete, schlug ihm die eine Hand ins Gesicht, darüber er sehr erschrack und wenige Tage hernach starb."[257]

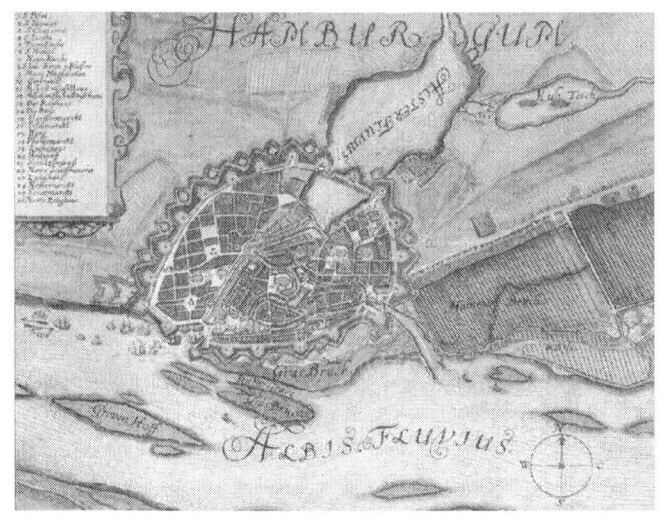

Abb. 11: Karte von Hamburg mit seiner Stadtbefestigung um 1660: Der Durchstich des Grasbrook ist noch ein Neuer Graben, heute stellt er den Verlauf der Norderelbe dar. Die Insel Grevenhof (vorne links) ist ein Teil Steinwerders geworden. Wikipedia.de/gemeinfrei.

22. Januar 1655
Jürgen Kropmann

Jürgen Kropmann, 83 Jahre alt, wurde wegen Diebstahls in Anwesenheit einer „Menge Hamburger" aufgehängt. Der Körper des ausgemergelten Greises fiel zweimal aus dem Galgen. Während der Hinrichtung explodierte beim Deichtor die neu erbaute Wachhütte eines Constablers, wobei zwei der Schaulustigen getötet und weitere vier verwundet wurden.[258]

---

[257] ZIEGRA (1770), S. 352; BENEKE (1854), S. 311; BENEKE (1916), S. 299 f.
[258] SCHEUTZOW (1990), „Eine gefährliche Hinrichtung", S. 132 f.

1. Dezember 1656
Jacob Iden

Am 1. Dezember 1656 wurde der Bohmseidenmacher Jacob Iden mit dem Schwert gerichtet, weil er an seine Freunde in Wohldorf Droh- und Brandbriefe geschrieben hatte. Da nun der Fron Ismael Asthusen denselben „nicht recht richtete", wurde am nächsten Sonntag ein Mandat von der Kanzel abgelesen, dass niemand in ähnlichem Falle dem Fron ein Leid zufügen dürfe. Am 14. Dezember wurde auch von den Kanzeln abgelesen, dass niemand mit dem Kindlein Jesu oder dem Sterne umgehen dürfe, was sonst zu Weihnachten, Neujahr und am heiligen Drei Königetage immer geschehen war. Am 24. Dezember wurde in einem „Gestühlte" in der St. Katharinenkirche ein Kind mit umgedrehtem Halse gefunden, in ein Regenkleid gehüllt, dies war binnen Jahresfrist der fünfzigste Kindesmord, aber kein Täter war entdeckt.[259]

7. September 1657
Tönnies Möhlmann

Ein Fall von 1657 beweist abermals, dass überhaupt unnatürliche Laster einer Gemeinschaft mit dem Teufel zugeschrieben wurden.

In Hamburg galten, wie im gesamten Heiligen Römischen Reich deutscher Nation, das römische Recht und die Constitutio Criminalis Carolina als entscheidende Rechtsquellen, in denen als Strafe für Sodomie die Verbrennung vorgesehen war. Im Falle des ersten in Hamburg nachweisbaren Sodomiters, des Tuchmachers Tönnies Möhlmann, auch von Gahlen genannt, kam diese Bestimmung im Jahre 1657 zur Anwendung. Möhlmann hatte mehrere Jungen und Mädchen angelockt und auf öffentlichen Toiletten vergewaltigt und misshandelt. Außerdem wurden ihm Sodomie mit Hunden und Katzen, Inzest mit der eigenen Mutter sowie Beischlaf mit dem Teufel vorgeworfen – eine Ansammlung sexueller Delikte, die wohl mit Hilfe der Folter zu Stande gekommen sein dürfte. Die Chroniken – Akten zu diesem Prozess sind nicht erhalten – schreiben dem Delinquenten außerdem eine ganze Reihe stigmatisierender Eigenschaften zu: Er habe einen „hässlich roten Bart" und dunkle, krause Haare gehabt, was ihn als fremdartig und unheimlich kennzeichnen sollte; ferner soll er Katholik und ein illegitimer Sohn des Bischofs von Münster gewesen sein, was im streng lutherischen Hamburg ebenfalls als Stigma gelten musste. Seit dem späten Mittelalter wurde Sodomie in engen Zusammenhang mit Hexerei, Teufelsbuhlschaft und Ketzerei gebracht und häufig Fremden und Andersgläubigen zugeschrieben – Vorstellungen, die im Falle Möhlmanns noch deutlich wirksam sind. Das Todesurteil erging am 4. September 1657. Chronist Gallois gibt an, dies Erkenntnis sei drei Tage darauf unter großem Gedränge vollzogen worden, indem der auf eine Leiter gebundene und strangulierte Delinquent auf ein brennendes Fuder Holz nebst Teertonne geworfen und so verbrannt worden sei. Nach anderen Quellen soll Möhlmann dagegen lebendig verbrannt worden sein.[260]

---

[259] GALLOIS (1862), S. 244.
[260] Fast wörtlich aus: MICHELSEN (2001), S. 10; GALLOIS (1862), S. 255.

Es heißt in den Delinquentenlisten: „1657 Sept. 7 ward Tonnies Möhlmann, den man Kinderstuper nannte, lebendig verbrannt draußen beim Gericht, und als er auf den Platz kam nahe dem Scheiterhaufen, nahm er seinen Hut vom Kopfe, hielt ihn vor sich, und – darin. Er hatte gräuliche Sodomiterei getrieben, und Knaben geschändet, lockte die Kinder auf den Wällen in heimliche Oerter, stäupte sie mit Ruthen, dem Teufel, mit dem er Gemeinschaft hielt, zu gefallen."[261]

31. August 1657
Johann Albers

Am 31. August 1657 wurde der 19-jährige Sohn des Küsters an Nicolai, Johann Albers, gehenkt, weil er etwas Kupfer von dem Turm gestohlen und es zu Altona verkauft hatte. Auch hatte er seinem Vater 100 Pfund genommen. Den Letzteren nahm man „aus Mitleiden in den heiligen Geist unter den Armen auf".[262]

1. Februar 1658
1 Mann aus Bremen

Am 1. Februar 1658 wurde ein Bohmseidenmacher aus Bremen, der einen Schnürmacher getötet hatte, beim Schützenwall zwischen den Toren enthauptet, „weil so viele Soldaten, die in der Umgegend lagen, die Execution außerhalb der Stadt bedenklich machten".[263]

16. Juni 1661
7 Diebe

Am 16. Juni 1661 wurden laut Johannes Jens Ropelius sieben Diebe am Galgen vor dem Steintor gehängt.[264]

28. April 1662
Johann Kuhlmann

Am 28. April 1662 wurde der Schuhflicker Johann Kuhlmann wegen Diebstahls aufgehängt.[265]

Beschrieben wurde der betagte Mann als „ein erschrecklich häßlicher Kerl, ohne Nase und ohne Ohren, mit wild über's Gesicht hängenden langen Haaren". In seiner „Bude" habe es „eben so finster" ausgesehen. Wegen der fehlenden Nase und Ohren vermutete man eine zurückliegende peinliche Bestrafung durch den Nachrichter. Er entgegnete aber gegenüber dem Gerichtsherrn, dies hätten Pferde in seiner Jugendzeit, als er als Trossbube bei den Soldaten im Stall schlafen musste, getan. Man behielt ihn fortan im Auge.

---

[261] Zit. n. TRUMMER (1844), S. 140.
[262] GALLOIS (1862), S. 256.
[263] GALLOIS (1862), S. 256.
[264] ROPELIUS (1832), S. 154. Der normale Galgen war für sieben Verbrecher gebaut, mehr als sieben trug kein deutscher Galgen.
[265] Beschreibung entnommen aus: BENEKE (1856), S. 139 f.

Einige Jahre später wurde ein Buchladen in des Schuhflickers Nachbarschaft bestohlen. Kuhlmanns Bude wurde daraufhin durchsucht, wo man eine Menge gelehrter Bücher fand. In der folgenden Zeit wurden seine vielfachen dort wie auswärts begangenen Missetaten aufgedeckt, sodass er selbst einsah, es gehe ihm an den Hals. Als man ihm nun, aus Gründen der Reinlichkeit, die langen wüsten Haare abschnitt, entdeckte man den Grund seiner Frisur: Ein großes Brandmal auf der Stirn kam zum Vorschein. Hierüber befragt, sagte er, leider sei er auch ein gottloser Mörder und zudem kein gewöhnlicher, denn er habe daheim Vater und Mutter totgeschlagen. Dies habe man ihm aber nicht habe beweisen können und sich deshalb nur mit Brandmarken, Nase- und Ohren-Abschneiden begnügt. Seine Unmenschlichkeit entdeckte sich aber bei der Nachforschung als eine Lüge, seine Mutter lebte noch und der Vater war längst natürlich verstorben. Nach der Ursache solcher befremdlichen Lüge befragt, sagte der verwetterte Kerl, er wolle es nur gestehen, er wisse ja, dass er wegen seiner Missetaten doch sterben müsse. Nun wünschte er, lieber gerädert als gehangen zu werden, denn er sei „von Natur entsetzlich kitzelig am Halse" und könne es gar nicht leiden, wenn man ihn dort anfasse. Um sich nun nicht so lange am Galgen quälen zu müssen, wünschte er eine andere Todesart, und deshalb habe er den Elternmord erfunden. Sein Wunsch wurde nicht erfüllt, Kuhlmann kam den 28. April 1662 an den Galgen, wo er bereits als Fünfter hing, worauf bald noch zwei Diebe hinzukamen, sodass damals durch ein richtiges „Galgenvoll", sieben Personen, die Trefflichkeit Hamburgischer Justizpflege beurkundet wurde.

16. Juni 1662

Hermann Kuhlmann

Ebenfalls zu jener Zeit erhielten manche Leute in der Stadt, auch viele in den Vorstädten und auf einsam gelegenen Höfen draußen, nächtlichen, gar unheimlichen Besuch. Zur Mitternachtsstunde erschienen Geister und Gespenster, und wenn sie verschwanden, dann fehlte wertvolle Habe. Der Tod, der Teufel und ein Engel gingen um. Im Schlafgemach erschien plötzlich eine Furcht erregende Gestalt mit Stundenglas und Sense, die den entsetzten Erwachenden etwa so anredete: „Ich bin der Tod, ausgesandt um dich heimzuholen von der Erde, bete ein Vaterunser, dann gnade dir Gott, du musst mit." Kurz darauf folgte eine weitere Person ins Schlafgemach, die schauerlich murmelte: „Da du doch jetzt sterben musst, so bin ich hier, deine sündige Seele alsogleich in die Hölle zu bringen." Wenig später vernahm der Beraubte eine dritte, sehr milde Stimme. Diesmal war es ein schöner weißer Engel, der sprach: „Fürchte dich nicht, ich bin vom Himmel gesandt, dich diesmal noch von Tod und Teufel zu erretten, bleib' ruhig liegen, nur lass dein sterblich Auge nicht sehen, wohin ich mit diesen Feinden der Menschheit jetzt ziehe!" Dann verschwanden alle drei und mit ihnen die besten Sachen, Silberzeug, Uhr, Kleinodien, die Lade im Wohngemach war erbrochen, Geld und Geldeswert dahin.

Es dauerte lange, bis man dem Trio auf die Spur kam. Die Bestohlenen hatten sich meistens ihrer Gespensterfurcht gefürchtet und nur angegeben, beraubt zu sein. Es kam heraus, und dabei trat auch eine recht große Menge Beraubter zutage. Man ertappte daraufhin drei Kerle, wie sie eben, mit Bündeln belastet, aus einem Gartenhaus schlichen und gerade ihre Masken ablegen wollten. Zwei entkamen, einer wurde verhaftet. Es waren drei verbündete Bösewichter, die ihre Rollen trefflich eingelernt hatten. Während Bruder Tod zuerst den harmlosen Schläfer erschreckte und seine Aufmerksamkeit mit dem vorgespiegelten Jenseits fesselte, räumten die beiden andern draußen auf; dann unterstützte Bruder Teufel den Tod beim Einschüchtern des Beraubten, während Bruder Engel die Beute in Bündel packte, wenn er fertig war, herein trat und die Komödie zu Ende spielte, wie oben erzählt.

Der verhaftete Spitzbube (es war der Engel) hieß Hermann Kuhlmann, ein Danziger, unter dessen weitläufiger gelber Perücke man auch die Ehrenauszeichnung gänzlichen Ohrenmangels entdeckte, wie zuvor bei Johann Kuhlmann, in dessen unmittelbarer Nähe er am 16. Juni 1662 gehängt wurde.[266]

1662

Jürgen Niebur

Im Jahre 1662 wurde außerdem Jürgen Niebur, genannt der Leiterträger, gehängt. Er war immer von der Hinterseite der Häuser, von den Kanälen aus eingebrochen. Dazu bediente er sich der Feuerleitern, die an öffentlichen Orten, beispielsweise beim Kornhaus, hingen. Mit solch einer Leiter klomm er vier bis fünf Stockwerke hoch. Wenn sie nicht reichte, stellte er sich auf eine Fensterbrüstung und legte sie höher hinauf. Ertappt wurde er im Januar 1662 auf der Laube eines Hauses am Dovenfleth, die er vom Eis des Kanals aus bestiegen hatte. Nun war einige Minuten vorher der Frau des Hauses nicht ganz wohl geworden, sodass sie, um frische Luft zu schöpfen, auf die Laube gegangen war. Als sie den Dieb unter sich rascheln hörte, schlich sie nach vorn auf die Straße und holte die Räthelwacht, die Jürgen Niebur in Empfang nahm. Er bekannte sich zu 36 gefährlichen Einbrüchen.

Bevor er gerichtet wurde, versuchte Pastor Fürsen, den Delinquenten zu bekehren, der nicht einmal das Vaterunser kannte, geschweige die zehn Gebote und den Glauben. Nichts konnte Niebur beeindrucken, was den Seelsorger, wie berichtet wird, zu Tränen rührte.

Als der Verurteilte unterm Galgen stand und die Kette ihm schon umgelegt war, sprach Fürsen noch einmal: „Nun Jürgen, glaubt ihr noch festiglich, was ich euch glauben gelehrt, und tröstet ihr euch dessen jetzt an eures Lebens Ende?" Nein, antwortete der Kerl, davon wüsste er kein Wort mehr. „Worauf der pflichtgetreue Herr Fürsen noch einmal ihm alles Wort für Wort vorgesprochen, ihm vorgebetet, und ihn absolvirt, – dann aber dem Scharfrichter Ismael Asthusen befohlen hat, nun möglichst schnell ihn abzutun, damit er stürbe, bevor er seinen Trost wieder vergessen habe. Und Meister Ismael sputete sich, der arme Sünder war auch sofort stockstill und steif, und hat weder Hand noch Fuß geregt, – es war, als wenn man einen Holzblock richtete."[267]

---

[266] Beschreibung entnommen aus: BENEKE (1856), S. 140-142.
[267] Beschreibung entnommen aus: BENEKE (1856), S. 140-143 f.

29. Juni 1666
Unterbrockvogt Henrich Bucking

Am 29. Juni 1666 wurde der 1661 beeidigte Unterbrockvogt Henrich Bucking enthauptet, weil er am 18. Juli 1665 den aus England stammenden Fechtmeister Noël Grentzeisen ermordet hatte.[268]

1673
Stoffer Drewes

Im Jahre 1673 wurde Stoffer Drewes auf dem Hochgericht auf dem Gojenberg bei Bergedorf gehängt, weil er „wider das Siebente Gebot gehandelt und unterschiedliche Diebstähle begangen" hatte. Im Sommer 1672 hatte Drewes ein Pferd des Bauern Hermann Krogmann gestohlen, das Krogmann wenig später bei der Hamburg-Lübecker Posthalterei wieder gefunden hatte, die es ordnungsgemäß gekauft hatte. Am 11. Januar 1673 wurde Stoffer Drewes „nach Kaiser Caroli V. Peinlicher Halßgerichts-Ordnung" zum Tode durch Erhängen verurteilt. Das hochnotpeinliche Halsgericht fand auf dem Marktplatz statt. Die Akten über diese „Criminalsache" schließen mit den Gerichtskosten, von denen rund ein Fünftel, nämlich 33 Mark 12 Schillinge, dem Scharfrichter für „peinliche Befragung, Exekution und Beerdigung" zugesprochen wurden.[269]

Der letzte Hexenprozess in Hamburg fand 1676 statt und endete für Margret Ahlers, geb. Schulten, aus Bergedorf nach 21-monatiger „Untersuchungshaft" mit einem Freispruch.[270]

Vom Jahre 1683 datiert „Kommt her zu mir wohl Frau und Mann", ein Bericht „von einer erschrecklichen und grausamen Mordthat zweyer gottlosen Kinder oder Bauernsöhne".[271]

25. August 1679
Hans Münstermann und Harm Dose

Im Jahre 1679 bildete sich eine Diebesbande von 24 jungen Leuten, die sich zum feinen Diebstahl mittelst Einschleichens verschworen hatten, ihre Beute gemeinsam teilten und ein dadurch ein schwelgerisches Leben führten. Sie gaben ihrem Bund den Namen „die Kartenzunft". Zuerst ergriff man Spaden-Bauern und Klever-Eschen, die mit bürgerlichem Namen Hans Münstermann, 17 Jahre, und Harm Dose, 22 Jahre, hießen. Beide hatten von Kindesbeinen an gestohlen und waren schon dreimal deswegen bestraft, deshalb ging es ihnen nun an den Hals. Spaden-Bauer war klein von Statur. Er hatte sich kurz vor seiner Verhaftung, als Vierländerknabe verkleidet, in das Haus des in Hamburg wohnenden Fürsten von Mecklenburg geschlichen, woselbst ihn der riesige Kammermohr Sr. Hoheit beim Stehlen ertappte. Der Mohr hatte Mitleid mit dem flehenden Jungen und verschonte ihn mit der Ablieferung an die Wache. Dafür

---

[268] JACOBJ (1866), S. 89.
[269] SCHEUTZOW (1990), S. 25 f.
[270] UNVERHAU (1980).
[271] DVA (1683).

wurde der Knabe nach Ablegen der dabei überflüssigen Kleidung übers Knie gelegt und vermöbelt. Halbbekleidet lief er davon, zum Ärgernis der redlichen Bürger, die ihm begegneten. Bald danach wurde er bei einem neuen Diebstahl mit Klever-Eschen verhaftet und beiden, ihrer Unverbesserlichkeit wegen, der Galgen zugesprochen. Bei der Exekution am 25. August 1679 waren sie „vor Graus und Entsetzen" ganz stumpfsinnig „und schon halbtodt". Die Pastoren Heinrich Elmenhorst (1632-1704, Pastor zu St. Katharina) und Langhans begleiteten die Delinquenten mit Gesang und Gebet, „es verfing aber wenig". Im September 1679 ertappte man noch einige Schelme von der „Kartenzunft", die aber milder davonkamen, mit Rutenstrich und Spinnhaus.[272]

13. April 1685

Johann Wilhelm von Gahlen, Johann Heinrich Hartwig, Auditeur Rickmeyer

Im Jahre 1685 wurde dem früheren dänischen Rittmeister Johann Wilhelm von Gahlen, dem verabschiedeten hamburgischen Rittmeister Johann Heinrich Hartwig und dem hamburgischen Garnisonsauditeur Rickmeyer in Hamburg als Rädelsführer der Entführung Hieronymus und Anna Catharina Schnittgers der Prozess gemacht. Am 10. April 1685 sprach E. E. Rat das Endurteil, dass diese drei Männer „als überwiesene Wegelagerer, Landfriedensbrecher, Raptores und Rahtgeber zu H. Schnitger's Wegführung" enthauptet und von Gahlens Kopf auf einen Pfahl gesteckt werden sollte.

Am 13. April (in der Marterwoche) wurden von Gahlen, Hartwig und Rickmeyer enthauptet und auf dem St.-Jürgens-Kirchhof begraben, obgleich für Rickmeyer ein Grab in der Kirche zu St. Georg für 92 Mark gekauft worden war.[273]

29. Mai 1685

Lange, Lucht, Hoppe, Potendorp und die Brüder Korbitz

Als überwiesene Teilnehmer an Schnittgers Entführung wurden der ehemalige lüneburgische Cornett Lange, die aus dem hamburgischen Dienst entlassenen Korporale Lucht und Hoppe, der Gemeine Potendorp und die Brüder Hans und Hermann Korbitz, allesamt bezahlte gemeine Knechte, am 26. Mai 1685 zum Tode verurteilt und am 29. Mai enthauptet.[274]

13. April 1686

Henrich Manecke

Der Anführer der hamburgischen Truppen, Obristlieutenant Henrich Manecke, dem einige militärische Fehler der Kriegsführung in der Celleschen Fehde des Jahres 1686 vorgeworfen waren, wurde am 13. April 1686 im Hornwerk standrechtlich erschossen. Zu seiner „Arquebusierung" suchte er die drei Soldaten,

---

[272] Beschreibung entnommen aus: BENEKE (1856), S. 140-142 f.
[273] WURM (1838), S. 426. Vgl. *Wahrhaffter bericht von denen zu Hamburg am 13. April und 29. Mai dieses 1685sten Jahres mit völliger Rechts-Gebühr enthaupteten frevelhafften Conspiranten/ Friedbrechern und Räubern.*
[274] WURM (1838), S. 437.

die ihn erschießen sollten, selbst aus und ermahnte sie zur Herzhaftigkeit. „Er hat die Unteroffiziere des Exekutionspeletons selbst ausgesucht, aufgestellt, näher kommen lassen ... stelte sich frey ohne Zubindung der Augen, oder eine einige Lehnung zum Tode, dann er hat keinen Pfahl hat haben wollen. (...) Er ging sehr beherzt und freudig zum Tode ... nachdem er allen umbstehenden Offizieren, Bürgern und Soldaten Adjeu gesagt, sie umb Verzeihung gebeten, that er eine heroische Oration, worinnen er der Stadt Hamburg Heyl und alles Glück wünschte." Maneckes Leiche erfuhr eine ehrenhafte Beerdigung.[275]

4. Oktober 1686

Cordt Jastram und Hieronymus Schnitger

Die Sprecher der Bürgerschaft, der Reeder Cordt Jastram (1634-1686) und sein Freund, der Kaufmann Hieronymus Schnitger (1648-1686), die den Versuch unternahmen, die politische Vormacht des Rats zu brechen, gerieten zunehmend in den Verdacht, Hamburg dem Dänenkönig ausgeliefert zu haben, und wurden 1686 als Stadtverräter zum Tode verurteilt.[276]

Schnitger und Jastram wurden am 27. August 1686 vom Winserbaum in die Fronerei gebracht und mehrfach peinlich befragt. Eins der überlieferten verwendeten Folterinstrumente war die „Peinbank" (Folterbank). Die Rechnung des Scharfrichters für die den Malefikanten Schnitger und Jastram während ihrer sechswöchigen Verhaftung gereichten „Medicamente und Tractamente" betrug 200 Reichstaler für jede Person.[277]

Abb. 12: Ausführung Cordt Jastrams und Hieronymus Schnitgers durch das Steintor. Nach einem alten Stich der Sammlung Ross. Repro: Stüben

---

[275] Vgl. WURM (1838), S. 447; BENEKE (1863), S. 136; WOSNIK (1926-1), S. 54: „... darauf seine guten Freunde herzutraten und ihn laut seinen Begehren in den darzu verfertigten schönen Sarck mit den Kleidern legten, ist er also des Abends auf dem Hamburger Berg in der St. Paulus Kirchen beygesetzet worden."
[276] KRIEGER (2008), S. 25.
[277] WURM (1839), S. 5.

Gallois schreibt: „Am 9. September wurden Schnitger und Jastram vor das Niedergericht gebracht, wo Lic. Tecklenburg präsidirte, ein Mann, der des Betrugs bei den Bürgerschlüssen später geziehen wurde. Als der Frohn dem Schwager Meurers, Peter Röver, Prätor, welcher nachher als Dieb am Stadtgut überführt worden ist, meldete, Schnitger sei durch die Tortur so zugerichtet, daß man ihn wie ein Kind füttern müsse, da er die Arme nicht zum Munde bringen könne, erwiderte der seines Anführers würdige Parteimann: man solle Schnitger allenfalls auf der Schinderkarre vor Gericht bringen! Der Unglückliche wurde – unter Beifallklatschen – von zwei Schinderknechten fast vor Gericht getragen und gewärtigte mit seinem Gefährten der so lügnerischen wie kindischen Anklage des Fiskals, die wiederzugeben uns anekelt."[278]

Und etwas später: „... den Riß zu den eisernen zum Aufnehmen der Köpfe bestimmten Stangen hatte jener P. Röver, dessen Schwestertochter Schnitgers Frau war, öffentlich vor der Rathsstube dem Scharfrichter Ismael Asthusen bezeichnet. Als die beiden Unglücklichen die Frohnerei verließen, begleitete Schnitger sein edles Weib, die nicht von ihm gewichen war. erwies ihm den letzten Dienst, indem sie ihm den Bürgermantel umhing, sank aber unter dem Abschiedskusse an der Schwelle, überwältigt vom endlosen Jammer, zusammen. Jastram ging seinem Gefährten Schnitger im Tode voran, der noch auf dem Schaffot seine Unschuld betheuerte."[279]

Abb. 13: Hinrichtung Cordt Jastrams und Hieronymus Schnitgers. Nach einem alten Stich. Repro: Burghard Stüben

Am 4. Oktober 1686 wurden die Delinquenten hingerichtet. Hierzu liegt ein Zeitzeugnis folgenden Wortlauts vor:[280]

---

[278] GALLOIS (1853), S. 47.
[279] GALLOIS (1853), S. 48.
[280] Eine kurtze Verfassung / der Anno 1686. von der Königl. Dennemarckischen Armee belagerten Stadt Hamburg / Was sich darin von Tag zu Tag / biß zu Ende gebrachten Justificirten

den 4. Octob. Wurd folgender gestalt an Cord Jastram und Hieron. Schnitquer die Execution vollbracht / daß erst Cordt Jastram geköpffet / dem Schnitquer gefolget / hernach ward Jastrams Rumpff entkleidet / und auff einem neuen Tisch geviertelt / das Gedärm wurd erstlich auß dem Leibe heraußgerissen / darnach der Leib in vier Theile mit einem Henckers=Beile gehauen / und zusammen in eine Ballje geworffen / darauff wurden die eisernen Stangen durch die Köpffe getrieben / also daß selbige oben und unten zwischen zwey Eisernen Platten befestiget wurden; Endlich wurden der Geviertelte und der andere Cörper unter den Galgen in die Erde verscharret / und darauff die Köpffe in besagter Ballje auff dem Henckerswagen unter die Thor geführet / allda Schnitquer auff dem Stein-Thor / Jastram aber auff dem Ellern=thor nacheinander aufgesteckt wurden.

Abb. 14: Skizze aus *Eine kurtze Verfassung / der Anno 1686. von der Königl. Dennemarckischen Armee belagerten Stadt Hamburg / Was sich darin von Tag zu Tag / biß zu Ende gebrachten Justificirten der beyden Verräther Schnitgers und Jastrams begeben*, Hamburg 1686, S. 3. Repro: Burghard Stüben

---

der beyden Verräther Schnitgers und Jastrams begeben, Hamburg 1686, S. 16. Gleich lautend, nur bereits tags darauf: Hamburger Relations-Courier v. 5. Oktober 1686.

14. September 1687
Diederich Meincke

Der Doppelmörder Diederich Meincke versuchte zu fliehen, wurde aber in Altona gefasst und dort am 14. September 1687 hingerichtet. Der „Ausführliche Bericht über die hingerichteten Missethäter in Hamburg" vermeldet: „1687 den 14. Sept. ward der Judenmörder Diederich Meincke, nachdem er allhier zu Hamburg Einen vor vier Jahren und Einen vor etlichen Wochen ermordet, und nach geschehener That nach Altona retirirte, von oben herunter gerädert und hernach auf ein mit Eisen stark verwahrtes Rad gelegt."[281]

1694
Johann Herrhold

Im Jahre 1694 wurde der wegen Falschmünzerei verurteilte Johann Herrhold enthauptet.[282]

14. Mai 1700
Henrich Voß

Am 14. Mai 1700 wurde Henrich Voß wegen seiner „vielfältig begangenen Kirchenberaubungen und Einbrüche" das Rad zuerkannt.[283]

4. Februar 1701
1 „Puzzenmakersche"

Eine „Puzzenmakersche", also eine Betrügerin, die schon dreimal gebrandmarkt war, wurde am 4. Februar 1701 wegen fortgesetzten Stehlens aufgehängt.[284]

Januar 1702
Johann Friedrich Jäners

Im Januar 1702 wurde Johann Friedrich Jäners von unten auf gerädert. In einem Lied zu diesem Anlass verlautete: „Drumb leydet er nun billig das was seiner Boßheit volles Maas verdienet hat, denn Feuer und Raadt ist Straff für solche Uebelthat."[285]

Dazu hat sich folgender Vers erhalten:[286]

> *Drum leyde ich nun mit Geduldt*
> *Was ich durch solche [Missetaten] hab verschuldt;*
> *Ein jeder spieg'le sich an mir*
> *Und hüte sich mit Fleiß dafür.*

---

[281] Mandat gegen Unruhen anläßlich der Hinrichtung eines Judenmörders in Altona vom 19. September 1687, Buchdruck, 26 x 33 cm, StA Hamburg, Bestand Senat: Cl. VII Lit. Hf Nr. 5 Vol. lb Fasc. 1, Bl. 38; MJVK (1903), S. 17. Vgl. DIETRICH/FREIMARK/SCHRECKENBERG (1973), S. 256.
[282] MARTSCHUKAT (2000), S. 23.
[283] VfHG (1842), S. 524. Lt. TRUMMER (1844), S. 106, 17. März 1700 an Kirchendieben.
[284] SCHEUTZOW (1990), S. 222.
[285] MARTSCHUKAT (2000), S. 1 f., 256 (Endnote 41). Vgl. TRUMMER (1844), S. 84 f.
[286] ZfHF (2000), S. 65.

Mit Zangen werde ich gezwickt,
Hätt' ich mich besser angeschickt
So wär ich frey von solcher Pein
Nun aber kans nicht anders seyn.

23. Januar 1702
Ilsabe Bunck und Maria Cäcilia Jürgens

Die beiden einzigen Frauen, von denen bekannt ist, dass sie in Hamburg wegen Sodomie vor Gericht standen, Ilsabe Bunck und Maria Cäcilia Jürgens, denen das Gericht außerdem – höchstwahrscheinlich fälschlich – einen Mord sowie Schadenszauber zur Last legte, wurden am 23. Januar 1702 gerädert und anschließend verbrannt.[287] Aus den Delinquentenregistern ergibt sich, dass Bunck und Jürgens zweimal mit glühenden Zangen gezwickt wurden, und zwar auf dem Schweinmarkt, wo der Leichnam gefunden war, und auf dem Neumarkt, wo die Mordtat geschehen sein soll. Dann wurden beide nach dem Hochgericht hinausgeführt, hier mit dem Rad (von oben herab) zerstoßen und beide Körper verbrannt.[288]

26. März 1703
Joachim Braksieck

Von der Weichherzigkeit der Hamburger Scharfrichter Valten Matz und Ismael Asthusen II berichtet Otto Beneke. Asthusen hieb am 26. März 1703 bei der Exekution des Gattenmörders Jochim Braksieck, der am 6. März auf dem Valentinskamp seine Frau erstochen hatte, zweimal fehl und nahm sich am 6. April des Jahres das Leben.[289]

1709
1 Mann

Im Jahre 1709 wurde in Hamburg ein Kaufmannsdiener wegen Mordes hingerichtet.[290]

1714
Aaron Meyer

Am 2. September 1717 stürzte das Hochgericht nach einem nächtlichen Orkan mitsamt dem zuletzt daran aufgeknüpften Missetäter zusammen. Es handelte sich dabei um den Leichnam des Juden Aaron Meyer, der als ein großer Dieb im Jahre 1714 verurteilt worden war. Über seine Hinrichtung berichtet Otto Beneke:[291] Er hatte „während der von hiesigen Geistlichen mit ihm unternommenen Bekehrungsversuche, ein so lästerliches Verfluchen des Christenthums und des Heilandes losgelassen, daß man fürchtete, er werde damit noch auf seinem letz-

---

[287] StA Hamburg, 111-1 Senat, Cl. VII Lit. Mb Nr. 3 Vol. 1, Sammelhandschrift „Hamburgische Delinquenten", S. 78; AUSFÜHRLICHER BERICHT (1767), S. 23.
[288] TRUMMER (1844), S. 85.
[289] ARCHIV FÜR KULTURGESCHICHTE (1964), S. 344; BENEKE (1863), S. 150, 159 f.
[290] HECKMANN (1990), S. 384.
[291] BENEKE (1863), S. 232 f.

ten Wege, wie unter dem Galgen, Aergerniß erregen und einen Volkstumult wider sich heraufbeschwören. Man meinte es deshalb auch mit ihm nicht böse, als man ihn scharf bedräuete, man werde ihn nicht hängen, sondern rädern, sofern er sein gottlos Lästern fortsetze. Den Scharfrichter aber instruirte man insgeheim, ihn in solchem Falle rasch zu hängen und dann den Körper auf's Rad zu setzen. Die Vermahnung aber fruchtete, er lästerte nicht laut, sondern verschied stumm, und deshalb kam sein Körper nicht auf's Rad, sondern blieb im Galgen. Dahin folgten ihm 1715 drei minder große Diebe, deren Leichen dann abgenommen und mit Einscharrung begnadigt wurden. 1716 war eins der damals seltenen Jahre, das keine Execution in Hamburg sah. 1717 also wehte der Galgen mit Aaron Meyer's Ueberresten um."

18. Oktober 1717
Johann Nobel und Claus Hey

Am 18. Oktober 1717 wurden Johann Nobel und Claus Hey hingerichtet. Dazu heißt es in den „Anmerckungen über das Hamburgische Schiff- und See-Recht" (1727):[292]

Hätte es also, so viel die Faute und Versäumniß betrifft, nach unserm Formular zwar seine Richtigkeit, weilen aber unter diesen und Baratterie und Schelmerey ein großer Unterschied wegen des bey den letzteren versirenden Vorsatzes und Proaeresi, ist nöhtig, daß das Wort Schelmerey mit ausgedrücket werde, wie es denn auch in Praxi, daß der Asseuradeur dafür gehalten, also obtiniret. Wovon das Exempel bekannt von Schiffer Johann Nobel, welcher in diebischer Absicht, durch seinen Steuermann und einen Matrosen das ihm anvertraute Schiff, der junge Ludwig genant, auf der Rhede zu Cuxhaven, durch vorsätzliche Überkochung des Pechs in der Combuis, in Brand gestecket, und währenden Brandes die Ladung bestohlen, auch dieser abscheulichen That wegen, indem der Steuermann flüchtigen Fuß gesetzet, der Schiffer und der Matrose A. 1717. den 15. October durch Urthel und Recht condemniret, daß sie, dergleichen diebischen Pflicht= und Gott=vergessenen Frevelern zum abschreckenden Exempel, als überwundene boßhaffte Brenner und Diebe, mit dem Feuer vom Leben zum Todt zu bringen, und zu einer ewiger Schande eine Tafel, worauf diese boßhaffte That, nebst der darauf an ihnen exequirten Straffe beschrieben, zu Cuxhaven am Strande zum immerwährenden Schrecken an einem Pfahl aufgerichtet werden soll. Welche Todes=Straffe auch darauf den 18. Octobris zur Execution gebracht.

In „Der Stadt Hamburg Gerichts-Ordnung und Statuta" ist auch der zweite Delinquent, Claus Hey, genannt:[293] „Mit Feuer] Anno 1717 d. 15. Oct. contra Joh. Nobel et Claus Hey, welche ein ihnen anvertrautes, nach Archangel destinirtes Schiff zu Cuxhaven in Brand gesteckt, pronunciatum: daß sie mit dem Feuer vom Leben zum Tode gebracht, und die That sammt der Strafe zu Cuxhaven auf einer Tafel aufgezeichnet werden sollte. NB: Sie wurden dennoch zuvor an dem Pfahl erwürget. Die Execution geschah den 18. October außer dem Neuenwerk."

---
[292] LANGENBECK (1727), S. 384 f.
[293] VfHG (1842), S. 524. Vgl. DAMME (1717), S. 253.

31. Januar 1718
Cathrin Dorthe Tigers

Am 31. Januar 1718 wurde die 18 Jahre alte Dirne Cathrin Dorthe Tigers, weil sie zum dritten Male auf Brandstiftung in ihres Herrn Hause begriffen war, enthauptet und danach der Körper eingeäschert.[294]

30. Januar 1719
2 Männer

Am 30. Januar 1719 wurden „zwei israelitische Maleficanten" am erneuerten Hochgericht aufgehängt.[295]

1722
3 Frauen, 2 Männer

Über einige Hinrichtungen im Jahre 1722 berichtet Chronist Gallois:[296]

Am 18. März ermordete sich ein Dienstmädchen in einem Gestühlte, als sie eben aus dem Beichtstuhl gekommen: ihr Körper ward in einer härenen Decke auf einer Schleife nach dem Schindanger gebracht.

Am 10. Juli ward ein Schornsteinfegerjunge mit glühenden Zangen gezwickt und gerädert: er hatte auf dem Schweinemarkte einem Kinde den Hals abgeschnitten.

Am 11. September richtete man einen Kesselflicker hin, weil er sich mit drei Weibern hatte trauen lassen; am 11. December wurden zwei Weiber gerichtet, die eine mit dem Schwert, wegen Mordes aus Eifersucht an einem anderen Weibe, die zweite mit dem Rade, unter vorhergehenden Zangenzwicken, weil sie ihr Kind ermordet hatte.

6. März 1724
Baron Franckenberg und Hinrich Gieseke

Am 6. März 1724 wurden in Hamburg zwei „vornehme Diebe", Baron Franckenberg (sonst Ernst Werth) und Hinrich Gieseke, aufgehängt. Gallois schreibt dazu (S. 45 f.): „Am 6. März 1724 henkte man hier zwei merkwürdige Diebe, Ernst Wehrs und Hinrich Giesecke. Jener gab sich für einen Baron v. Frankenberg, dieser für einen Capitain aus, und hatten eine Zeit ziemlich Figur in Hamburg gemacht, zuletzt aber eröffneten sie auf Kaisershof eine Stube und stahlen einem Kaufmanne eine ansehnliche Baarschaft aus dessen Koffer. (...) Beide wurden torquirt und legten einander widersprechende Geständnisse ab; in der Frohnerei trieb der Baron viel lose Streiche, weshalb ihn der Frohnknecht prügelte und ihm wie seinem Gefährten Handschellen anlegte. Der Baron trieb noch unter dem Galgen allerlei Possen, der Capitain endete gelassener."[297]

---

[294] TRUMMER (1844), S. 442.
[295] BENEKE (1863), S. 236.
[296] GALLOIS (1862), S. 47.
[297] MARTENS (1984), S. 31 f.; vgl. MARTSCHUKAT (2000), S. 257 (Endnote 46).

1725
Daniel Sottmann

1725 wurde der Krämer Daniel Sottmann, der seinen vierjährigen Stiefsohn umgebracht und sich danach selbst zur Anzeige gebracht hatte, „nach gemildertem Rechte" zur Schwertstrafe verurteilt.[298]

4. Februar 1726
Valentin Hobold

Am 4. Februar 1726 wurde der Soldat Valentin Hobold auf dem Köppelberg wegen begangenen Raubmordes durch den Altonaer Fron von unten auf gerädert. Vorher wurde er auf einem Karren, bespickt mit einem weißen Bogen Papier mit den Mordwerkzeugen (Messer und Bajonett) an den Orten seiner Verbrechen vorbeigeführt und währenddessen von den Henkersknechten mit glühenden Zangen angefasst.[299]

1726
Matthias Jansen

Die dritte bekannte Hinrichtung wegen Sodomie in Hamburg war gleichzeitig die letzte: Im Jahre 1726 wurde der Kaffamachergeselle Matthias Jansen wegen an einem „kleinen Knaben" verübter Sodomie mit dem Schwert – also nicht mehr mit dem Feuer – „vom Leben zum Tode gebracht".[300]

21. Juli 1733
Susmann Moses

Am 21. Juli 1733 wurde in Hamburg der Jude Susmann Moses wegen Diebstahls gehängt. An ihn erinnert ein im gleichen Jahr in Hamburg gedrucktes „Curieuses Gespräch im Reiche der Todten, zwischen den am 21ten Julii dieses 1733ten Jahres, in Hamburg, wegen verübten Diebstahls, gehängten Juden: Susmann Moses, und dem am 10. Augusti H. A. in Altona, wegen begangenen Mordes an seiner leiblichen Frauen, hingerichteten Schusters: Samuel Rattge, worinnen beyde einander ihren bösen Lebens-Wandel erzehlen, und bedauern, daß sie in dem Unglauben und Unbusfertigkeit gestorben sind".

1734
Franz Ulrich Giesener

Im Jahre 1734 wurde die Strafe des Räderns von unten herauf an Franz Ulrich Giesener vollzogen.[301]

---

[298] TRUMMER (1844), S. 442; MARTSCHUKAT (2000), S. 23.
[299] MARTSCHUKAT (2000), S. 1.
[300] StA Hamburg, 731-1 Handschriftensammlung, 517, o. P.; ebd.: 111-1 Senat, Cl. VII Lit. Mb Nr. 3 Vol. 1, Sammelhandschrift „Hamburgische Delinquenten", S. 78; AUSFÜHRLICHER BERICHT (1767), S. 23. – Da ab Anfang des 18. Jahrhunderts diverse, jeweils aktualisierte Verzeichnisse der in Hamburg Hingerichteten überliefert sind, kann trotz der lückenhaften Aktenüberlieferung sicher davon ausgegangen werden, dass nach 1726 tatsächlich keine Exekution wegen Sodomie mehr stattfand.
[301] MARTSCHUKAT (2000), S. 25.

2. Mai 1735
Jürgen Hinrich Wichers

Am 2. Mai 1735 wurde die Strafe des Räderns von unten herauf an Jürgen Hinrich Wichers vollzogen. Er hatte einen „greulichen Frevelmord" an der Frau seines Bruders in deren eigenem Wohnhaus begangen. Wichern war in eine haarne Decke gewickelt und trug um seinen Hals das Mordwerkzeug (Beil), als er auf einem Wagen zum Richtplatz geführt wurde. Auch wurde er zweimal mit glühenden Zangen angegriffen. Während der gesamten Prozedur der Räderung sang ein Knabenchor „Nun bitten wir den Heiligen Geist" (Martin Luther, Geystliche gesangk Buchleyn, Wittenberg 1524).[302]

1745
Jacob Christian Schlüter

Im Jahre 1745 wurde der Falschmünzer Jacob Christian Schlüter, der seine Schuld durch zahlreiche Diebstähle noch vermehrt hatte, bei lebendigem Leibe verbrannt.[303]

Ende 1747
Anna Margaretha Oseburg

Anna Margaretha Oseburg wurde wegen der Ermordung ihres neun Monate alten Säuglings am 1. Dezember 1747 zur „geschärften" Strafe des Rades verurteilt.[304]

Lucas Wiegers

Der 22-jährige Lucas Wiegers wurde am 11. Dezember 1747 wegen Mordes, begangen an seinem Bruder, Christoph Wiegers, zur Strafe des Schwertes verurteilt.[305]

1750 (Altona)
2 Männer

Über Hinrichtungen auf dem Galgen vor Altona ist nicht viel bekannt. Ein Fall betrifft das Jahr 1750. Darüber berichtet der Doktor der Rechte Lebrecht Dreves (1816-1870):[306]

---

[302] MARTSCHUKAT (2000), S. 25, unter Bezugnahme auf: Bericht vom 6. May 1735 über die Exekutionen der Inquisiten Wichers und Dammann, in StA Hamburg, 111-1, Senat, Cl. VII, Lit. Mb, No. 3, Vol. 4a: Varia betr. die Exekutionen, 1675-1807. Bei MARTSCHUKAT (2000), S. 26, der ausführliche Bericht des Scharfrichters an den Rat über den Verlauf der Räderung.
[303] MARTSCHUKAT (2000), S. 23.
[304] MARTSCHUKAT (2000), S. 19.
[305] Ausführlich bei TRUMMER (1844), S. 443; MARTSCHUKAT (2000), S. 19.
[306] DREVES (1866), S. 197. Altonaer Abdecker bzw. Scharfrichterkandidaten für Hamburg werden 1830 und 1875 aktenkundig. Die Altonaer Abdeckerei wird zwischen 1875 und 1910 mehrfach in Fachblättern erwähnt. SCHMID (1747) schreibt in seinem „Versuch einer historischen Beschreibung der an der Elbe belegenen Stadt Altona": „Von publiquen Gebäuden ward noch in diesem Jahre [= 1713] die Frohnerey zu bauen angefangen, sodann auch oben in der Königsstraße eine Accisebude erbauet."

So wurde im Jahre 1750, als zwei zum Galgen verurtheilte Verbrecher außerhalb Altona's hingerichtet werden sollten, der den einen von ihnen, der katholischer Confession war, zur Richtstätte begleitende Pater nicht nur weder auf dem Zuge dahin, noch auf der Richtstätte selbst (wie es bis dahin zu öfteren Malen geschehen war) von den Lutheranern beschimpft und beleidigt, sondern es ging auch der Hauptkanzelredner Altona's, der den andern Delinquenten hinausgeleitet hatte, nach vollzogener Execution in seiner freundlichen Gesinnung so weit, den bejahrten katholischen Missionair, dem der weite Weg etwas beschwerlich geworden sein mochte, in seine Kutsche zu invitiren und mit demselben — unser Berichterstatter fügt hinzu: quasi in triumpho, stupentibus Lutheranis, Catholicis vero applaudentibus – zur Stadt zurückzufahren.

1751

Hein Clas Schölermann

Im Jahre 1751 wurde Hein Clas Schölermann enthauptet.[307] Im Juni des Jahres wurde der notorische Kirchendieb Lucas Heinrich Meyer hingerichtet, der einen „Armen-Block" aufgebrochen hatte, um die Almosen zu stehlen.[308]

1754

1 Frau

„Im folgenden Jahre 1754 konnte nun das neue adjustirte Hochgericht mit einer Kindesmörderin in fliegenden Haaren feierlich eingeweiht werden; und der Frohn forderte für das erste Beschreiten der neuen Stätte das herkömmliche Extrageschenk von 50 Reichsthalern", berichtet Otto Benecke.[309]

15. Juli 1767

Maria Voß

Hans Jürgen Hennings, Bruder des verstorbenen Scharfrichters Johann Michael Marquard Hennings, hatte sich 1767 mithilfe einiger „Attestata" erfolgreich auf die Hamburger Scharfrichterstelle beworben. Er hatte zuvor, wie er schrieb, bereits im Hannöverschen und in anderen Orten Hinrichtungen vollzogen. Seine erste Hinrichtung in Hamburg datiert vom 15. Juli 1767, vollzogen an einer jungen Frau namens Maria Voß. Im Exekutionsbuch wurde notiert: „15. Juli 1767. Ist sein erstes Richten gewesen. ... hat glücklich mit dem Schwerte gerichtet und begraben die Kindsmörderin Maria Voßen, ihres Alters 21 Jahre."[310]

9. November 1767

Anna Margaretha Beckmann

Am 9. November 1767 wurde Anna Margaretha Beckmann enthauptet. Sie war wegen einer an ihrem in Unehren erzeugten Kinde verübten Mordtat, welches

---

[307] MARTSCHUKAT (2000), S. 114.
[308] MARTSCHUKAT (2000), S. 26.
[309] BENEKE (1863), S. 237 f.
[310] FOHL (2009), S. 4. Bestätigung der Angabe per E-Mail von Dagmar Fohl vom 10. Oktober 2012 an den Verfasser. Im Oktober 1767 wurde Hennings zum Vertreter seines Vetters bestimmt. MARTSCHUKAT (2000), S. 114.

sie nachher in eine Kalktonne gesteckt hatte, verurteilt. „Glücklich enthauptet ohne Fehl!"[311]

25. Januar 1768
Elisabeth Wessel

Am 25. Januar 1768 wurde Elisabeth Wessel enthauptet. Sie war zum Tode verurteilt, weil sie ihr in Unehren erzeugtes Kind jämmerlich ermordet hatte. Sie wurde in einer härenen Decke ausgebracht, enthauptet und in der Stille begraben.[312]

4. Dezember 1769
Johann Christopher Leck

Am 4. Dezember 1769 wurde Johann Christopher Leck mit dem Schwert gerichtet, weil er seinem Kind die Kehle durchgeschnitten hatte. Anschließend wurde er in der Stille begraben.[313]

29. Januar 1770
Katharina Magdalena Stahlmann

Am 29. Januar 1770 wurde Katharina Magdalena Stahlmann enthauptet. Stahlmann hatte ihr in Unehren erzeugtes Kind in fünf Stücke geschnitten. Sie wurde in einer härenen Decke ausgeführt, mit dem Schwert vom Leben zum Tode gebracht und in der Stille begraben.[314]

9. Dezember 1771
Christina Sophia Wilckens

Am 9. Dezember 1771 wurde Christina Sophia Wilckens enthauptet, weil sie ihr in Unehren erzeugtes Kind ermordet hatte. Anschließend wurde ihr Körper der Anatomie übergeben.[315]

18. Mai 1772
Anna Katharina Knurschen

Am 18. Mai 1772 wurde Anna Katharina Knurschen wegen an eines Nachbarn Kinde begangener Mordtat enthauptet und begraben.[316]

12. Oktober 1772
Anna Maria Schmalsche

Am 12. Oktober 1772 wurde Anna Maria Schmalsche, die ihr neugeborenes Kind ums Leben gebracht hatte, „mit fliegenden Haaren" auf einer härenen Decke ausgebracht, mit dem Schwert gerichtet und in der Stille beerdigt.[317]

---

[311] FOHL (2009), S. 4.
[312] FOHL (2009), S. 5.
[313] FOHL (2009), S. 5.
[314] FOHL (2009), S. 5.
[315] FOHL (2009), S. 5.
[316] FOHL (2009), S. 5. Vgl. MARTSCHUKAT (2000), S. 88.
[317] FOHL (2009), S. 4.

Abb. 15: Ausführlicher Bericht, derer in Hamburg hingerichteten Missethäter, welche durch die Justitz Theils mit dem Schwerdt, Strang, Feuer, Rad und harquebusiret, vom Leben zum Tode gebracht sind. Gedruckt in diesem Jahr [1778]. StA Hamburg, Repro: Blazek

13. Juli 1784

2 Frauen

Am 13. Juli 1784 wurden in Hamburg zwei Weiber gerädert, welche einen Juden umgebracht hatten, „um sein Blut zur Bannung des Teufels und zu anderen Hexereien zu brauchen".[318] Dazu verlautet im „Journal für Prediger": „In Hamburg sind vor kurzen zwey Frauenspersonen gerädert worden, welches dort die erste Exemtion ist, wobey kein Prediger gewesen, da sonst immer einer von ihnen und ein Candidat mitging. Dieser Umstand hat eine Schrift, die Herrn Pastor Sturm zum Verfasser haben soll, veranlaßt, worinn über die Begleitung der Maleficanten das Volk belehrt wird. Sie ist uns aber noch nicht zu Gesicht gekommen."[319]

18. Dezember 1786

Anton Lorenz Ammon

Der 29-jährige arbeitslose Krautkrämergeselle Anton Lorenz Ammon tötete 1786 seine Tochter, weil er nach dem Tod seiner Frau und angesichts seiner elenden finanziellen Lage keine Perspektive mehr in seinem Leben sah. Seinem Ansinnen entsprechend, wurde er am 18. Dezember 1786 auf dem Schafott in der Hamburger Vorstadt St. Georg enthauptet.[320]

---

[318] HOFFMANN-KRAYER/BÄCHTOLD-STÄUBLI (1927), S. 209. *Einige Blicke in die Herzen der Lasterhaften. Bei Gelegenheit der Hinrichtung der unglücklichen Judenmörderinnen. Ein Anhang zu den Erbauungsblättern. Hamb., bey H. I. Matthiessen, 1784.*
[319] JOURNAL FÜR PREDIGER (1784), S. 336.
[320] Ausführlich: ZfHF (2000), S. 54. Vgl. MARTSCHUKAT (2000), S. 88 f.

Die Tat Ammons war kein Einzelfall. Darauf weist ein Protokoll hin, wo von einem „eingewurzelten Vorurtheil" die Rede ist, die Ammon zu der Tötung des Kindes verleitet habe.

Ammon hatte seinen letzten Gang ohne seelsorgerische Begleitung bewältigt. Gleiches ist für die „Mannsmörderin" Wächtler zwei Jahre nach Ammon oder für den Dieb Johann Daniel Gäthmann weitere neun Jahre später dokumentiert.

In der Schrift aus dem Jahre 1784 „Über die Gewohnheit, Missethäter durch Prediger zur Hinrichtung begleiten zu lassen", wurde abschließend auf Seite 16 festgehalten: „Und die neue Verordnung, nach welcher die Begleitung der Malefikanten durch Prediger nicht in allen Fällen, sondern nur unter gewissen Umständen verstattet wird, ist ein neuer Beweiß ihrer wohlthätigen Fürsorge, durch welche sie dem unter uns seit einiger Zeit so schrecklich wütenden Mordgeiste zu steuren (sic!) und selbst durch die Vollziehung der bürgerlichen Strafen, einen bleibenden Eindruck in den Gemüthern der Zuschauer zu befördern sucht."

18. November 1788

Maria Catharina Wächtler

Im Jahre 1786 wurde in Hamburg letztmalig die Folter angewandt, und zwar an einer Frau namens Maria Catharina Wächtler, geb. Wunsch, aus Plauen an der Havel. Am 14. November 1788 wurde vom Senat auf die Todesstrafe durch das Rad von oben herab erkannt. Am 18. November wurde sie zum Richtplatz geführt. Vor der Exekution wurde dem Prätor aufgetragen, „dem Frohn anzubefehlen, daß er die Verbrecherin, vor der Zerstoßung ihrer Glieder mit dem Rade, insgeheim erwürgen lasse".[321]

In der Literatur wurde hinterher hinterfragt: „Ist das eigene Geständniß eines Delinquenten zu feiner Hinrichtung nach der Carolinischen Gerichtsordnung und nach Hamburgischen Rechten durchaus erforderlich?"[322]

13. Dezember 1790

Peter Albers

Im Jahre 1789 wurde seitens der Kämmerer angeregt, das Galgenfeld gewinnbringend zu nutzen und Kohlgärten darauf zu verpachten. Außerdem meinte man, dass ein kleiner transportabler Galgen, falls überhaupt noch erforderlich, dieselben Dienste leiste. In jenem Jahr war es bereits so, dass die Knochenhauer

---

[321] Ausführlich: RICHARD WOSNIK, Die letzte Anwendung der Folter in Hamburg an einer Frau, Marie Katharine Wächtler, geb. Wunsch, aus Plauen an der Havel, in: WOSNIK (1926-1), S. 57-61; „Inquisition gegen die berüchtigte Wächtlerin mit Fragen und Antwort nebst der fiscalischen Anklage derselben im Gericht"; StA Hamburg, Senat, Cl. VII, Lit. Me, No. 8, Vol. 10: „Acta, Inquisition, Urtheil u. dessen Vollstreckung wider Maria Catharina Wächtler, geb. Wunsch pcto. Ermordung ihres Ehemannes ... 1786-1788"; StA Hamburg, Bibliothek, Sammelband A427/32: „Ausführliche Lebensbeschreibung; Aechte und vollständige Acten", „Inquisition gegen die berüchtigte Wächtlerin", „Berichtigungen und Anmerckungen über den schrecklichen Mord an der J. R. Wächtler einem Bürger in Hamburg im Februar 1786 begangen wurde", „Wahrhafte Aussagen der Inquisitin Wächtlern, als sie den 4ten März auf die Folter gebracht werden sollte".
[322] HOFMANN (1789).

ihr Schlachtvieh auf dem Galgenfelde weiden ließen und ehrliche Leute das mit den Kräutern des Galgenfelds gemästete Fleisch dieser Tiere keineswegs verschmähten. Daran wollten die Ehrbaren Oberalten anknüpfen und forderten, nach dem allerersten Projekt, einen transportablen Galgen, 16 Fuß hoch mit drei einfachen Streben, „für lumpige 250 Mark vom Frohn verfertigt", der verzuglos im Anwendungsfall aufgerichtet und in nächster Nacht wieder weggenommen werden sollte. Als nun Peter Albers, ein unverbesserlicher Dieb, „dem Strange entgegen gereift" war, wurde dem Fron befohlen, sein Werk zu fördern und in der Nacht vor der nahen Exekution (13. Dezember 1790) seinen Galgen aufzustellen. Er versprach es, bat aber flehentlich um Offenhaltung eines Torpförtchens, damit er mit seinen Leuten, die ja sonst kein Mensch für eine Stunde in sein Haus aufnehmen würde, mindestens im alten Abdeckerhause ein Obdach finden möge. Der transportable Galgen fiel, wie Otto Beneke schreibt, „übrigens sehr gut aus" und kostete nur 100 Mark mehr als veranschlagt. „Er war Hamburgs letzter Galgen, der nur noch zwei Mal, 1797 und 1805, benutzt worden ist. Dann hing man keine Diebe mehr."[323]

4. Februar 1793

Deborah Traub

Im Jahre 1793 wurde die 23-jährige Deborah Traub, die „bey vollkommenem Verstande und völligem Bewußtseyn" Rattengift in einer Biersuppe gemischt und die bei ihr lebende Schwiegermutter unabsichtlich und die Schwägerin absichtlich ermordet haben soll, zum Richtplatz hinausgeführt.

Bei der Exekution dieser jungen Frau, am 4. Februar 1793, hinderten vom Scharfrichter Hennings gezogene Zäune an einer ordnungsgemäßen Durchführung. Selbst der Transport der toten Traub zum Galgenfeld, wo der Leichnam verscharrt werden sollte, sei laut Jürgen Martschukat „zur Farce" geraten.[324]

In den „Mitteilungen zur jüdischen Volkskunde" heißt es 1903: „Debora Traub aus einer rechtschaffenen Familie, aber nach Aussage des Arztes und aller Nahestehenden seit ihrer Kindheit und später, besonders während der Schwangerschaft, geistig nicht normal, wurde angeklagt, ihre Schwiegermutter und Schwägerin, mit denen sie stets in Frieden gelebt, vergiftet zu haben. Sie wurde am 4. Febr. 1793 mit dem Schwert hingerichtet und gleich nachher unterm Galgen begraben. Lange vor der Verhandlung hatte man durch ein gehässiges Flugblatt „Appellation an das Publicum, in Sachen einer zu Hamb. inhaftierten Jüdinn und Inquisitinn" durch Aufreizung des Volkes auf die Behörde einen Druck auszuüben."[325]

---

[323] BENEKE (1863), S. 239 f.
[324] MARTSCHUKAT (2000), S. 54 f., 90 f.
[325] MJVK (1903), S. 53. Vgl. *Duckesz, Hachmē 'AHŪ*, Nr. 83, hebr. 97f, dt. 34, über Abraham-Joseph Hahns Gutachten von 1795 zugunsten der Bestattung einer wegen Giftmordes hingerichteten Jüdin auf dem Friedhof am Dammtor. [Der 1711 der Judengemeinde von der Stadtregierung zugewiesene „Friedhof vor dem Dammtor" wurde später allgemein „Grindelfriedhof" genannt. Er galt lange Zeit als Begräbnisstätte für Abtrünnige.]

1804

Johann Gerhard Rüsau

Am 19. März 1804 wurde der Hamburger Lehrer und Theologe Johann Gerhard Rüsau (1750-1804), „dieser Mörder seiner liebenswürdigen Frau und seiner wohlerzogenen fünf Kinder", mit dem Rad von oben herunter hingerichtet.
Dazu der „Freimüthige und Ernst und Scherz", wenige Tage später:[326]

Hamburg, den 20. März, 1804.

Gestern ward Rüsau, dieser Mörder seiner liebenswürdigen Frau und seiner wohlerzogenen fünf Kinder mit dem Rade, von oben herunter, hingerichtet. Am 2. März hatte er im Niedergerichte bereits die sogenannte Bürger-Findung erhalten, nachdem am 24. Februar die Vertheidigung vorgelesen war, deren Verfasser den Mörder freilich mehr aus psychologischen, als aus juristischen Gründen hätte vertheidigen sollen.

Als Rüsau, nach verlesener Vertheidigung, wieder ins Gefängniß geführt ward, war der Pöbel so erboßt, daß er ihn der etwas schwachen Bedeckung entreißen wollte. Am 2. März war deswegen eine stärkere Bedeckung nebst Dragonern kommandirt, und der gelinden Bürger-Findung ungeachtet ging alles ruhig ab, obgleich das Gedränge und Getöse des Volks vor den Schranken und vor der Thüre des Niedergerichts sehr groß war. Ich habe den Delinquenten bei der Vorlesung des Urtheils genau beobachtet. Er saß ganz ruhig da, mit niedergeschlagenen Augen, und man bemerkte an ihm nicht die geringste Veränderung. Von der Bürger-Findung ward ans Obergericht, das ist, an den Senat, appellirt. Einer unserer einsichtsvollsten und würdigsten Senatoren ward Referent. Am 7. Dieses fing er mit der Abstattung seines Berichts an, welchen er an den folgenden Rathstagen zu Ende brachte. Am 16. ward das Urtheil im Gehege auf dem Rathhause gefället. Der Senat saß, wie bei solchen Anlässen gewöhnlich, im Gehege. Durch die offenen Rathhausthüren stürzte eine ungemein große Menge Volks hinein. Das erwähnte Urtheil, daß der Delinquent in eine Harne Decke gehüllt, mit dem Mordmesser auf der Brust auegeführt, und von oben herunter gerädert werden sollte, ward ihm vorgelesen, und er blieb unbewegt. Das Kränkendste sey für ihn der Umstand gewesen seyn, daß ihm der schwarze Mantel, worin er bisher noch als Bürger erschienen war, abgenommen ward, und die Hände ihm von einem Knechte des Frohns, nach Gewohnheit gebunden wurden. Aus dem Obergerichte ward er wieder ins Niedergericht geführt, wo das Urtheil ihm nochmals vorgelesen ward. Alles ging dabei, der versammelten großen Volksmenge ungeachtet, ruhig zu. Das Volk, oder vielmehr der Pöbel, war nunmehr mit dem geschärften Urtheile zufrieden, wiewohl es, der eintretenden Umstände wegen, doch noch gemildert war; denn nach unfern Stadtgesetzen soll ein solcher Mörder mit glühenden Zangen angegriffen, und darauf lebendig, wie der Ausdruck lautet, mit dem Rade getödtet werden. Aber von dieser Strenge, die an Grausamkeit grenzt, ist man Gottlob! bei uns längst zurückgekommen, die Strafen werden hier immer mehr gemildert.

---

[326] Der Freimüthige und Ernst und Scherz, hrsg. v. AUGUST VON KOTZEBUE und GARLIEB MERKEL, Heinrich Frölich, Berlin 1804, S. 256.

Aus dem Niedergericht ward Rüsau in die Frohnerei gebracht, wo man ihm sogleich leichte Fußschellen anlegte, ihn übrigens aber sehr gelinde behandelte. Er verdiente auch wirklich Mitleiden, da nicht Bosheit, sondern eine fixirte unglückliche Idee, ihn zu dem sechsfachen Morde bewogen hatte. In der Frohnerei ward er, wie bei uns eingeführt ist, von einem Prediger und einem Candidato Theologiae besucht, die abwechselnd bis zum Tage der Hinrichtung ihre Besuche wiederholten. Die ganze Zeit hindurch hat er sich sehr standhaft betragen, und sich mit manchen der Neugierigen, die ihn sehen wollten, (welches man nach publicirtem Urtheile erlaubt,) gelassen unterredet, und bei denen, die er kannte, sich so gar nach ihren häuslichen Umständen erkundiget.

Am Sonntage wird in der Frohnerei gewöhnlich Vormittags, und bei dergleichen Gelegenheiten auch Nachmittags, in Gegenwart des Delinquenten Gottesdienst gehalten. Beide mal trat Rüsau auf, hielt eine Anrede an die Anwesenden, bekannte, daß er ein großer Verbrecher sey, und die ihm zuerkannte Strafe verdiene, auch warnte er die Zuhörer, wenn dergleichen Mordgedanken bei ihnen aufstiegen, ja ihnen nicht nachzuhängen, sondern sich, ehe sie zur fixirten Idee wurden, einem Freunde anzuvertrauen; hätte er dieses gethan, so würde er die grausenvolle That nie begangen haben.

Am Montage den 19. ward das Urtheil vollzogen. Eine wirklich ungeheure Anzahl Menschen zog schon von neun Uhr Morgens an zum Steinthor hinaus. Vier bis fünfhundert Mann Infanterie waren zur Besitzung des sogenannten Köppelbergs (Richtplatzes) kommandirt. Gegen 11 Uhr folgte ein Detaschement von 24 Dragonern mit ihrem Trompeter und Ober- und Unterofficier. Mit dem Schlage 12 verließ der Verurtheilte die Frohnerei, und bestieg, weil er etwas schwach war, einen Stuhlwagen. Bei ihm saß ein Knecht des Frohn. Dem Anschein nach hatte ihn seine Standhaftigkeit nun verlassen. Er war blaß, wie eine Leiche, und der Knecht des Frohn hatte seinen Arm um ihn geschlungen, um ihn vor einem Falle zu bewahren. Beim Gerichtsplatze angelangt, ermannte er sich gleichwohl wieder, stieg entschlossen die Treppe hinan, fiel oben auf die Kniee, betete ein Paar Minuten, zog seine Chenille aus, (die härne Decke war ihm schon unten abgenommen,) legte sich nieder, und in zwei Minuten war die Hinrichtung vollzogen, wovon er wohl nichts gefühlt hat, da er vermuthlich durch den um den Hals gelegten Strick erdrosselt war. — Er hatte Theologie studirt, war Katechet an einem hiesigen Armenhaufe gewesen, hatte nach Niederlegung dieser Stelle eine Schule, anfangs mit vielem Glücke, gehalten, dann einen Handel mit weißer Waare angefangen. Weil er dabei zurück zu kommen glaubte, gerieth er auf den Gedanken, die Seinigen würden nach seinem Tode ins Elend gerathen; nur der Tod könne sie dagegen schützen. W.

1806

Schmidt Sander

Über die Hinrichtung des Diebesbanden-Anführers Schmidt Sander berichtet der Oberauditeur Friedrich Georg Buek (1795-1860) im Jahre 1844:[327] „Schürbeck liegt am Anfange der Rönnheide, die noch in den ersten Jahren dieses Jahrhun-

---

[327] BUEK (1844), S. 132.

derts als Schlupfwinkel einer Diebesbande berüchtigt war, welche jahrelang die Umgegend in Schrecken setzte und deren Anführer, ein Schmidt Sander, eben auf dieser Rönnheide wohnte und der letzte war, den die [H]amburger Justiz (1806) an den Galgen beförderte."

Im Jahre 1806 erschien „Das Montagsblatt – Lehrreiche Erzählungen von hingerichteten Missethätern, zur Verhütung von Verbrechen", von Philanthropos, Hamburg 1806.

1807

Johann Wallgrün

Im Mai 1807 wurde Johann Wallgrün wegen Raubmordes, begangen an H. F. Fick, auf dem neuen Köppelberg gerädert. Der Köppelberg war zwei Jahre zuvor nebst der Abdeckerei von St. Georg dorthin verlegt worden. Auf dem Weg zum Schafott gelang es den Schaulustigen, den Delinquenten zu schlagen und zu Boden zu werfen.[328] Es war das letzte Mal, dass in Hamburg ein Verbrecher gerädert wurde.

1809

Catharina Maria Koenig

Die letzte Hinrichtung einer Frau, die ein Kind, allerdings nicht ihr eigenes, ermordet hatte, wurde in Hamburg im Jahre 1809 an Catharina Maria Koenig vollstreckt.[329]

1812

Maria Sophie Dahler und Gottlieb Homann

Am 30. September 1812 wurden gleich zwei Personen in Hamburg guillotiniert: die Bordellwirtin Marie Sophie Dahler und ihr Bruder, Gottlieb Homann. Friedrich Georg Buek schreibt dazu in den „Hamburgischen Alterthümern".[330] „Die ehrlichste Todesstrafe für bürgerliche Verbrecher war immer die durch das Schwert, während Henken, Rädern u. s. w. zu den entehrenden gezählt wurden. Die französische Verwaltung führte die Guillotine ein, die auf dem Pferdemarkte aufgeschlagen und nach gemachtem Gebrauche wieder entfernt wurde. Auf ihr fielen durch Urtheil der Geschwornen-Gerichte die Häupter einer Wirthin Dahler und ihres Bruders Homann am 30. Sept. 1812, Homann schrie bis zum letzten Augenblicke, er sei unschuldig."

Der Generaldirektor der französischen Polizei in Norddeutschland, Louis-Philippe Brun d'Aubignosc (1774-1834), berichtete nach Paris, dass eine gewaltige Menschenmenge der Hinrichtung beigewohnt und Beifall geklatscht hätte. Das städtische Besitz- und Bildungsbürgertum hätte sich in der ersten Reihe gezeigt. Nach der Exekution wären die Menschen auf das Gerüst geklettert, hätten die Guillotine untersucht, kommentiert und bewundert. Der Scharfrichter hätte

---

[328] MARTSCHUKAT (2000), S. 92, 216, 275 (Endnote 94).
[329] FOHL (2009), Nachwort; MARTSCHUKAT (2000), S. 164.
[330] BUEK (1859), S. 182.

die Köpfe der Toten nach allen Seiten hin präsentiert, woraufhin der kaiserliche Gerichtshof diese Praxis für die Zukunft untersagte.[331]

Die Hingerichteten waren offensichtlich tatsächlich unschuldig, wie Senator Martin Hieronymus Hudtwalcker (1787-1865) 1848 in seinen „Gedanken über die Einführung von Geschwornengerichten in Criminalsachen in Hamburg" berichtet:[332] „(...) Es ward nehmlich im October 1811 ein Gärtner Hinze aus Eppendorf auf dem Hamburgerberg getödtet und beraubt, und eine Bordellwirthin Dahler nebst ihrem Bruder Gottlieb Homann, als der That überführt sowohl von einer Hamburger als von einer zweiten in Bremen angeordneten Jury für schuldig erklärt, worauf beide zum Tode verurtheilt und hingerichtet wurden. Beide sollten vor der Hinrichtung ihre Unschuld behauptet haben, und das Gerücht fügte hinzu, daß einige Jahre später der wahre Mörder entdeckt worden sey."

2. März 1813

NN Kupfer

Im Frühjahr 1813 ließen die französischen Befehlshaber ein Strafgericht über unschuldige Hamburger halten, um das Volk durch Strenge einzuschüchtern. Am 2. März 1813 wurde ein Mann namens Kupfer als russischer Spion vor ein Kriegsgericht gestellt und vor dem Steintor erschossen, obwohl ihm neben seiner Herkunft nichts weiter zur Last gelegt werden konnte, als dass er am 24. Februar durch seine Reden in der Öffentlichkeit aufgefallen und zwei Tage später an der Plünderung von Ausrüstungsgegenständen des Krankenhofes beteiligt war. Kupfer war zwar in Russland geboren, aber schon lange in Hamburg ansässig gewesen. Am folgenden Tage traf dieses Los noch sechs andere Einwohner. Am 4. März wurde ein Mann, der auf den Anruf einer französischen Schildwache nicht sogleich Antwort gab, tot niedergestreckt und ein anderer verwundet. Die Militärkommission hatte dem Anschein nach die Todesurteile ohne Befolgung des üblichen Rechtganges schon vor der dreistündigen Untersuchung gefasst.[333]

30. Juni 1813

Henri le Maitre

Als am 30. Juni 1813 in Hamburg auf dem Berg (Büttelei) der Raubmörder und „Mordbrenner" Henri le Maitre (auch: Hermann le Maitre) guillotiniert wurde, schlug das Fallmesser einem Scharfrichterknecht zwei oder drei Finger ab.[334]

Nach der Befreiung Hamburgs wurde das Schwert wieder angewendet, dem zunächst 1816 eine Mörderin, 1818 und 1822 zwei Mörder erlagen.

---

[331] SCHMIDT (1998), S. 729; Bulletin particulier du 2 octobre 1812.
[332] HUDTWALCKER (1848), S. 6.
[333] Vgl. SCHMIDT (1998), S. 729. Der vierländische Bauer Joh. Gerbers wurde das Opfer „seiner unbesonnenen Prahlerei", dass auch er am 24. Februar an einem Auflauf teilgenommen habe. [ZANDER (1839), S. 15.] Siehe auch Hamburgischer Correspondent vom 27. Februar und 5. März 1813.
[334] SCHIFF (1866), S. 36.

1. September 1816
Catharina Susanna Seeps

Am 1. September 1816 wurde in Hamburg Catharina Susanna Seep(s) hingerichtet. Zum Zeichen ihrer besonderen Schuld wurde sie „im härnen Gewande" gehüllt und mit „fliegenden Haaren" zum Schafott geführt. Die „Augsburger Allgemeine Zeitung" berichtete in ihrer Ausgabe vom 13. September 1816: „(Hamburg, 4. Sep.) Gestern wurde hier eine bejahrte Wittwe, Susanna Katharina Seeps, welche am 18 Okt. v. J. ihre Schwägerin mit einem Küchenteile todtgeschlagen hatte, mit dem Schwerdte hingerichtet. Das Fühllose in den Mienen dieser grauen Verbrecherin, die im härnen Gewande mit fliegenden Haaren zum Richtplaze (sic!) geführt wurde, flößte Schauder ein."

Theodor von Kobbe schreibt in seinen „Humoristischen Erinnerungen aus meinem academischen Leben": „Während der Execution ist der Senat in Hamburg versammelt, und die Thore der Stadt sind geschlossen, welche erst wieder eröffnet werden, wenn der Adjutant die Nachricht von der glücklichen Vollziehung der Strafe überbringt."[335]

21. Dezember 1818
Conrad Lorenz Levien

Am 21. Dezember 1818 wurde Conrad Lorenz Levien in Gegenwart von mehr als 40000 Menschen hingerichtet. Johann Gustav Gallois schreibt 1856:[336]

Unter den Tagesvorfällen des Jahres 1818 machte zunächst eine gräßliche Mordthat große Sensation und gab allen Blättern Stoff zu Herzensergießungen. Am 22sten Januar um 6 Uhr Abends fand man am Deichthorwalle in dem Rondel einen Sack mit einem augenscheinlich gewaltsam getödteten weiblichen Körper, in dem man die achtzehnjährige Tochter des hiesigen Bürgers und Hundescheerers Conrad Lorenz Levien erkannte, der, eben nicht übelberüchtigt, Vater von drei Kindern war und auf dem Kattrepel in einem Keller wohnte. Er wurde arretirt und gestand alsbald, er habe seine Tochter mit einem Beil auf den Kopf geschlagen, sie vollends erdrosselt, den Leichnam aber, um ihn auf den Walle zu vergraben, in einem Sacke fortgetragen; als Motiv zur That führte er die Weigerung der Tochter an, ihm zu gehorchen, aber in der Stadt munkelte man, daß Levien, der Theilnahme an einem großen kürzlich verübten Diebstahle verdächtig, sich seiner Tochter als einer unbequemen Mitwisserin nur habe entledigen wollen. Die mitarretirte Ehefrau des Verbrechers fand Mittel in der Nacht des 26sten ihrem Leben durch einen Sprung in die Alster ein Ende zu machen. Der Mörder widerrief später sein Geständniß, obschon man ihm sein Werkzeug, das blutige Beil, vor die Augen legte, doch schlug seine Stimmung bald wieder in bittere Reue um. Das Niedergericht verurtheilte ihn zum Tode durch das Schwert, nachdem man ihn in haarner Decke, das Blutbeil auf der Brust, zur Richtstatt geführt haben werde, den Infanteristen Beyer, welcher den Leichnam der Getödteten mitvergraben geholfen hatte, zu zwei Jahren Zucht-

---

[335] Ausführlich: KOBBE (1840), S. 138-141.
[336] GALLOIS (1856), S. 301 f.

haus und Stadtverweisung. Es war dies der erste Verbrecher, dessen Prozeß im neuen Niedergerichtslokale auf dem Eimbeck'schen Hause verhandelt wurde. Am 21sten December des Jahres 1818 wurde Levien hingerichtet, Mittags zwischen 12 und 1 Uhr, in Gegenwart von mehr als 40,000 Menschen; ein, wie der, damalige „Briefträger" sich auszudrücken beliebte, „schauderhaftes Volksfest," wobei es an einem ekelhaften Armsünderliedlein nicht fehlte, das nebenbei an Abgeschmacktheit seines Gleichen suchte.

16. Dezember 1822
Christian Mathias Pingel

Die letzte Hinrichtung mit dem Schwert erfolgte in Hamburg am 16. Dezember 1822 an dem Mörder Christian Mathias Pingel. Pingel hatte am 22. März des Jahres im hamburgischen Kriminalgefängnis (Spinnhaus) den Speisemeister und früheren Schiffskapitän Barthold Diedrich Keems erstochen.[337]

Die Enthauptung nahm erstmalig Theodor Hennings, 20-jähriger Sohn des soeben verstorbenen Scharfrichters, vor. Über das damals letztmalig benutzte Schwert schreibt Otto Beneke: „Das letzte der hamburgischen Richtschwerter aber existirt noch. Es ist in den 1830ger Jahren von der Wittwe des Mannes abgeliefert worden, der es von 1799-1822 meisterlich geführt und die Namen seiner Patienten auf die Scheide geschrieben hatte; seitdem hat hierorts keine Hinrichtung durch das Schwert stattgefunden."[338]

Das Schwert fand seinen Weg ins Museum hamburgischer Altertümer, in die Abteilung II, Nr. 45. Es trägt auf der einen Seite der Klinge die Inschrift: „Wenn ich thu dies Schwert aufheben; Wünsch' ich dem Sünder das ew'ge Leben.", auf der andern aber die Jahreszahl seiner Anfertigung, 1705, und das fromme Stoßseufzer-Gebet des Scharfrichters: „Gott stärke mich in dieser Stunde!"

Im Jahre 1850 erschien bei Heßlein & Comp. in Hamburg der 304-seitige erste Band der Reihe „Hamburgs berühmte und berüchtigte Häuser in historischer, criminalistischer und socialer Beziehung" des Chronisten und Privatgelehrten Dr. Bernhard Heßlein (1818-1882). Darin findet sich ein „Ausführlicher Bericht derer in Hamburg hingerichteten Missethäter. Gedruckt in diesem Jahr.", eine von Dr. Heßlein fortgesetzte Zusammenstellung. Dazu die „Zeitschrift der Savigny-Stiftung für Rechtsgeschichte", 1941, S. 256: „Vor allem aber verweise ich auf eine Quelle aus dem Hamburgischen Schrifttum, auf die ich erst kürzlich aufmerksam geworden bin. Hier erschien im Jahre 1850 ein merkwürdiges Buch von Bernh. Heßlein: Hamburgs berühmte und berüchtigte Häuser. In historischer, criminalistischer und socialer Beziehung". Gleich der erste Abschnitt behandelt ‚Die Frohnerei', und er gibt u. a. eine Zusammenstellung der in Ham-

---

[337] Ausführlich: GALLOIS (1862), S. 557 f.; MARTSCHUKAT (2000), S. 167 ff. Vgl. Aussage des Gefangenenwärters Albers über Christian Mathias Pingel, nach CARL TRUMMER, „Merkwürdiger Criminalfall", in: HUDTWALCKER/TRUMMER (1825), S. 141; StA Hamburg, Akten der Polizeibehörde – Kriminalwesen, 331-2, 1822, Nr. 338. Das Spinnhaus lag am Alstertor zwischen der Ferdinandstraße und den Raboisen, in unmittelbarer Nähe des Werk-, Armen- und Zuchthauses. Es wurde im Jahre 1666 gegründet.
[338] BENEKE (1863), S. 219.

burg vollzogenen Hinrichtungen, eine lange Liste, die 28 Druckseiten füllt. In vielen Fällen wird dabei die Pfählung des Kopfes angegeben, das erste Mal im Jahre 1401 bei der Hinrichtung des Seeräubers Störtebecker und seiner Genossen, das letzte Mal im Jahre 1784." Friedrich Georg Buek kommentiert (1859): „Es fehlen darin aber gewiß sehr viele Hinrichtungen, denn das von Herrn Dr. Lappenberg 1852 herausgegebene erste Heft der Chroniken enthält in dem kurzen Zeitraume von 1524 bis 1542 allein 9 Hinrichtungen, die nicht in jenem Berichte angeführt sind."

IV. 1854 bis 1932

10. April 1856

Wilhelm Timm

Am frühen Morgen des 10. April 1856 starb der Raubmörder Wilhelm Timm einen von Hamburger Gerichten angeordneten Tod. Timm, geboren am 17. Januar 1835 in Hamburg, war überführt gewesen, am 7. Mai 1854 zwei Wäscherinnen, die Witwe Anna Catharina Jacob, geborene Behr, und deren erwachsene Tochter Johanna Wilhelmine Margaretha Jacob, im Haus des Hofes Nr. 4 des Breitenganges in Hamburg ermordet zu haben.

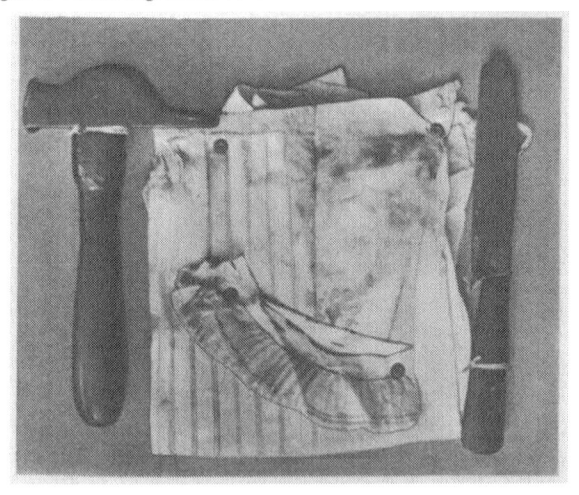

Abb. 16: Mordwerkzeuge und Vorhemd mit Wäschezeichen. Das Wäschezeichen hatte zur Ermittlung des Mörders geführt. Entnommen aus Richard Wosnik, 1926, Heft 2, Seite 75.

Sein Verteidiger war der viel genannte Rechtsanwalt und Chronist Dr. Johann Gustav Gallois (1815-1872). Vergeblich versuchte dieser in seiner Verteidigungsschrift, u. a. mit Alter zur Zeit der Tat, Geständnis und einer seit 1822 „selbst in den schwersten Fällen" weggefallenen Todesstrafe in Hamburg zu argumentieren, um eine Unterbringung im Spinnhaus zu erwirken.

Timm wurde vom Niedergericht am 19. Januar 1855 zur Strafe der Enthauptung und zum Ersatz der Untersuchungs- und Prozesskosten verurteilt. Das Todesurteil wurde mit dem Fallbeil und vor ausgewähltem Publikum im Hof des Zucht- und Spinnhauses vollstreckt.

Der Delinquent hatte bereits in der Nacht auf den 5. April, dem ersten Termin seiner Hinrichtung, eine Henkersmahlzeit genossen und sich von seiner Mutter, Johanna Dorothea Frieda Timm, geb. Struck, verabschiedet, am Abend gegen 21 Uhr aber eine Fluchtmöglichkeit genutzt. Timm kam ins Kurhaus, sein gebrochenes Bein wurde aber nicht wieder geheilt.

Das gesamte Gelände um den Ort der Hinrichtung war an jenem 10. April weiträumig abgesperrt, und im Gefängnishof selbst waren Vorhänge vor den Zellenfenstern angebracht, damit die anderen Häftlinge das Schafott nicht sehen konnten. Die Klinge der Guillotine war durch eine Blende eigens abgedeckt. Nur das Wachpersonal, der Pfarrer und sieben männliche Pflichtzeugen aus den gehobenen Kreisen waren zugegen, als Timm Punkt sechs Uhr morgens in den Hof gebracht wurde. „Schnell und sauber" habe die Maschine den Mörder „vom Leben zum Tode" befördert, betonten „Hamburger Nachrichten" am 11. April 1856. Die privaten Notizen des Hinrichtungszeugen Martin Hieronymus Hudtwalcker dokumentieren die Diskretion der neuen Methode:[339]

Die Maschine war so aufgestellt, daß der Kopf des Delinquenten nach der zu dem Hof führenden Seite des Zuchthauses zu liegen kam; die Zeugen standen auf dem Vorplatze (...), und sahen nichts von dem Körper des Hinzurichtenden. Das Fallbeil trennte den Kopf desselben augenblicklich vom Rumpfe und der Kopf fiel sogleich nach dem Unterstand des Gerüstes in einen Sack. Hierauf ward das von dem Actuar Dr. Gobert schon vorher niedergeschriebene Protokoll im Herrenzimmer von den Zeugen und vom Actuar unterschrieben, worauf alles auseinander ging.

„Der neue Pitaval" berichtet über den letzten Gang Timms, den man wegen seiner Verletzung auf einem Stuhl hinaustransportiert hatte:[340]

Zugegen waren die Ober= und Niederrichter, die beiden Geistlichen, Gefängnißvorsteher, Physikus und Polizeiärzte, Criminalactuarien, der Oberpolizeivogt, kurz alle irgend betheiligten höhern oder niedern Beamten, ja auch der Curator der ermordeten Witwe Jacob. – Pastor Cropp, in vollem Ornat, trat zu dem Verbrecher, betete das Vaterunser und sprach zum letzten mal, ermahnende Worte. Mit derselben Gleichgültigkeit, wie alles Andere, wurden sie vom Verurtheilten angehört. Hierauf ergriffen die Knechte des Scharfrichters den Stuhl und trugen ihn hinaus aufs Schaffot, wiederum rückwärts. Timm warf nur einen Seitenblick nach dem Fallbeil, biß die Lippen zusammen und sah wieder gleichgültig auf die Umgebung. Die Knechte banden ihn auf das verhängnißvolle Bret fest, die Hände wurden ihm auf den Rücken geschnallt und die Jacke im Rücken mit einem Messer offen geschnitten. Hierauf ward das Bret mit dem darauf Gebundenen langsam niedergelassen und unter das Beil geschoben, ein Knecht faßte das Haar und zog den Kopf vorn über, der Scharfrichter Döring aus Altona legte ihm den Holzriegel über den Hals, befestigte ihn und sprach das Wörtchen: „So" – worauf der Scharfrichter Voigt den Drücker niederbog. Das acht-

---
[339] StA Hamburg, 111-1, Senat, Cl. VII, Lit. Mb, No. 3, Vol. 10: Criminal-Urtheile und Executionen: Bericht des Zeugen Martin Hieronymus Hudtwalcker über Wilhelm Timm's Hinrichtung am 10. April 1856.
[340] HITZIG/ALEXIS (1861), S. 301-322.

zigpfündige Beil sauste nieder und trennte den Kopf vom Rumpfe. Der Oberpolizeivogt Tittel empfing das Protokoll, fuhr damit nach dem Stadthause und legte es dem Polizeiherrn vor, der es sodann dem präsidirenden Bürgermeister Binder zufertigte. – Bis zu dem allerletzten Augenblicke hatte Timm auch nicht das geringste Zeichen von Gemüthsbewegung gegeben, wie denn auch, alle Zeugen stimmen überein, kein Klagelaut aus seinem Munde vernommen war. – Nachdem der Kopf abgeschlagen, warf ihn der Knecht, der ihn bei den Haaren gefaßt hielt, in den dazu angebrachten Sack; der convulsivisch zuckende Körper fiel ebenfalls, nachdem ein Bret weggeschoben wurde, in einen unter dem Schaffot befindlichen Sack und – Alles war abgethan. Das Publikum hatte sich, da die Sache ziemlich geheim gehalten war, nur wenig in den angrenzenden Straßen versammelt. Der Leichnam ward am selbigen Abend nach der Anatomie gebracht.

Über die Hintergründe und das Ende zum Fall Timm berichten ausführlich „Der neue Pitaval" und Richard Wosnik.[341]

In Miszellen wurde über die neue Hinrichtungsart gesprochen. Es wurde resümiert: „Alle diese Personen waren einstimmig in dem Urtheile, daß der Act viel ernster, würdiger und ergreifender gewesen, als die frühere Hinrichtungsart, daß die Beschränkung in der Zulassung des Publicums auf sie einen sehr guten Eindruck gemacht habe. In der Stadt selbst hatte eine tiefe, fast peinliche Stille geherrscht, obschon sich einzelne Gruppen auf den Straßen gebildet. Hierzu hatte insbesondere auch das Läuten der Glocken beigetragen, was einen tiefen ernsten Eindruck gemacht. Es wurde dem Verf. versichert, daß gerade das Nichtsehen der Hinrichtung in Verbindung mit dem Läuten der Glocke eine eigenthümlich ernste Stimmung in den Menschengruppen hervorgerufen habe. Nach dem Aufhören des Läutens haben sich diese Gruppen ruhig zerstreut. Ein auffälliger Besuch von Wirthschaften war nicht zu bemerken. Außerordentlich polizeiliche Maßregeln waren durchaus nicht ergriffen worden, auch nicht nöthig gewesen."[342]

13. Dezember 1860

Ludwig Parent

„Bei einer Hinrichtung 1860 in Hamburg fiel ein anwesender Kriminalbeamter in Krämpfe, und fast 20 Jahre später wurde dort ein Polizist während der Enthauptung ohnmächtig."[343]

Dieser Hinweis bezieht sich auf die Enthauptung des 24-jährigen Raubmörders Johann Ludwig August Parent am 13. Dezember 1860. Parent hatte sich damit für eine Mordtat, begangen in der Nacht vom 3. auf den 4. September 1859 an der 61-jährigen Witwe Josua Löb, verantwortet. Ludwig Parent wollte arbeiten, konnte aber die Gebühr für die Vermittlung nicht bezahlen und beging daher den

---

[341] HITZIG/ALEXIS (1858), S. 301-322; RICHARD WOSNIK, „Raubmörder Timm", in: WOSNIK (1926-2), S. 74-187.
[342] SCHWARZE (1860), S. 166.
[343] BRELOER/KÖNIGSTEIN (1982), S. 74.

Mord. „Nur dieser eine Taler", meinte er, „sei das Motiv zu seiner verbrecherischen Tat gewesen".

Bei der Hinrichtung ereigneten sich unerwartete Dinge. Der Kriminalaktuar Dr. Martin Hieronymus Hudtwalcker fiel in Krämpfe und musste vom Platz getragen werden, nachdem der Physikus Hermann Gernet (1808-1887) das Haupt des Delinquenten am Haar emporgehoben und daraufhin der Mund noch zweimal auf- und zugeschnappt und sich die Augen noch zwei- oder dreimal geöffnet und geschlossen hatten.[344]

In der Gerichts-Zeitung (Berlin) verlautet auf der Titelseite der Ausgabe vom 20. Dezember 1860 über Parents Ende:

Auswärtige Nachrichten.

Hamburg. Am 13. d. Mts., Morgens 8 Uhr fand die Hinrichtung des Raubmörders Ludwig Parent mittelst der Guillotine statt. Parent befand sich, seit er nach Anhörung seines Urtheils ins Zuchthaus abgeführt worden, in sehr hinfälligem Zustande, er zitterte sehr stark, genoß wenig und sprach nur äußerst selten. Er war anscheinend tief zerknirscht und reumüthig, eine Wahrnehmung, welche sowohl seine Verwandten, die ihn noch einmal zu sehen gekommen waren, als die besuchenden obrigkeitlichen Personen zu machen Gelegenheit hatten. Am Mittwoch Abend um 7 Uhr wurde ihm angekündigt, daß sein Gnadengesuch verworfen sei und die Hinrichtung am andern Morgen stattfinden werde. Eine Stunde später stellten auch die beiden katholischen geistlichen, die Herren Sommer und Schevening, sich ein und beteten abwechselnd mit ihm die ganze Nacht hindurch. Um 7 Uhr Morgens wurden die umliegenden Straßen durch Militair abgesperrt, während zugleich eine große Anzahl Nacht= und Polizeiwächter im Hofe des Zuchthauses sich aufstellte, wo außerdem die gesetzlich dazu berechtigten Personen sich eingefunden hatten. Um 8 Uhr trat der Verurtheilte in Begleitung der beiden Geistlichen den schweren Gang an, mußte aber seiner Hinfälligkeit wegen fast getragen werden, ein Anblick, der sehr erschütternd wirkte. Auf dem Schaffot wurde Parent von dem Scharfrichter Voigt mit drei Knechten empfangen. Letztere ergriffen den Delinquenten, der keinen Laut von sich gab, und schnallten ihn auf das verhängnißvolle Brett, welches alsbald niedergelassen und unter das Beil geschoben wurde. Das Brett war etwas gequollen u. ließ sich nur schwer nach vorn schieben. Ein Knecht faßte den Kopf des Delinquenten am Haar und zog ihn vorn über: der Scharfrichter Voigt legte den Holzriegel über den Hals und berührte dann den Drücker. – Wie ein Blitz fuhr das schwere Fallbeil nieder und trennte den Kopf des Verbrechers vom Rumpfe. Der Kopf fiel in den dazu angebrachten Sack, der unter's Schaffot führt. Das Brett mit dem Rumpfe wurde empor gerichtet, die Schnallen wurden gelöst, und der Rumpf versank ebenfalls unter's Schaffott. Mehrere Aerzte und andere Personen eilten sogleich in diesen untern Raum, und als der Herr Physikus Gernet das Haupt am Haare emporhob, schnappte der Mund noch zweimal auf und zu und ebenso öffneten und schlossen sich die Augen noch zwei oder drei Mal. Der Leichnam des Delinquenten wurde durch den Stadtleichenmann

---
[344] WOSNIK (1926-1), S. 115.

Morgenstern in eine sargähnliche Kiste gepackt, um nach der Anatomie befördert zu werden, und die Zimmerleute begannen sofort mit der Wiederabschlagung des Schaffots. Der Leichnam des enthaupteten Parent war am Freitag auf der Anatomie zu Jedermanns Ansicht. Abends wurde der Andrang des Publikums so stark, daß Militair zur Abwehr requirirt werden mußte, doch waren indessen schon mehrere Scheiben eingedrückt. Vorgestern Mittag mußte, dem Andrange des Publikums zu wehren, polizeiliche Wache eingelegt werden.

Über die Hintergründe und das Ende zum Fall Parent berichten ausführlich Jürgen Martschukat und Richard Wosnik.[345]

23. März 1865

Marie Katharine Christiane Elßmann

Damit der Geliebte zu ihr zurückkehre, warf Marie Katharine Christiane Elßmann aus Hamburg im Januar 1863 ihren zwölfjährigen Sohn ins Wasser. Sie wurde zum Tode verurteilt und die Anstifterqualität des Grobbäckers Pook, mit dem sie ein Verhältnis gehabt hatte, vom Gericht ausdrücklich verneint. Elßmann war kurz vor der Hinrichtung am 23. März 1865 nicht mehr zu bewegen, sich hinzulegen. „Denn sie hatte sich ihr Haar nach ihrer Weise recht hübsch aufgesteckt, und fürchtete, diese Frisur möchte leiden. Präcis 6 Uhr trat sie den letzten, schweren Gang nach dem Hofraum des Gefängnisses an." Sie wurde mittels Fallbeils enthauptet. Ihre letzten Worte waren: „Nich so fast!" (Nicht so fest.)[346]

Wie von den zuvor in Hamburg hingerichteten Verbrechern, Timm und Parent, wurde auch von ihr eine Totenmaske abgenommen.

27. Juni 1867

Paulino Torio

Am 27. Juni 1867 starb im Kriminalgefängnis der Bootsmann Paulino Torio aus San Tomas (Philippinen). Er war angeklagt gewesen, am 2. November 1865 Emmy Karoline Vogel zu Hamburg, in der er verliebt gewesen war, ermordet und in der Nacht vom 2. auf den 3. November 1865 Jürgen Heitmann und seine Ehefrau Margarethe zu Teufelsbrück beraubt und ermordet zu haben. Das „Morgenblatt für gebildete Leser" beschrieb ihn 1865 so: „Dieser Mann führt den Namen Paulino Torio, ist auf Manila geboren und gehört seinem Aussehen nach einer Mischlingsrace an. Die ganze Physiognomie ist die eines sehr dunkelfarbigen Mulatten."

Im „Tagblatt für die Städte Dillingen, Lauingen, Höchstädt, Wertingen und Gundelfingen" verlautete am 16. März 1866: „In Hamburg geht das Gerücht, ein Mulate, Torio, welcher der Ermordung eines Mädchens in Hamburg geständig und der eines Ehepaares in Hamburg dringend verdächtig ist, habe auch den Mord eingestanden, wegen dessen Franz Müller in London hingerichtet wurde."

---

[345] MARTSCHUKAT (2000), S. 241 ff.; RICHARD WOSNIK, „Raubmörder Parent", in: WOSNIK (1926-1), S. 63-115.
[346] HITZIG/ALEXIS (1866), S. 433 f.

Und die „Leipziger Zeitung" im Jahre 1869: „Dasselbe enthält zwei im deutschen Norden vor sich gegangene Fälle, den Proceß des achtfachen Familienmörders Timm Thode in Holstein und den Proceß des in Hamburg ebenfalls wegen Mordes zur Verantwortung gezogenen Bootsmannes Paulino Torio aus Sct. Thomas. Beide Verbrechensfälle fallen in die jüngste Vergangenheit und wurden vor einem, bez. kaum zwei Jahren abgeurtheilt." Nach Torios Tod wurde von seinem Kopf eine Totenmaske abgenommen.[347]

13. Oktober 1877

Carl Wilhelm Beck

Carl Wilhelm Beck aus Barmbeck wurde nach monatelanger Flucht wegen Raubmordes, begangen am 26. April 1877, am 13. Oktober 1877 hingerichtet. Die Tat lag nur wenige Monate zurück, die Mühlen der Hamburger Justiz malten in dem Jahr schnell.[348]

Am 26. April 1877 wurde die 75-jährige Witwe Hegemann in ihrer Ladenwohnung am Langenrehm 49 ermordet. Ihr Nachbar Carl Wilhelm Beck, ein redlicher Arbeiter, hatte wegen seiner Spielschulden die fällige Jahresmiete von 90 Mark nicht bezahlen können. Er täuschte einen Kauf vor und versetzte der alten Dame dann nach eigenen Angaben mehrere starke Schläge in den Unterbauch und gegen den Brustkorb (laut Obduktion muss aber eine Stichwaffe eingesetzt worden sein). Anschließend würgte er sie zu Tode. Er flüchtete mit einer Summe, die kaum seine Miete ausmachte. Unnötigerweise kehrte er kurze Zeit später an den Tatort zurück, um zur Vertuschung des Mordes ein Feuer zu legen.

Allerdings wohnte Carl Wilhelm Beck mit Frau und Kind direkt nebenan, sodass auch sein Haus Feuer fing. Als er von der Brandstiftung offensichtlich stark verwirrt zu Hause ankam, bat er seine nichts ahnende Frau, ihn nicht zu verraten. Als die Familie des Feuers wegen bei einem Bekannten in der gleichen Straße unterschlüpfte, offenbarte sich die Ehefrau dem Freund, der wiederum die Polizei in Kenntnis setzte. Beck floh ins Anhaltinische, wurde jedoch bald gefasst. Keine vier Monate später wurde er als Raubmörder und Brandstifter im Hofraum des Zucht- und Spinnhauses an Ferdinandstraße, Brandsende und Raboisen durch das Fallbeil hingerichtet.

Über die am Sonnabend, dem 13. Oktober 1877, erfolgte Hinrichtung verlautete in der „Berliner Gerichts-Zeitung" vom 16. Oktober 1877:

— *Hamburg, 13. October. Heute hat die Hinrichtung des Raubmörders Beck Morgens 6 Uhr 6 Minuten im Hofraum des Zucht= und Spinnhauses stattgefunden. Das entsetzliche Verbrechen hat seiner Zeit weit über das Weichbild Hamburgs hinaus die Gemüther erregt. Wir erinnern nur kurz daran, daß Beck am Abend des 26. April d. J., als er unter dem Vorwande, ein Hemd zu kaufen, die Frau Hegemann in ihrem Ladengeschäft in Barmbeck aufsuchte, sie überfiel, zu*

---
[347] HITZIG/ALEXIS (1869), S. 289-386.
[348] Akten des Oberappellationsgerichtes der Freien Stadt Hamburg, Prozessakten [1] H II 101 (1988) [2] Carl Wilhelm Julius Beck (Angekl.) [3] Beschwerde [4a] Mord [4b] Nichtigkeit [5] Schwurgericht 12. Juli 1877 [6] 25. September 1877 (Abweisung) [7] – [8] – [9] 1877.

Boden warf und ihr die Kehle zuschnürte, später zurückkam und, um die Spuren des Mordes zu verdecken und den Schein hervorzurufen, als ob die Frau verunglückt sei, mit Petroleum getränkte Wolle anzündete, in Folge dessen das Haus niederbrannte und die Dächer der Nachbarhäuser stark beschädigt wurden. Er erbeutete seiner Angabe nach ca. 100 Mk. Er ward zum Tode verurtheilt und sein Gnadengesuch vom Seat am Donnerstag abgeschlagen. Der Mörder brach bei Mittheilung dieses Decrets wie gelähmt zusammen und verharrte längere Zeit im Zustande einer vollständigen Lethargie und anscheinenden Unzurechnungsfähigkeit. Erst am folgenden Tage, Freitag, kehrte er zum Bewußtsein zurück. Er benahm sich gefaßt und in sein Geschick ergeben und verlangte nach seiner Familie. Das Wiedersehen der Ehegatten unter diesen furchtbaren Umständen war ein ergreifendes. Die Frau war es bekanntlich, welche in ihrer Gewissensangst den ersten Verdacht auf Beck gelenkt hatte. Beck nahm am Nachmittag das Abendmahl und genoß dann etwas Suppe und drei Gläser Wein. – Der Rest des letzten Tages verlief ihn weitere Zwischenfälle. Beck benahm sich während des ganzen gestrigen Tages so wie auch heute während der letzten Stunden mit gleicher Fassung und Ruhe. Mittlerweile war es etwa 5 Uhr geworden, worauf er mit Hilfe seines Gefangenwärters Toilette machte, die von der gewöhnlichen nicht unterschieden war. Bis dahin hatte man dem Delinquenten die bestimmte Stunde der Execution verschwiegen; jetzt, um 5½ Uhr machte ihm der Geistliche die Mittheilung, daß ihm nur noch eine halbe Stunde zu leben vergönnt sei. Beck nahm auch die Meldung dieses Ultimatums mit überraschender Ruhe entgegen. Als der entscheidende Augenblick eingetreten war, wurde Beck, vom Prediger Ebert geleitet, an die Guillotine escortirt, welche in der Mitte des Zuchthaushofes aufgerichtet war. Beck blieb vollständig ruhig und überließ sich den Scharfrichtergehilfen. Ein und zwanzig Secunden, nachdem der Delinquent das Schaffot betreten, lag der Kopf desselben bereits in dem zum Auffangen bestimmten Korbe.

Richard Wosnik lag 1926 keine Totenmaske des Hingerichteten vor.

In Hamburg stieß das Raboisengefängnis an das alte Zucht- und Spinnhaus. Im Hamburger Gefängnismuseum findet sich eine Tafel folgenden Inhalts:[349]

Detentionshaus
Raboisengefängnis
1829/32 bis 1905
Zweck
Ersatzbau für die abgebrochene Roggenkiste als
Untersuchungsgefängnis
ab 1842 Untersuchungs- und Strafgefängnis für
schwere Verbrecher

---

[349] Zit. n. HENTIG (1954), S. 181.

21. Mai 1878
Adolph Haack

Adolph Haack wurde wegen Raubmordes, begangen am 24. Oktober 1876, am 21. Mai 1878 enthauptet.

"Zu den ihn bewachenden Konstablern sagte er [Haack], nun wäre es ja doch bald alle, ob er denn nun nicht essen und trinken könne, was er wolle."[350] Haack rauchte in den letzten drei Tagen 42 Zigarren, Johann Christoph Dauth erbat von seinem Verteidiger 1889 ein ebenso gutes Kraut, wie er selbst rauche, echte Havannas.[351]

Die "Wöchentlichen Anzeigen für das Fürstenthum Ratzeburg", Schönberg, berichten in ihrer Ausgabe vom 24. Mai 1878:

Am 21. Mai, Morgens gleich nach 6 Uhr, fand zu Hamburg die Hinrichtung des Raubmörders Adolph Haack mittelst der Guillotine statt. Der Delinquent, der am Tage vorher den Zuspruch zweier Geistlichen zurückwies und bis zum Betreten des Hofraumes auf dem das Schaffot errichtet war, eine große Festigkeit bewiesen hat, wurde schwach wie er das Schaffot erblickte, so daß ihn die begleitenden Geistlichen stützen mußten. Am Fuße des Schaffots wurde ihm das Todesurtheil verlesen und er darauf dem Scharfrichter übergeben, der ihn mit seinen Gehülfen die Stufen des Schaffots fast hinaufziehen mußte. Hier wurde er schnell an das Brett geschnallt, dieses senkte sich und im Nu trennte das scharfe Messer den Kopf vom Rumpfe und damit war das traurige Urtheil vollstreckt.

Richard Wosnik lag 1926 keine Totenmaske des Hingerichteten vor.

13. Dezember 1878
Johann Christian Ferdinand Döpcke

Der mehrfach vorbestrafte Triebtäter Johann Christian Ferdinand Döpcke wurde wegen Knabenmordes am 13. Dezember 1878 hingerichtet. Er hatte den elfjährigen Jungen Albert Blom umgebracht.[352]

Johann Döpcke, ein 1854 in Hamburg geborener Hausknecht, war der Polizei bekannt und zweimal wegen Sittlichkeitsdelikten vorbestraft. In Altona waren im Jahre 1874 fast täglich Anzeigen eingelaufen, dass ein Kinderschänder am Werk sei. Döpcke wurde festgenommen, legte ein Geständnis ab und widerrief. 40 bis 50 Knaben, zum größten Teil Gymnasiasten, beschuldigten ihn als den, welcher an ihnen unsittliche Handlungen vorgenommen oder zu begehen versucht hatte. Er bekam die Kinder in seine Gewalt, indem er sich als Polizeibeamter ausgab und behauptete, dass die Kinder gestohlen, sich geprügelt, mit Steinen geworfen und dergleichen Ungehörigkeiten begangen hätten ..." Am 6. Februar 1875 war ihm eine Zuchthausstrafe von drei Jahren zuerkannt worden.[353]

---

[350] HENTIG (1958), S. 25.
[351] HENTIG (1958), S. 34.
[352] Ausführlich: HIRSCHFELD (1904).
[353] MÜLLER-LUCKMANN (1959), S. 162.

Die mittels Gesetz vom 30. Dezember 1875 gebildete und im Stadthaus am Neuen Wall eingerichtete „Abtheilung für die Criminalpolizei" hatte sich mit diesem Mann im Jahre 1878 intensiv zu befassen, nachdem er den Jungen Albert Blom am 4. Juli 1878 auf dem Nachhauseweg überfallen hatte.

Albert Blom hatte die Schule Böckmannstraße in St. Georg besucht und an der Wandsbeker Chaussee 96 bei den Eltern gewohnt. In der Ermittlungsakte heißt es: „Der Knabe hatte die Schule um 4 Uhr nachmittags verlassen, mußte von dem Mörder auf dem Nachhausewege aufgegriffen und nach dem Hammer Park gelockt worden sein, woselbst dann das Verbrechen in den Abendstunden begangen wurde."

In der Ermittlungsakte heißt es weiter: „Am 5. Juli 1878, früh zwischen 3 und 4 Uhr, patrouillierten in der Nähe des Parks bei der Hammer Kirche zwei Konstabler der Wache 26. Dieselben wurden von einem Brotmann darauf aufmerksam gemacht, daß soeben ein verdächtig aussehender Mensch über die Hecke des Parks gesprungen sei. Die Konstabler bemerkten ein Loch in der Hecke und drangen durch dasselbe in den Park ein. Gleich im ersten Redder desselben bot sich ihnen ein fürchterlicher Anblick dar. Auf der Anhöhe, dem Weinberg genannt, über welche eine mächtige Eiche ihre Äste ausbreitete, lag die völlig entkleidete, entsetzlich verstümmelte Leiche eines Knaben, dem die Arme mit einem Riemen auf dem Rücken zusammengebunden waren. Der erste Anblick zeigte, daß hier ein bestialisches Verbrechen verübt war, dem ein schändliches unsittliches Attentat vorangegangen sein mußte."

Die beiden Konstabler Dübow und Jürs nahmen Johann Döpcke fest, als er sich am frühen Morgen in der Umgebung des Fundortes herumtrieb. Nun begann die „gesamte polizeiliche Thätigkeit in Criminalsachen". Sie ergab erdrückende Beweise: Ein „Kondukteur der Hammer Straßenpferdebahn" hatte Döpcke „am Nachmittage des 4. Juli, um 5 Uhr 18 Minuten", in Begleitung des Opfers gesehen. Die Uhrzeit konnte der „Kondukteur" so genau angeben, weil er gerade „auf seiner Endstation vor dem Sievekingschen Park angekommen war".[354]

Ein Arbeiter meldete sich, der gesehen hatte, dass Döpcke um zwei Uhr nachts allein aus dem Park herauskam. Aber konnten sich diese und weitere Zeugen nicht in der Person des Täters geirrt haben? Das konnten die ermittelnden „Polizei-Inspectoren" rasch verneinen; denn, so die Akte: „Die Wiedererkennung des Doepcke war nicht schwer, weil er auffallend schielte ..." Auch war die Kleidung des Tatverdächtigen „stark mit Blut besudelt, seine Stiefel paßten genau in die hinterlassenen Fußspuren, bei der Leiche wurde ein dem Doepcke gehörendes Taschentuch gefunden".

Nach einer langwierigen Hauptverhandlung, in der es um eine mögliche Geisteskrankheit ging, wurde Döpcke vom Schwurgericht zum Tode verurteilt. Als er dem Schwurgericht die Überlegung bei dem Knabenmord beweisen wollte, erklärte der Oberstaatsanwalt: „Daß er den Knaben stundenlang mit sich herum-

---

[354] UWE BAHNSEN, „Verbrecherjagd mit modernsten Methoden", Die Welt vom 16. Oktober 2005.

schleppte, daß er die Stille der Nacht abwartete, deutet darauf hin, daß er die Tat geplant hat."[355]

Die Berliner „Gerichts-Zeitung" kündigte in ihrer Ausgabe vom 14. Dezember 1878 an:

— *Hamburg, 12. December. Morgen, Freitag, soll das Todesurtheil an dem Knabenmörder Döpcke vollzogen werden. Der Delinquent legt jämmerlichen Kleinmuth an den Tag. Die Nacht vom Mittwoch zum Donnerstag verbrachte er bei Weitem weniger ruhig als die vorhergegangene. Sein Schlaf war vielfach unterbrochen und augenscheinlich durch schwere, fieberhafte Träume beunruhigt. In sehr früher Stunde stand Döpcke bereits von seinem Lager auf und verfiel bald darauf in ein krampfhaftes Weinen, das mit kurzen Unterbrechungen fast während des ganzen Tages andauerte. Speise und Trank wies er Anfangs beharrlich zurück, ließ sich dann aber bewegen, einige Bissen zu sich zu nehmen. Trotz seiner scheinbaren Muthlosigkeit schien ihn indessen die Hoffnung auf Begnadigung noch nicht verlassen zu haben; denn er äußerte zu den ihn bewachenden Constablern unter Anderem, er habe doch schon mehrmals gelesen, daß bei Hinrichtungen noch im letzten Augenblick ein Reiter oder ein anderer Bote am Schaffot angekommen sei, der dem Verurtheilten die Begnadigung überbracht hätte; es wäre doch immerhin nicht unmöglich, daß der Senat sich noch im letzten Augenblick eines Andern besänne und das Todesurtheil aufhöbe. Man ließ ihn natürlich bei dieser Hoffnung, deutete ihm aber an, daß es selbst für diesen Fall am besten sei, wenn er vorher ein offenes Geständniß ablege. Döpcke hat sich indessen zu einem Bekenntniß nicht herbeigelassen, obgleich sein ganzes Benehmen deutlich erkennen ließ, daß ein heftiger Kampf in seinem Innern wüthete. Gegen Mittag fiel er auf die Knie nieder und hob die Hände empor, als ob er beten wollte, doch stand er sogleich wieder auf und starrte eine Zeit lang schweigend vor sich hin, alle an ihn gerichteten Fragen ignorirend. Der Gefängnißgeistliche besuchte ihn während des Tages zweimal, ohne ihn jedoch für seine Tröstungen empfänglich zu finden. Im Gegensatz zu seinen Tags zuvor gemachten Aeußerungen über seine Familie sprach er später den Wunsch aus, seine drei Brüder zu sehen und sich mit ihnen zu unterhalten. Auf Verwendung des Vertheidigers wurde diesem Verlangen willfahrt, und die drei Brüder, welche, nebenbei bemerkt, völlig unbescholtene Leute sind, davon in Kenntnis gesetzt. Dieselben kamen Abends zu Döpcke und blieben bei ihm bis gegen Mitternacht; dann erschien wieder der Gefängnißgeistliche, der den Rest der Nacht bei dem Delinquenten verbringen wollte. Am Abend war Döpcke noch zerknirschter als zuvor, und er bat seine Umgebung, man möge doch seinem Vater, der bekanntlich seit längerer Zeit im Irrenhaus ist, Nichts von seinem Schicksal mittheilen. Die Guillotine wurde bereits gestern Vormittag aufgeschlagen, und ihr Anblick durch vorgezogene Decken an allen einen Einblick gestattenden Stellen der unberufenen Neugier entzogen. Am Nachmittag nahm der Scharfrichter im Beisein einiger Beamten mit einem Bund Stroh die Probe vor, die ganz nach Verlangen ausfiel.*

---

[355] MEYER (1963), S. 92.

Am Morgen des 13. Dezember 1878 wurde Johann Döpcke im Hof des Zucht- und Spinnhauses an Ferdinandstraße, Brandsende und Raboisen dem Scharfrichter Christian Friedrich Christoffer Dahl übergeben. Dazu die „Gerichts-Zeitung" kurz am 17. Dezember: „Hamburg. Die Hinrichtung des Knabenmörders Döpke fand am Freitag Vormittags statt. Der Delinquent bewehrte zuletzt eine gefaßte Haltung, ließ sich aber nicht herbei, ein Geständniß abzulegen. Seit etwas mehr als Jahresfrist ist dies das dritte Todesurtheil, welches in Hamburg vollzogen worden."

21. Januar 1888

Carl August Winkler

Carl August Winkler wurde wegen Raubmordes am 21. Januar 1888, früh 8 Uhr, im Hof des Justizgebäudes mit dem Fallbeil hingerichtet. Winkler war am 8. September 1865 geboren. Er hatte in der Nacht vom 8. und 9. August 1887 in der Kantine der großen Post zu Hamburg den Kellner Christian Türk, früher Bäckergeselle, geboren den 8. Januar 1866 zu Rottenburg an der Fulda, ermordet. Winkler wurde nach der Tat am anderen Tage flüchtig und in Hameln verhaftet, wo er sich selbst stellte. Im Oktober 1887 wurde er vom Schwurgericht zu Hamburg zum Tode verurteilt.[356] Über sein Ende berichten die „Wöchentlichen Anzeigen für das Fürstenthum Ratzeburg", Schönberg, 27. Januar 1888:

Die Hinrichtung in Hamburg

Die Hinrichtung des am 22. Oktober v. J. zum Tode verurtheilten früheren Schlossers, späteren Kellners Karl August Winkler, geboren 1865 zu Mohrungen, fand Sonnabend Morgen statt. Derselbe hatte bekanntlich in der Nacht vom 8. auf den 9. August v. J. seinen ehemaligen Kollegen, den Kellner Christian Türck aus Rothenburg in der Postkantine ermordet und beraubt. – Ueber die letzten Stunden des Verurtheilten wird Folgendes bekannt: Freitag Nachmittag, nachdem der Vertheidiger denselben verlassen, beschäftigte sich der Gefängnißprediger Herr Pastor Ebert mit Winkler. Derselbe hörte den Geistlichen mit Ruhe und Ergebung an. Winkler seufzte einmal tief auf und gab dann zu, die That verübt zu haben; jedoch wollte er die Absicht, den Türck zu ermorden, nicht gehabt haben. Er habe ihm nur einen Denkzettel geben wollen. Das Anerbieten, sich Speise und Trank auszuwählen, wies er traurig zurück; er nahm nur etwas Brot und Milch zu sich. Gegen 9 Uhr Abends nahm er das heil. Abendmahl und äußerte dem Geistlichen gegenüber, daß er noch eine Pflicht erfüllen müsse. Auf die Frage, welche Pflicht das sei, entgegnete Winkler ungefähr Folgendes: „Mein ehemaliger Prinzipal Herr Dammaschk und Frau waren stets so gut gegen mich, daß ich mich ihnen zum größten Dank verpflichtet fühle. Welches Ungemach habe er ihnen bereitet! Er möchte beide so gern noch einmal sehen, ihnen danken und sie um Verzeihung bitten." Selbstverständlich wurde dieser Wunsch erfüllt. Herr Dammaschk und Frau beeilten sich zu kommen. Als sie die Zelle des Winkler betraten, kam er ihnen thränenden Auges entgegen, dankte ihnen für alles Gute und bat um Verzeihung für die seinen Wohlthätern bereiteten sorgenvollen und bangen Stunden. – Bis gegen 11 Uhr verbrachte er

---

[356] GILLE (2004), S. 40.

im Gebet mit dem Geistlichen Herrn Pastor Ebert. Dann wurde Winkler müde und äußerte den Wunsch, zu schlafen. Nach kurzer Zeit lag er im tiefen Schlummer, aus dem er erst nach 3 Stunden wieder erwachte. Ersichtlich gestärkt, erhob er sich von seinem Lager. Obgleich ihn nur noch wenige Stunden von seinem furchtbaren Ende trennte, war er gefaßt und ruhig. Er machte den Eindruck eines mit seinem Gott versöhnten Menschen und dankte auch dem Geistlichen wiederholt für den ihm gespendeten Trost. Den übrigen Theil der Nacht verbrachte Winkler ebenfalls ruhig. Um 6 Uhr begab sich der Oberinspektor des Untersuchungsgefängnisses in die Zelle des Gefangenen und unterhielt sich trostsprechend mit ihm. Um 6 1/2 Uhr traf der Vertheidiger ein. Auch diesem sprach Winkler wiederum seinen Dank aus. Gegen 7 Uhr nahm er eine Tasse Kaffee zu sich. Obgleich seine letzte Stunde immer näher rückte, blieb Winkler wunderbar gefaßt. Präzise 8 Uhr wurde er von dem Oberinspektor, Pastor Ebert und dem Vertheidiger Dr. Oppenheimer aus der Zelle geführt. Da er beim Erheben etwas zu schwanken begann, veranlaßte ihn der Vertheidiger, einen Cognac zu trinken, welcher auch seine Wirkung that. Winkler richtete sich erfrischt auf und ging festen Schrittes zum Hofplatz. Hier war die Guillotine aufgerichtet, neben welcher der Scharfrichter Herr Otto Birck und seine vier Gehülfen standen, ersterer im Frack, weißer Binde und im Cylinder. Selbst der Anblick der Maschine erschütterte Winkler nicht. Bei dem traurigen Akt waren 25 Personen anwesend. Nachdem Winkler auf den Hof geführt worden war, wurden ihm vom Oberstaatsanwalt nochmals das Urtheil und der die Begnadigung ablehnende Spruch des Senates verlesen. Beides hörte Winkler mit Ruhe an. Hierauf übergab der Oberstaatsanwalt den Verurtheilten dem Scharfrichter mit der Weisung, seine Pflicht zu erfüllen. Noch einmal dankte Winkler allen Denen, welche ihm seine Gefängnißhaft erleichtert und ihm in seinen letzten Stunden beigestanden, und ging dann festen Schrittes auf den Scharfrichter zu. Ohne jeden Widerstand ließ er sich auf das Brett schnallen. Dasselbe wurde in die Maschine geschoben, es ertönte ein Schlag und – der Gerechtigkeit war Genüge geschehen. Der ganze Akt vom Herausführen aus der Zelle bis zur vollzogenen Hinrichtung hatte nur wenige Minuten in Anspruch genommen. Mit tiefem Ernst verließen die Anwesenden den Gefängnißhof. – Eine so große Gefaßtheit eines zum Tode gehenden Verurtheilten dürfte entschieden zu den Seltenheiten gehören. Dieselbe erschien um so rätselhafter als Winkler, wie schon erwähnt, bis zur Verkündigung des abweisenden Senatsdekrets vollständig der Hoffnung lebte, begnadigt zu werden.

23. Februar 1889

Johann Christoph Dauth

Johann Christoph Dauth wurde wegen Mordes, begangen am 23. November 1888, am 23. Februar 1889 hingerichtet.[357]

Das wohlhabende Opfer wurde veranlasst, mit einer größeren Summe in ein gemietetes Zimmer zu kommen, erschlagen und in einen Koffer gezwängt. Johann

---

[357] WOSNIK (1926-1), S. 169 ff.

Christian Dauth hatte sein Opfer mit einem „Koffeenagel" umgebracht, der später in einem Panoptikum ausgestellt wurde.

Dauth wurde zum Tode verurteilt. Der Hamburger Raubmörder Haack rauchte in den letzten drei Tagen 42 Zigarren, Dauth erbat von seinem Verteidiger ein ebenso gutes Kraut, wie er selbst rauche, echte Havannas.[358]

Über die letzten Momente im Leben Dauths heißt es in den „Wöchentlichen Anzeigen für das Fürstenthum Ratzeburg", Schönberg, 26. Februar 1889:

Hamburg. Hinrichtung des Raubmörders Dauth. Freitag Mittag wurde Dauth von dem Oberstaatsanwalt Herrn Dr. Hirsch der Bescheid des Senats und in Folge dessen das nahe Bevorstehen seiner auf Sonnabend früh 7 1/4 Uhr festgesetzten Hinrichtung mitgetheilt. Der Verbrecher hörte mit Ruhe die Mittheilung an, ohne auch nur eine Miene zu verziehen. Dem Gefängnißgeistlichen Herrn Pastor Ebert, welcher ihm Trost spenden wollte, erklärte er, daß er den Tod nicht fürchte, da er 14 Jahre zur See gefahren sei und wohl mehr als einmal dem Tode ins Auge geschaut habe. Unmittelbar nach der ihm gewordenen Mittheilung wurde Dauth mit Handschellen, die mit einer Stange verbunden sind, gefesselt und dann aus seiner Zelle in ein im Parterre gelegenes Local gebracht, welches ungefähr 60 Schritte von der Richtstätte entfernt liegt. – Ueber die letzten Stunden des Verbrechers erfährt der „Hamb. Corr." noch Folgendes: Am Freitag, 4 Uhr Nachmittags, besuchte der Rechtsanwalt Dr. Elkan den von ihm s. Z. wegen Erkrankung des Dr. Veit Vertheidigten. Dieser sprach dem Anwalte seinen Dank für die gehabte Mühewaltung aus. – Um 7 Uhr begab sich Dr. Veit in die Zelle und ermahnte nochmals ernstlich den Verurtheilten, zu bereuen. Dann stellte sich Pastor Ebert nochmals ein, da schien der Verurtheilte schon empfänglicher für die Tröstungen der Religion zu sein. – Bis 9 Uhr blieben abwechselnd der Geistliche und Dr. Veit bei dem Verurtheilten, welcher sich, von zwei Gefängnißaufsehern unausgesetzt bewacht, um 10 Uhr zu Bette begab und sehr unruhig schlief. Um 5 Uhr stand er auf, um 6 Uhr genoß er Kaffee und Brot und unterhielt sich dann mit der größten Gelassenheit mit den ihn bewachenden Beamten. – Bald nach 6 Uhr empfing Dauth in einem Nebenzimmer, wo ein Tisch durch zwei Leuchter und Cruzifix zum Altar hergerichtet worden war, auf seinen Wunsch das Abendmahl, welcher Handlung auch der Gefängnißlehrer beiwohnte. Hierbei bezeigte der Verurtheilte einige Rührung. Als dann schrieb er drei Briefe, an seine Frau, an seine Schwester Frau Müller in Frankfurt a. M., an Fräulein Bloch in Carlsruhe, und übergab dieselben, nachdem der Gefängnißgeistliche und der Oberinspector sie gelesen, dem Vertheidiger Dr. Veit, welcher mittlerweile erschienen war, mit der Bitte, von dem Inhalt Niemandem Kenntniß zu geben. Alsdann trank er noch ein Glas Wein und rauchte eine von Dr. Veit empfangene Cigarre, wiederholt bemerkend, daß dieselbe ganz vortrefflich schmecke. Auf Verwendung des Geistlichen wurden sodann dem Verurtheilten, dessen ruhiges Benehmen alle Besorgnisse vor Excessen unbegründet erscheinen ließ, die Fesseln abgenommen. – Ungefähr um 6 3/4 Uhr fragte er den Geistlichen, wie viel Zeit noch sei und als dieser antwortete: „Eine halbe Stunde," sagte er: „Noch so lange, ich wünsche nur, daß die Hinrichtung ohne Hin-

---

[358] HENTIG (1958), S. 34.

dernisse von Statten geht, den Tod fürchte ich nicht." Schlag 7 1/4 Uhr trat Herr Oberinspector Kampe zu dem Tische, an welchem Dauth saß und sagte, es sei jetzt Zeit, Dauth möge sich erheben. Sofort richtete er sich straff auf, ohne eine Miene zu verziehen und nahm, während er die Halsbinde und den Quäder ablegte, Abschied von Herrn Dr. Veit und dem Oberinspector, indem er ihm für die ihm zu Theil gewordene humane Behandlung dankte. Dann ging er festen Schrittes zwischen dem Geistlichen und dem Oberinspector, gefolgt von zwei Gefängnißbeamten und dem Vertheidiger, die Stufen zum Hofplatz hinunter. – Dauth wurde vor den Platz des Oberstaatsanwalts geführt, wo er mit gesenktem Blick straff aufgerichtet stehen blieb. Herr Dr. Hirsch verlas dann den Urtheilsspruch des Geschworenengerichtes, sowie den abschlägigen Bescheid des Senats auf das Gnadengesuch und schloß dann mit den an den Scharfrichter Birk gerichteten Worten: „So übergebe ich Ihnen den Deliquenten, walten Sie Ihres Amtes." Zu Dauth gewandt fügte er hinzu: „Gott sei Ihnen gnädig." – Der Scharfrichter und vier Gehülfen nahmen dann Dauth in Empfang. In einem Augenblick war Dauths Jacke ausgezogen und das Anschnallen begann, was Dauth Alles, ohne eine Miene zu verziehen, über sich ergehen ließ. Dann schnellte das Brett in seine Lage, der obere Halsring fiel, der Scharfrichter zog die Schnur und eine Minute später rollte mit einem dumpfen Schlage der Kopf des Gerichteten in eine untergestellte Kiste. – Die ganze Procedur von dem Augenblick, als Dauth die Zelle verließ, bis zur vollendeten Enthauptung dauerte nicht ganz drei Minuten.

Dauths Witwe heiratete am 8. August 1890 den Segelmacher Bernhard Gau in Geestemünde. Im Interesse der Kinder stellte der Stiefvater den Antrag auf Namensänderung in „Gau", wofür der Regierungspräsident in Stade am 8. Dezember 1890 die Genehmigung erteilte.[359]

Die Totenmaske des hingerichteten Raubmörders Dauth ist Bestandteil der Lehrmittelsammlung der Polizei Hamburg.

16. Januar 1890

Johann Adolf Christian Benthien

Johann Adolf Christian Benthien wurde wegen Knabenmordes, begangen am 7. April 1889 an dem zehnjährigen Knaben Emil Steinfatt in der Horner Feldmark, am 16. Januar 1890 hingerichtet.

Johann Benthien wurde von den Zeugen, die ihn unheimlich fanden, ohne weiteres wieder erkannt an seiner fahlen Farbe, seinen dünnen Lippen, der gebogenen Nase, dem schlotterigen Gang, vor allem aber daran, dass er die rechte Schulter höher trug als die linke.[360]

Abb. 17: Erkennungsdienstliches Foto von Johann Benthien. Aus: WOSNIK (1926-2), S. 7. Repro: Blazek

---

[359] StA Stade, Rep. 80 H Tit. 4, Nr. 2, Bd. XI. fol. 287-289. 293. 297-300. REISE (1973), S. 55.
[360] WOSNIK (1926-2), S. 10.

Benthien stand als Jugendlicher in dem Verdacht, seinem Großvater und einem anderen Einwohner das Haus angezündet zu haben. „Verschiedentlich hat er auch Knicks angezündet und wiederholt ist er bei kleineren Diebereien ertappt worden." Benthien war ein Lustmörder, seine Verhaftung und der Prozess waren eine Sensation. Benthien mied schon als Knabe andere Kinder und trieb sich stets allein oder bei den Kuhhirten umher. Die Kinderzeit war voller Quälerei von Tieren. „Einmal hat er als 10jähriger Knabe lebende Frösche aufgehängt und sie dann zerschnitten."[361]

In den „Wöchentlichen Anzeigen für das Fürstenthum Ratzeburg", Schönberg, verlautete am 30. April 1889:

Der Hamburger Knabenmörder ist in der Person des Schuhmachers Benthien verhaftet. Der Lehrer Claasen, eine Frau Koch, sowie einige Knaben, die den Mann vor und nach der That gesehen, haben denselben aus der Zahl von 14 Bettlern und Vagabunden, die mit ihm zugleich ihnen vorgeführt wurden, bestimmt erkannt. Wenn man die Kratzwunden auf der Hand Benthiens sieht und annimmt, daß er der Mörder des Knaben Emil Steinfatt sei, dann muß sich das Entsetzen über die schreckliche Bluttat steigern, da man aus den Wunden auf den Kampf, den das arme Kind um sein Leben geführt, und auf die Qual, die es erduldet hat, schließen kann.

Wöchentliche Anzeigen für das Fürstenthum Ratzeburg, Schönberg, 14. Mai 1889:

Die Untersuchung wegen des Knabenmords in Horn bei Hamburg wird, da nur noch wenige Zeugen zu vernehmen sind, voraussichtlich in wenigen Tagen geschlossen werden. Fast jeder, der zu der Angelegenheit in Beziehungen steht, ist von der Schuld des Schuhmachergesellen Benthien überzeugt, aber so erdrückend auch die gegen den Angeschuldigten gesammelten Beweise sind, so hat sich derselbe bis jetzt doch noch nicht zu einem Geständniß herbeigelassen.

Wöchentliche Anzeigen für das Fürstenthum Ratzeburg, Schönberg, 25. Oktober 1889:

Vor dem Hamburger Schwurgericht hat am Donnerstag die Verhandlung gegen den Schuhmacher Benthien begonnen, welcher wegen des Lustmords an dem im Horner Moor todt aufgefundenen Knaben Steinfatt angeklagt ist. Die Verhandlung, zu welcher 109 Zeugen geladen waren, nahm 3 Tage in Anspruch und endete mit dem Todesurtheil des Benthien.

Wöchentliche Anzeigen für das Fürstenthum Ratzeburg, Schönberg, 26. November 1889:

Der in Hamburg zum Tode verurtheilte Knabenmörder Benthin beträgt sich im Gefängniß musterhaft, er arbeitet ruhig vor sich hin und spricht nur äußerst wenig. Abgesehen davon, daß er mitunter plötzlich mit der Arbeit aufhört und schwer seufzt, verräth nichts, daß ein schweres Verbrechen auf seiner Seele lastet. Seinem Anwalt gegenüber äußerte er sich vor Kurzem, daß er mit Zuversicht hoffe, daß die eingelegte Revision für begründet erachtet werde.

---

[361] WOSNIK (1926-2), S. 18.

Wöchentliche Anzeigen für das Fürstenthum Ratzeburg, Schönberg, 21. Januar 1890:

Die Hinrichtung des Hamburger Knabenmörders Benthien ist Donnerstag früh 8 Uhr 10 Minuten, da der Scharfrichter Birk an der Influenza leidet, von dessen erstem Gehilfen vollzogen worden.

In den "Wöchentlichen Anzeigen für das Fürstenthum Ratzeburg", Schönberg, wurde am 16. Mai 1890 mit dieser Anzeige geworben:

F. A. Hill's
plastisches Museum
über **Panoptikum, Anatomie u. Zoologie** *auf dem Marktplatze.*
Besonders hervorragend, der Mörder **Unkenstein** *aus Lübtheen, Knabenmörder Benthien aus Hamburg, Raubmörder* **Dauth. Die Völkerrassen und deren Waffen. Das Märchen vom Storch** *u. s. w.* **Kronprinz Rudolf von Oesterreich. Ein anatomischer Torso** *(Mensch) in seinen inneren und äußeren Theilen gänzlich zerlegbar. Natur und Knochenpräparate u. s. w.* **Blumen und Kunststickereien** *u. s. w.*
Um regen Besuch bittet
F. A. Hill, Besitzer.

Zu bestaunen waren der „Koffeenagel", mit dem Johann Christian Dauth 1888 sein Opfer getötet hatte, und „die Axt des Raubmörders Kurzmarck (Original)" Auch das Beil, mit dem der aus Österreich gebürtige, 18-jährige Gärtnergehilfe Thomas Rücker am 9. November 1906 im Vorortzug 1360 Hamburg-Altona-Blankenese den 36 Jahre alten Zahnarzt Henning Claußen aus Altona ermordet hatte, war (angeblich) ins Panoptikum gelangt, ebenso die „Originalfesseln" des 1896 in Altona hingerichteten „Knabenmörders" Carl Breitrück.[362]

10. Januar 1891
Paul Arnsberger

Paul Arnsberger wurde wegen Mordes am 10. Januar 1891 hingerichtet. Er hatte am 25. September 1890 die 26-jährige Gastwirtstochter Anna Lorenzen ermordet und deren verwitwete Mutter durch Beilhiebe verletzt.[363]

24. Oktober 1895
Max Witt

In Altona wurde am 24. Oktober 1895 der Dienstknecht Max Witt durch den preußischen Scharfrichter Friedrich Reindel (1824-1908) aus Magdeburg enthauptet.[364]

---

[362] GILLE (2004), S. 41.
[363] Ausführlich: WOSNIK (1926-2), S. 19-22.
[364] Tagebuch des Scharfrichters Reindel – Braunschweigisches Landesmuseum LMB 28486, Attestbuch - LMB 28487. Vgl. BLAZEK (2011-1), S. 77 ff.

15. November 1895
Carl Breitrück

In Altona wurde am 15. November 1896 der Knabenmörder Carl Breitrück nach einem fehlgeschlagenen Fluchtversuch hingerichtet.[365]

30. Dezember 1899
Friedrich Wilhelm Fischer

Friedrich Wilhelm Fischer wurde wegen Raubmordes, begangen am 14. Dezember 1898, am 30. Dezember 1899 hingerichtet.

9. Juli 1902
Heinrich Friedrich Osbahr

Heinrich Friedrich Osbahr wurde wegen Raubmordes, begangen am 2. März 1902, am 9. Juli 1902 hingerichtet.

2. Februar 1905
Elisabeth Wiese

Elisabeth Wiese (1853-1905) musste sich im Oktober 1904 vor dem Schwurgericht zu Hamburg für ihre Taten verantworten. Den nächsten Frühling sollte sie nicht mehr erleben. Am Donnerstag, dem 2. Februar 1905, wurde sie im Untersuchungsgefängnis am Holstentor (Holstenglacis) enthauptet. Das Schwurgericht hatte ihr in einem fünftägigen Indizienprozess die Tötung von mindestens vier Pflegekindern nachgewiesen.[366]

← Abb. 18: Elisabeth Wiese. Erkennungsdienstliches Foto von 1903. Aus: WOSNIK (1926-2), S. 7. Repro: Blazek

Kurz vor acht Uhr wurde die todgeweihte Frau mit auf dem Rücken gefesselten Händen in den Hof der Strafanstalt geführt. Ein Pastor begleitete die Delinquentin auf ihrem letzten Gang. Irgendwo läutete die Armensünderglocke. Die Strafgefangene wurde in einer übergeworfenen Kutte und in Holzpantinen vorgeführt. Die strähnigen Haare waren kurz geschnitten.

Vor der Guillotine hatten der Staatsanwalt, der Untersuchungsrichter und ein Gerichtsschreiber an einem Tisch Platz genommen. Seitwärts standen etwa 40 zugelassene Zeugen. Mit dem Rücken gegen die Guillotine, trat sie gesenkten Hauptes vor den Tisch des Staatsanwaltes. Das Urteil des Schwurgerichts vom 10. Oktober 1904 wurde verlesen.[367] Danach schloss der Staatsanwalt mit den Worten: „Gott sei Ihnen gnädig. Herr Scharfrichter, das Urteil ist zu vollstrecken, walten Sie Ihres Amtes!"

---

[365] Vgl. WALTER (1931), S. 145-150: „Mordfall Breitrück" [1894-1896]; EVANS (1989), S. 192; HERGEMÖLLER (2001), S. 148.
[366] Ausführlich: BLAZEK (2013).
[367] Vgl. WOSNIK (1926-2), „Engelmacherin Wiese", S. 59.

Alle Anwesenden, erzählt der Bericht, entblößten ihr Haupt.[368]

Der Geistliche führte die Wiese bis vor die Stufen des Schafotts; sie küsste das ihr vorgehaltene Kruzifix und wurde dann von zwei Knechten des Scharfrichters in Empfang genommen. Elisabeth Wiese stieg dann, scheinbar ungerührt, die zehn Stufen zum Schafott hinauf. Der Scharfrichter, Alwin Engelhardt (1875-1940), riss den schwarzen Vorhang vor der Guillotine zurück. Seine beiden Gehilfen packten die Verurteilte, schnallten sie auf dem Gestell des Fallbeils fest und traten zurück. Wenige Sekunden später war der Kopf vom Rumpf getrennt und fiel in einen Weidenkorb. Das laut Richard Wosnik 80 Pfund schwere Fallbeil hatte das Leben der Serienmörderin beendet.

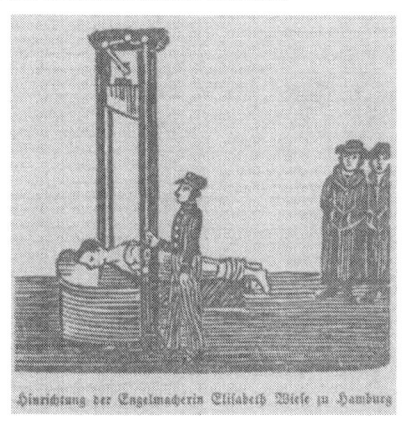

Abb. 19: Die Illustration auf der Titelseite des Buches „Moritat und Bänkelgesang in Niederdeutschland" (1941) zeigt die „Hinrichtung der Engelmacherin Elisabeth Wiese zu Hamburg" nach einem zeitgenössischen Holzschnitt. Bereitstellung: Antiquariat Hartmut König, Nauen

Der Scharfrichter meldete: „Herr Staatsanwalt, das Urteil ist vollstreckt!"[369]

Der Leichnam wurde in einen bereitgestellten Sarg gelegt. Der Anstaltsarzt bestätigte den Tod, die Uhrzeit wurde ins Protokoll eingetragen. Kaum zwei Minuten hatte die Hinrichtung gedauert.

Die „Bonner Zeitung (Neue Bonner Zeitung)" schrieb kurz und bündig am 3. Februar 1905: „In Hamburg ist gestern die Engelmacherin Wiese hingerichtet worden." Und die „Bonner Volkszeitung" am gleichen Tag: „Hamburg 2. Febr. (Telegr.) Die Engelmacherin Wiese ist heute früh hingerichtet worden."

Abb. 20: Totenmaske von Elisabeth Wiese. Aus: WOSNIK (1926-2), S. 7. Repro: Blazek

---

[368] HENTIG (1954), S. 75.
[369] Vgl. BLAZEK (2011-1).

27. Juni 1908
Heinrich Max Friedrich Randt

Der Tischlergeselle Heinrich Max Friedrich Randt wurde wegen Raubmordes, am 27. Juni 1908 hingerichtet. Er hatte am 2. November 1906 die ledige Bertha Jark, Fruchtallee 113, ermordet.[370]

Ferner sühnten in den folgenden Jahren für ihre Verbrechen auf dem Schafott:[371]

Holste wegen Mordes, begangen am 12. Dezember 1910

Meissner I wegen Mordes, begangen am 23. Dezember 1911

Albers wegen Mordes, begangen am 8. September 1914

Meissner II wegen Mordes, begangen am 3. November 1914

Nabreit wegen Mordes, begangen am 1. Dezember 1914

Bernhard Draheim wegen Mordes, begangen am 18. Mai 1916, am 27. Juli 1917[372]

Die Guillotine kam in Hamburg 1917 vorerst zum letzten Mal zum Einsatz; sie wurde 1933 von den Nationalsozialisten wieder verwendet. Die Besichtigung des Gefängnismuseums der Fuhlsbütteler Strafanstalten gehörte in der Weimarer Zeit zum festen Bestandteil des Programms der zahlreichen Besucher, um die Errungenschaften des „modernen Strafvollzuges" vor dem Hintergrund der düsteren Vergangenheit und der gegenwärtigen Schwierigkeiten kennen- und schätzenzulernen.⁶ In dem „grausiginteressanten Hinrichtungsmuseum", wie es ein Korrespondent des „Berliner Tageblattes" nannte, war die seit 1917 ruhende Guillotine zu bestaunen. Der Schriftsteller Richard Huelsenbeck (1892-1974) ließ sie sich bei seinem Besuch vorführen und versicherte 1927 in der „Weltbühne", sie funktioniere „ausgezeichnet". In einem Regal nebenan, so der ehemalige Dadaist weiter, lagen „fein säuberlich geordnet" die Totenmasken der Hingerichteten – 19 stark verzerrte Gipsabdrücke „abgeschlagener Mörderköpfe", wie es das „Berliner Tageblatt" formulierte.[373]

---

[370] Ausführlich: WOSNIK (1926-2), S. 60-74.
[371] HENTIG (1959), S. 77. Zu Meißner (Hamburg 1915) vgl. WOSNIK (1927, Bd. 2, Heft 3), S. 25.
[372] „... ein Querulant, aber kein geisteskranker Querulant" nach dem Urteil der Sachverständigen (WOSNIK, Bd. 2, Heft 3, 1927, S. 43). Bernhard Draheim war im Wartezimmer des Armenarztes Dr. Grumbrecht Amok gelaufen. Ausführlich: JENSSEN/NOSRATIAN (1996), S. 18-20. Dazu EBBINGHAUS/LINNE (1997), S. 320: „Die letzte Hinrichtung vor dem Machtantritt der Nationalsozialisten fand am 27. Juli 1917 statt. Lediglich in Altona verurteilte das Landgericht 1932 zwei Mörder zum Tode; die Urteile wurden im Juli und August 1933 vollstreckt."
[373] EICHHOLZ (2008), S. 183; StA Hamburg 135-1 I-IV 6102; HUELSENBECK (1927), S. 943; FRANKENFELD (1925).

V. 1933 bis 1945

Mit der „Machtergreifung" der Nationalsozialisten am 30. Januar 1933 beginnt in Hamburg auch das Zeitalter der Justizmorde. Laut einer Statistik des Untersuchungsgefängnisses Hamburg sollen in der Zeit von 1934 bis 1944 510 Menschen hingerichtet sein.[374]

1933

Am 1. August 1933 starben vier zum Tode verurteilten Kommunisten, Bruno Tesch, Walter Möller, Karl Wolff und August Lütgens, wegen ihrer Beteiligung am „Altonaer Blutsonntag". An jenem 17. Juli 1932 war es im Zuge eines Großaufmarsches der SA durch Altona zu einem bewaffneten Zusammentreffen zwischen SA und Kommunisten gekommen. Es gab 18 Tote, darunter zwei SA-Leute. Über 80 Schwerverletzte waren Opfer von Polizeischüssen. Am 2. Juni 1933 fällte ein Sondergericht in Altona auf der Grundlage gefälschter Beweisstücke die Todesurteile. Die Hinrichtung wurde im Innenhof des an das Altonaer Landgericht grenzenden Gefängnisses mit dem Handbeil vollzogen. 75 Mitgefangene wurden als Zuschauer zum Tatort geschleppt. Es war die erste „legale" Hinrichtung des NS-Staates. Strittig ist, ob der verschuldete Schlachtermeister Voth aus Altona oder aber der preußische Scharfrichter Carl Gröpler aus Magdeburg das Urteil vollstreckt hat, wie die „Die Neue Weltbühne – Wochenschrift für Politik, Kunst, Wirtschaft" Nr. 13/1934 auf Seite 403 berichtet: „Einige Wochen nach der Exekution in Plötzensee fuhr Herr Gröpler mit seinem Handbeil nach Altona, um dort einige antifaschistische Arbeiter abzuschlachten. Reisende sahen ihn, wie er im Speisewagen saß; das Futteral mit dem Beil hing am Tisch. Als er in Altona eintraf, hatte er so viel getrunken, daß er beinahe vergaß, das Beil mitzunehmen. (...)"[375]

Abb. 21: Altonaer Nachrichten vom 1. August 1933. Repro: Blazek

1935

Alfred Wegner wurde am 29. April 1935 wegen Vatermordes, begangen am 2. Januar 1935 an Adolf Wegner, Borgfelderstraße 11, zum Tode verurteilt.[376]

---

[374] DITTRICH (1993). Jüngere Angaben setzen die Zahl erheblich herunter. Insgesamt wurden laut Frank Messerschmidt im Zeitraum 1933 bis 1945 in Hamburger Justizvollzugseinrichtungen 468 Hinrichtungen vollzogen. Davon seien 57 Soldaten gewesen. [MESSERSCHMIDT (2005), S. 399 f.] Im Zeitraum 1937-1945 wurden 171 Menschen zum Tode verurteilt und 164 davon hingerichtet. [BÄSTLEIN (1992).] Bis zum Juli 1942 waren es noch 110 Menschen, die in Hamburg und Altona hingerichtet worden sind. [BOHN/DANKER (1998), S. 174.] Vgl. Totenregister 1881-1950 mit den Namen der Hinrichtungsopfer, zusammengestellt von FRITZ TREICHEL, in: StA Hamburg 242-1 II, Gefängnisverwaltung II, Abl. 4 141.
[375] Vgl. LANG (1998), S. 128, 130; SCHIRMANN (1994). Carl Gröpler hatte seinen Dienst als Scharfrichter übernommen, war 1920 zurückgetreten, hatte aber am 1. März 1924 diese nebenberufliche Tätigkeit in Hamburg wieder aufgenommen. [EBBINGHAUS/LINNE (1997), S. 335.]

Am 6. Juni 1935 wurde in aller Heimlichkeit und „unter der Leitung des Staatsanwaltes Dr. Stegemann" der Hamburger Werftarbeiter und Arbeiterführer Fiete Schulze, KPD-Landesleitung, im Hof des Hamburger Untersuchungsgefängnisses enthauptet. Am 16. April 1933 war er bereits festgenommen und nach langer Einzelhaft und Folter am 18. März 1935 dreimal zum Tode und zu 280 Jahren Zuchthaus verurteilt worden. Der eigentliche Prozess gegen ihn hatte erst am 13. Februar 1935 begonnen. Der Direktor des Untersuchungsgefängnisses, Oberinspektor Körber, vermerkte im Hinrichtungsprotokoll: „(...) Eintragen in das Sterberegister (...) Absetzen vom Bestand." Zu dem Zweck der Hinrichtung war Scharfrichter Carl Gröpler aus Magdeburg mit seinem Handbeil angereist.[377]

1936

Am 4. November 1936 wurde der 40 Jahre alte Hamburger Hitlergegner Etkar Josef André ungeachtet einer internationalen Protestbewegung im Hamburger Untersuchungsgefängnis hingerichtet. Während seiner dreieinhalbjährigen Untersuchungshaft war er so sehr misshandelt worden, dass er schließlich nur noch an Krücken gehen konnte und das Gehör verlor. Festgelegt wurde, dass die in „Hamburg am 10. Juli 1936 erkannte Todesstrafe am Donnerstag, 4. Nov. 1936, um 6 Uhr vorm. im Hofe des Untersuchungsgefängnisses hierselbst vollstreckt werden soll (...)" Aus einer Mitteilung von Justizoberinspektor Körber geht hervor: „1. Die Hinrichtung des Edgar Joseph André ist unter Leitung des Generalstaatsanwalts Dr. Drescher von dem Scharfrichter Gröpler aus Magdeburg heute morgen 6 Uhr durch das Handbeil in dem Nordausgang des Hofes B der Anstalt HH 1 erfolgt. 2. Die Leiche ist unmittelbar nach der Hinrichtung der Geheimen Staatspolizei übergeben worden." Der Generalstaatsanwalt hatte die Einäscherung und Beisetzung „in aller Stille und unter strengster Verschwiegenheit" am Tag der Urteilsvollstreckung befohlen.[378]

Scharfrichter Gröpler (1868-1946), der in Magdeburg die Dampfwäscherei „Aegir" besaß und 1906 vor der Königlichen Staatsanwaltschaft Magdeburg ein Examen als Scharfrichter mit Erfolg abgelegt hatte, trat letztmalig am 12. Januar 1937 in Altona in Erscheinung.[379]

1937

Am 12. Januar 1937 wurde Otto Krepp, am 10. Januar 1913 in Frankfurt/Main unehelich geboren, im Hof des Gerichtsgefängnisses von Altona durch Scharfrichter Gröpler hingerichtet. Nachdem am 12. Juni 1935 die Leiche von Ludwig Dibbern in Altona, Am Brunnenhof 3, gefunden worden war, wurde am 11. Juni 1936 der Prozess gegen Krepp begonnen und am 13. Juni das Todesurteil ausgesprochen. Das Begnadigungsgesuch lehnte Adolf Hitler am 15. Dezember 1936 ab. Die Rechnung des Scharfrichters belief sich auf 331,12 Reichsmark.[380]

---

[376] EBELING (1980).
[377] BOCK/RUGE/THOMS (1985), S. 363.
[378] BUCK (1969), S. 92.
[379] Ausführliche Lebensbeschreibung Gröplers bei BLAZEK (2010), S. 63-89.
[380] EBELING (1980), S. 373 ff.

Abb. 22: Die große Hamburger Guillotine. Sie wurde von den Nazis aus dem Museum geholt und im Hamburger Gefängnis aufgebaut. Foto: Erich Andres/BRELOER/KÖNIGSTEIN (1982), S. 78

Abb. 23: Im Freien aufgestelltes Fallbeil in Hamburg, genutzt von 1856-1933. BLAZEK (2010), S. 11

Im Jahre 1937 ging Hamburg in den Zuständigkeitsbereich von Friedrich Hehr (1879-1952) über. Im August 1937 war er von Stuttgart-Untertürkheim nach Hannover umgezogen.

Seit diesem Jahr war der 57-Jährige als Scharfrichter für Hamburg-Stadt, Butzbach, Dresden, Hannover (Wolfenbüttel) und Köln zuständig. Er wurde zum dritten Scharfrichter des „Dritten Reiches" neben Ernst Reindel (Gommern) und Johann Reichhart (München) ernannt.

In Hamburg fanden die Enthauptungen durch das von Friedrich Hehr bediente Fallbeilgerät im geschlossenen Raum der Untersuchungshaftanstalt Hamburg-Stadt am Holstenglacis statt.

Hehr richtete in Hamburg zwischen dem 22. Dezember 1938 und dem 15. Dezember 1944 mindestens 432 Menschen – 1943 waren es alleine 140 – hin.[381] Die folgende Auflistung nennt nur einige wenige dieser Schicksale.

1939

Am 29. November 1939 wurde der am 15. November 1913 geborene Ewald Wieczorek in der Untersuchungshaftanstalt Hamburg-Stadt hingerichtet.

1941

Am 26. Juni 1941 wurde der 24-jährige Angeklagte Josef C. in der Untersuchungshaftanstalt Hamburg-Stadt hingerichtet (von Scharfrichter Reindel aus Gommern).

---

[381] EBBINGHAUS/LINNE (1997), S. 336.

1942

Am 13. März 1942 wurde der polnische Zwangsarbeiter Andrzej Szablewski in Hamburg-Poppenbüttel öffentlich mit dem Strang hingerichtet.

Am 11. Juni 1942 wurde der Kameruner Jonas Alexander N'doki, ein ehemaliger Askari, in der Untersuchungshaftanstalt Hamburg-Stadt hingerichtet.

Am 24. August 1942 wurde der 17-jährige polnische Zwangsarbeiter Walerjan Wróbel in der Untersuchungshaftanstalt Hamburg-Stadt hingerichtet.

Am 1. Dezember 1942 wurden drei am 13. April 1942 aus dem Zuchthaus Bremen-Oslebshausen ausgebrochene Gefangene in der Untersuchungshaftanstalt Hamburg-Stadt hingerichtet.

1943

Am 23. Januar 1943 wurde in der Untersuchungshaftanstalt Hamburg-Stadt das am 9. Januar des Jahres vor der Kammer 3 des Hanseatischen Sondergerichts gesprochene Urteil an einem Muttermörderpaar vollstreckt. Unter dem Fallbeil der Guillotine fiel um 21 Uhr der Kopf der Tochter, fünf Minuten später der ihres Mannes.

France Bloch-Sérazin, geboren am 21. Februar 1913 in Paris, eine französische Widerstandskämpferin der Résistance, organisiert in der Francs-Tireurs et Partisans (FTP), wurde am 12. Februar 1943 in der Untersuchungshaftanstalt Hamburg-Stadt hingerichtet.

Am 1. November 1943 wurde die am 10. Juli 1901 geborene, französische Widerstandskämpferin Suzanne Masson in der Untersuchungshaftanstalt Hamburg-Stadt hingerichtet.

Am 10. November 1943 wurde in der Untersuchungshaftanstalt Hamburg-Stadt das Todesurteil an den vier „Lübecker Märtyrern", dem evangelischen Pastor Karl Friedrich Stellbrink und den drei katholischen Geistlichen Eduard Müller, Johannes Prassek und Hermann Lange, vollstreckt. Sie waren vom 2. Senat des Volksgerichtshofes am 23. Juni des Jahres wegen „landesverräterischer Feindbegünstigung", „Wehrkraftzersetzung", „Vergehen gegen das Rundfunkgesetz" und das „Heimtückegesetz" zum Tode verurteilt worden.[382]

Drei Minuten waren die Freunde im Sterben voneinander getrennt gewesen. Die Urkunden verzeichnen den Zeitpunkt der Hinrichtungen: 18.20 Uhr ... 18.23 Uhr ... 18.26 Uhr ... Ihr Blut ist ineinander geflossen. Der Augenzeugenbericht des evangelischen Pfarrers: „Jedesmal wenn das Fallbeil aufschlägt, zucken wir zusammen."[383]

Das KPD-Mitglied Wilhelm Fellendorf, ein am 8. Februar 1904 geborener Kraftfahrer, wurde Ende 1943 ohne Urteil auf Anweisung der Gestapo in Hamburg erschossen.

---

[382] Ausführlich: I-BASIS.DE (2012). Vgl. ZVFLG (2005), S. 322. Die Angaben über die verurteilten Personen sind entnommen aus Wikipedia – die freie Enzyklopädie.
[383] FREIHEIT UND RECHT (1967), S. 34.

Unter den Namen der in Hamburg Hingerichteten sind auch die von vier Angehörigen der norwegischen Widerstandsbewegung: Harald Svendsen, Tromsö, hingerichtet am 30. April 1943, Ingebrigt Valdershaug, Aalesund, hingerichtet am 28. Juni 1943, Kristian Stein, Bergen, hingerichtet am 16. Juli 1943, Magne Abraham, Farsund, hingerichtet am 10. Dezember 1943.

Scharfrichter Hehr blieb den ganzen Krieg hindurch im Amt und wurde bald als der wichtigste der drei Scharfrichter betrachtet, was die Entdeckung und Ausbildung von neuen Kandidaten für diesen Beruf betraf. Er erwirkte im Februar 1944 beim Vorstand des Untersuchungsgefängnisses Hamburg-Stadt eine Vorverlegung des Zeitpunkts für Hinrichtungen von 18 auf 16 Uhr, damit er einen früheren Anschlusszug nach Hannover noch erreichen konnte.[384]

1944

Johann Odenthal, geboren am 4. März 1896, wurde als Homosexueller verfolgt und am 12. April 1944 in der Untersuchungshaftanstalt Hamburg-Stadt hingerichtet.

Johannes Birkner wurde aufgrund des vom Volksgerichtshof verhängten Todesurteils am 14. April 1944 in der Untersuchungshaftanstalt Hamburg-Stadt hingerichtet.

Der Ingenieur Wilhelm Stein, geboren am 15. Mai 1895, wurde aufgrund des vom Volksgerichtshof verhängten Todesurteils am 26. Juni 1944 in der Untersuchungshaftanstalt Hamburg-Stadt hingerichtet.

Der Maschinenbauer Paul Thörey, geboren am 17. Juli 1903, wurde aufgrund des vom Volksgerichtshof verhängten Todesurteils am 26. Juni 1944 in der Untersuchungshaftanstalt Hamburg-Stadt hingerichtet.

Der Schlosser Kurt Vorpahl, geboren am 7. Mai 1905, wurde aufgrund des vom Volksgerichtshof verhängten Todesurteils am 26. Juni 1944 in der Untersuchungshaftanstalt Hamburg-Stadt hingerichtet.

Ebenfalls am 26. Juni 1944 wurde der 1908 geborene Jude Karl Kock in der Untersuchungshaftanstalt Hamburg-Stadt hingerichtet.

Der Widerstandskämpfer Oskar Reincke, geboren am 10. Januar 1907, wurde am 17. Oktober 1942 verhaftet, 1944 zum Tode verurteilt und am 10. Juli 1944 in der Untersuchungshaftanstalt Hamburg-Stadt hingerichtet.

Am 10. Juli 1944 wurde ebenfalls der am 12. Januar 1911 geborene Widerstandskämpfer Robert Abshagen in der Untersuchungshaftanstalt Hamburg-Stadt hingerichtet.

Jetzt, da sich das Kriegsglück gewendet hatte, wurden dann besonders seit dem Stauffenberg-Attentat vom 20. Juli 1944 die Todesurteile in solchen Massen auch durch Sondergerichte verhängt, dass die ordentlichen Scharfrichter es gar nicht mehr bewältigten. Das führte zum Einsetzen so genannter „Parteihenker",

---

[384] Vgl. PETERS (2004), S. 125.

die allesamt wohl SS-Angehörige waren. Sie wurden wohl auch allesamt im Zuge der Nürnberger Prozesse abgeurteilt und hingerichtet.[385]

Am 15. Dezember 1944 fanden die letzten drei Hinrichtungen in der Untersuchungshaftanstalt Hamburg-Stadt statt. Darunter war der am 11. November 1901 geborene Lehrer Erich Hüttemann, der aus politischen, nicht bekannten Gründen sein Leben verlor.

Nach der am 21. Dezember 1944 erfolgten Abholung der Guillotine durch das Personal von Bützow-Dreibergen heißt es in einer Verfügung des Reichsjustizministers vom 30. Dezember 1944: „Für den Vollstreckungsort Dreibergen-Bützow ist der Scharfrichter in Hannover zuständig." Am 9. Januar 1945 nahm Hehr dort seine Arbeit auf.[386]

In Holstenglacis 3 (Untersuchungsgefängnis) verlegte Stolpersteine weisen auf den Tod dieser Gefängnisinsassen hin: Bernhard Jung, Heinz Jäkisch, Karl-Heinz Keil, Hermann Lange, Eduard Müller, Johannes Prassek, Rudolf Schöning, Karl Friedrich Stellbrink, Walter Wicke, Walerjan Wróbel.

Ein letztes Kapitel der NS-Justiz befasst sich mit den Hinrichtungen von Deserteuren im Zeitraum 1942 bis 1945 auf dem Übungsplatz der Wehrmacht am Höltigbaum. Dort liegt ein Schießplatz, auf dem in den Kriegsjahren 1944/45 von der „Wehrmacht" Deserteure und Fahnenflüchtige erschossen worden sind. Mindestens 300 Soldaten sind in Hamburg bis Kriegsende 1945 hingerichtet worden. Die letzten Erschießungen fanden nachweislich noch am 28. April 1945 und damit fünf Tage vor dem Eintreffen der britischen Truppen statt. Durch Eintragungen beim Standesamt Rahlstedt sind die Namen von 22 Hingerichteten bekannt, zumeist einfache Soldaten, Matrosen, Pioniere und Schützen, vereinzelt auch Obergefreite und Unteroffiziere, einmal am 4. April 1945 auch zwei junge Offiziere, ein Oberleutnant und ein Hauptmann. Im Jahre 2010 wurde ein Transparent mit 68 Namen nachweislich in Hamburg hingerichteter Deserteure für 14 Tage an die Gedenkstätte für gefallene Soldaten des Zweiten Weltkrieges gehängt.[387]

---

[385] DACHS (2001), S. 123.
[386] EBBINGHAUS/LINNE (1997), S. 337.
[387] BA-MA, Strafsachenliste IV des Gerichts der Wehrmacht – Kommandantur Hamburg, 1945; BA-MA RH 14-23; GARBE (1988); EBELING (1980); MEYER (1971), S. 230; vgl. Einleitung zu: FALK (2012).

VI. 1945 bis 1949

Auch nach 1945 wurde in Deutschland noch gehängt und geköpft. Nach dem Zusammenbruch des Deutschen Reiches im Jahre 1945 oblag die Gerichtsbarkeit zunächst den Besatzungsmächten, in Hamburg dem britischen Militärgericht.

Über die Verhängung von Todesurteilen in Westdeutschland und Groß-Berlin durch deutsche Gerichte bis zum Erlass des Grundgesetzes gibt Bernhard Düsing folgende Zahlen an: 1946 ein Todesurteil, 1947 acht Todesurteile, 1948 20 Todesurteile und 1949 fünf Todesurteile. Hinrichtungen aufgrund von Urteilen deutscher Gerichte haben im gleichen Zeitraum nur in drei Ländern und in Berlin stattgefunden:[388]

Land	1946	1947	1948	1949
Nordrhein-Westfalen		8	4	1
Hamburg		1		
Württemberg-Hohenzollern				1
Groß-Berlin	1	4	2	2

Die hier für Hamburg angegebene Hinrichtung ist nicht zu belegen. Dahingegen verbrieft ist die Doppelhinrichtung des Kaufmanns Peter Steinhauer und des Schmiedegesellen Robert Amelung im Jahre 1949. Der Kriminalfall aus dem Jahre 1947 ist insofern besonders interessant, als er als letzte Mordsache vom britischen Militärgericht in Hamburg vor der Übergabe sämtlicher Strafsachen an die deutschen Gerichte verhandelt wurde.

Mordopfer war der 30-jährige jugoslawische Journalist Piotr (Peter) Nikolicz, der in britischen Diensten stand und zeitweise auch die Uniform der Besatzungsmächte trug. Zwei Tage lang hatte sich das Untere Gericht der Kontrollkommission mit dem Fall zu beschäftigen. Anklage war erhoben gegen den Schmiedegesellen Robert Amelung und den Kaufmann Peter Steinhauer wegen gemeinschaftlichen Raubmordes an Nikolicz und gegen die 41-jährige Ria Mohr. Steinhauer und Amelung hatten im Vorfeld ein umfassendes Geständnis abgelegt. Alles sprach dafür, dass Ria Mohr ihren durch Trunksucht und lästig gewordenen Liebhaber Nikolicz mit allen Mitteln loswerden wollte.

Der Prozess vor dem High Court gegen Steinhauer und Amelung wegen Raubmordes an Piotr Nikolicz und gegen Ria Mohr wegen Anstiftung zum Mord begann mit einer kleinen Sensation. Mohrs Verteidiger Dr. Tach beantragte eine Vertagung, weil wichtige Entlastungszeugen und ein Gutachten über Mohrs Geisteszustand fehlen würden. Im „Hamburger Abendblatt", das regelmäßig über den Prozess berichtete, verlautete am 11. Dezember 1948: „Amelung scheint eine Nuance bleicher, zerquälter; an Steinhauer fällt der kalte, zuweilen stechende Blick in dem unbewegten Gesicht auf." Bei der Gerichtsverhandlung gelangte das britische Militärgericht zu der Überzeugung, dass Ria Mohr den 36-jährigen Steinhauer mit „Blutgeld" zum Mord angestiftet habe. Sie soll Stein-

---
[388] DÜSING (1952), S. 231 f. Vgl. Niederschriften über die Sitzungen der Großen Strafrechtskommission, Bd. 11: Beratungen über die Todesstrafe, Bundesdruckerei, Bonn 1959, S. 61 f.

hauer für den Mord, den er am Ende im Auto Nikoliczs vom Rücksitz aus mit einem Hammer ausführte, 60000 Reichsmark versprochen haben. Ria Mohr, Steinhauer und Amelung wurden wegen Mordes verurteilt. Erwähnenswert für die Charakterisierung der Ria Mohr ist, dass sie drei Tage nach ihrer Verhaftung 50000 Reichsmark Kaution bot, wenn man sie auf freiem Fuß belasse. Auch sie hatte bei der Währungsreform nur ein Kopfgeld in Höhe von 40 D-Mark bekommen. Man kann ermessen, wie umfangreich ihre Schwarzmarktgeschäfte gewesen sein müssen, wenn es ihr gelang, in so kurzer Zeit schon wieder eine solche Geldsumme zu besitzen. Ihrem Verteidiger soll sie 25000 Reichsmark Vorschuss gegeben haben.[389]

Das Schwurgericht Hamburg beschloss in seiner Verhandlung am Vormittag des 11. Dezember 1948 überraschend, den Prozess bis zum 31. Januar auszusetzen und die drei Angeklagten inzwischen durch den Sachverständigen, Obermedizinalrat Dr. Fromm, auf ihren Geisteszustand untersuchen zu lassen.

Am Ende stand 1949 das Todesurteil. Von Amelung und Steinhauer war nach dem Urteilsspruch nichts mehr zu hören. Sie wurden noch im Frühjahr mit der kleinen Guillotine enthauptet, von ihren Gesichtern wurden Totenmasken abgenommen. Die Kriminalpolizeiliche Lehrmittelsammlung Hamburg zeigte in der Nachkriegszeit Fotos der Hamburger Guillotine und fünf Totenmasken von Hingerichteten. Lonny Klapp schreibt: „Noch sehen wir hier die Totenmasken von Steinhauer und Amelung, von Harnack und der Engelmacherin Frau Wiese oder von Adolf Petersen, der sich selbst in seiner Zelle richtete, neben anderen."[390]

In Deutschland fand die letzte Hinrichtung durch das Fallbeil am 11. Mai 1949 in Berlin statt. Mit der Unterzeichnung des Grundgesetzes am 23. Mai 1949 wurde Hamburg als eigenständiges Bundesland Teil der Bundesrepublik Deutschland. Im Grundgesetz wurde im Artikel 102 verankert: „Die Todesstrafe ist abgeschafft."

Davon profitierte gewiss der Hamburger Fritz Honka (1935-1998). Honka wurde am 20. Dezember 1976 vom Schwurgericht Hamburg des Mordes und des Totschlags in drei Fällen schuldig gesprochen und zu 15 Jahren Haft und Einweisung in eine psychiatrische Klinik verurteilt. Honka war angeklagt, zwischen 1971 und 1976 vier Frauen in Hamburg-Ottensen getötet zu haben.[391]

---

[389] Hamburger Abendblatt v. 23. Oktober 1948, 20. November 1948, 11. Dezember 1948; KOSYRA (1980), S. 82-91: „Der Mord an dem Journalisten Nikolicz". Gleich lautend: Archiv für Kriminologie 1968, S. 65-71.
[390] KLAPP (1951), S. 10.
[391] „Keine Verwahrlosung aus Übermut", in: Der Spiegel, Nr. 53 v. 27. Dezember 1976.

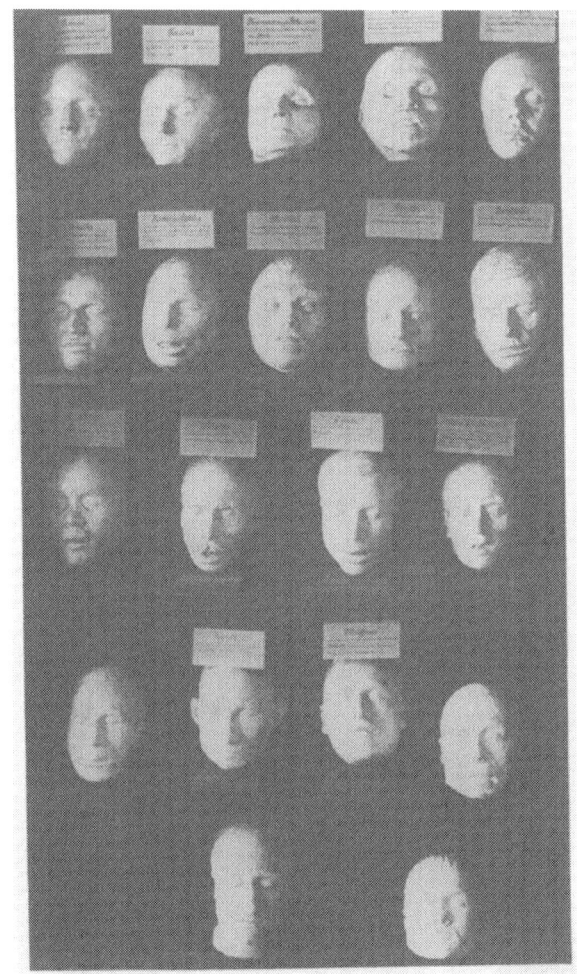

Abb. 24: Totenmaskensammlung bei WOSNIK (1926-2), S. 3. Der Geleitwortschreiber, Physikus und Gerichtsarzt Prof. Dr. Carl Reuter in Hamburg, setzte bei der Betrachtung dieses Fotos einen Schwerpunkt. Er stellte auch fest, dass die Totenmasken von Beck und Haack fehlten. Repro: Blazek

Großstadtpolizei

Vor 100 Jahren legte Hamburgs Polizeipräsident Dr. jur. Gustav Roscher das Polizeihandbuch „Großstadtpolizei" auf. Gustav Roscher, am 25. Juni 1852 in Elze i. Hannover geboren, wurde 1893 zum Polizeirat und 1900 zum Direktor der Hamburger Polizeibehörde ernannt. Ihm unterstanden die 1875 gegründete Kriminalpolizei und die politische Polizei. Trotz erheblicher Arbeitsbelastung fand er Zeit für schriftstellerische Tätigkeit. Er verfasste nicht nur Publikationen über die Großstadtpolizei und die Daktyloskopie, sondern er war auch Redakteur des „Neuen Pitaval", einer „Sammlung der interessantesten Criminalgeschichten aller Länder aus älterer und neuerer Zeit". Die 1889 eingerichtete polizeiliche photographische Anstalt baute er tatkräftig aus. „Die Hamburger Kriminalpolizei darf sich rühmen, vielleicht die größte und beste polizeiliche photographische Anstalt der Erde zu besitzen", verhieß 1899 die Zeitschrift für die gesamte Strafrechtswissenschaft.

Gustav Roscher legte mit seiner „Großstadtpolizei" ein Standardwerk auf. Er verstand sie aber ausdrücklich als beispielhaft. Mit einem Umfang 447 Seiten erschien das Kompendium im Otto Meißners Verlag in Hamburg, Hermannstraße 44, und wurde für 13 Mark, gebunden aber für 15 Mark abgegeben. Alle Belange des Großstadtpolizeiwesens der damaligen Zeit, wie die Polizei der Gegenwart, Die einzelnen Dienstzweige, Verkehrspolizei, Politische Polizei/Kriminalpolizei, Sittenpolizei, Gesundheitspolizei, Fleischbeschau, Veterinärwesen, Schutzmannschaften, Feuerwehr, Hafenpolizei und so weiter, hatte Roscher behandelt und 350 Abbildungen zu den jeweiligen Themen beigefügt. Zudem findet sich darin auf Seite 188 eine Aufzählung der vornehmlich in Hamburg begangenen Betrügereien.

Eine Besonderheit ist der Abdruck eines Fotos der Hamburger Totenmasken-Ausstellung. Roscher lieferte damit die erste Information über den Standort der nach der Guillotinierung des 21 Jahre alten Raubmörders Wilhelm Timm am 10. April 1856 begonnenen Hamburger Totenmaskensammlung. Seit jener Hinrichtung wurde in Hamburg auf Anordnung der Polizei nach jedem Ereignis eine Totenmaske angefertigt. Die abgebildeten 15 Totenmasken wurden in einem mit Gardinen verhängten Museumsvitrinenschrank im 1893 eröffneten und damit ältesten deutschen Kriminalmuseum aufbewahrt. In der Abteilung „Sammlung aus der Praxis, Straftaten gegen Leib und Leben" sollten jene, auf Holzklötze vertikal aufgerichteten und beschrifteten Masken offenbar einem Anschauungsunterricht für angehende Kriminalisten dienen. „Das Kriminalmuseum stellt eine Sammlung von Lehr- und Vergleichsobjekten sowie Gegenständen aus der Praxis dar, die den Kriminalisten interessieren", sagte Roscher.

Gustav Roscher starb am Heiligabend 1915.

Literaturverzeichnis

ANDERSON/BOHN (1782): Hamburgische Statuten von den Jahren 1270, 1276, 1292 und 1497, nach Original- und andern Handschriften hrsg. u. mit einigen Anmerkungen begleitet v. Christian Daniel Anderson, Carl Ernst Bohn, Hamburg 1782

ANDERSEN (1815): Daniel Christian Andersen [Bearb.], Sammlung der Verordnungen der Freyen Hansestadt Hamburg, 1. Bd., Gottlieb Friedrich Schniebes, Hamburg 1815

ARCHIV FÜR KULTURGESCHICHTE (1964): Archiv für Kulturgeschichte, Böhlau Verlag, Köln, Graz 1964

AUSFÜHRLICHER BERICHT (1767): Ausführlicher Bericht, Derer In Hamburg hingerichteten Missethäters, Welche durch die Justitz Theils mit dem Schwerdt, Strang, Feuer, Rad, und harquebusiret, vom Leben zum Tode gebracht sind. Gedruckt in diesem Jahr, o. O. u. J. (Hamburg, ca. 1767, 39 Seiten)

BALDINGER (1780): Ernst Gottfried Baldinger, Neues Magazin für Ärzte, 2. Bd., Friedrich Gotthold Jacobäer und Sohn, Leipzig 1780

BALTHASAR (1763): Augustin de Balthasar, Jus Ecclesiasticum Pastorale: Oder Vollständige Anleitung, wie Prediger, Kirchen- und Schul-Bediente ... besonders in ihrem Amte ... sich zu verhalten, 2. Teil, Anton Ferdinand Röse, Rostock und Greifswald 1763

BÄRMANN (1817): Georg Nicolaus Bärmann, Hamburgische Denkwürdigkeiten für Einheimische und Fremde, 1. Teil, Schulbuchhandlung J. H. Sundermann, Hamburg 1817

BÄRMANN (1822): Georg Nicolaus Bärmann, Hamburg und Hamburgs Umgegend – Ein Hand- und Hülfsbuch für Fremde und Einheimische, Friedrich Hermann Nestler, Hamburg 1822

BÄSTLEIN (1992): Klaus Bästlein, Zur „Rechts"-Praxis des Schleswig-Holsteinischen Sondergerichts 1937-1945, in: Ostendorf, Heribert [Hrsg.], Strafverfolgung und Strafverzicht, Festschrift zum 125jährigen Bestehen der Staatsanwaltschaft Schleswig-Holstein, Köln 1992, S. 93-185

BECKER-WESSELS (2001): Wiltrud Becker-Wessels, Scharfrichter und Abdecker im 18. Jahrhundert: Die „Dynastie" Hennings und ihre Verzweigungen in Hamburg, Itzehoe und Lüneburg, Hamburg 2001

BENEKE (1854): Otto Beneke, Hamburgische Geschichten und Sagen, 2. unveränderte Aufl., Perthes-Besser & Mauke, Hamburg 1854

BENEKE (1856): Otto Beneke, Hamburgische Geschichten und Denkwürdigkeiten zum Theil nach ungedruckten Quellen, Perthes-Besser & Mauke, Hamburg 1856

BENEKE (1863): Otto Beneke, Von unehrlichen Leuten – Cultur-historische Studien und Geschichten aus vergangenen Tagen deutscher Gewerbe und Dienste, mit besonderer Rücksicht auf Hamburg, Wilhelm Hertz/Bessersche Buchhandlung, Berlin 1863

BENEKE (1889): Otto Beneke, Von unehrlichen Leuten – Cultur-historische Studien und Geschichten aus vergangenen Tagen deutscher Gewerbe und Dienste, mit besonderer Rücksicht auf Hamburg, 2. Aufl., Wilhelm Hertz/Bessersche Buchhandlung, Berlin 1889

BENEKE (1916): Otto Beneke, Hamburgische Geschichten, II. Sammlung: Hamburgische Geschichten und Denkwürdigkeiten, 4. Aufl., J. G. Cotta'sche Buchhandlung Nachfolger, Stuttgart und Berlin 1916

BLAZEK (2010): Matthias Blazek, Scharfrichter in Preußen und im Deutschen Reich 1866-1945, ibidem-Verlag, Stuttgart 2010

BLAZEK (2011-1): Die Brüder Wilhelm und Friedrich Reindel – Scharfrichter im Dienste des Norddeutschen Bundes und Seiner Majestät 1843-1898, ibidem-Verlag, Stuttgart 2011

BLAZEK (2011-2): Matthias Blazek, „Die Hinrichtung von Henriette Meyer im Jahre 1837 – Das Licht in der Sebastiankirche zu Berlin", in: Jahrbuch des Landesarchivs Berlin 2011

BLAZEK (2011-3): Matthias Blazek, „Die Hinrichtung der Grafen Enevold Brandt und Johann Friedrich Struensee im Jahre 1772 – In zwei offenen Wagen, von 400 Mann Dragonern gedeckt, zum Hochgericht gefahren", Sachsenspiegel 25, in: Cellesche Zeitung, 25. Juni 2011

BLAZEK (2013): Matthias Blazek, „Elisabeth Wiese – Die Engelmacherin von St. Pauli", in: Journal der juristischen Zeitgeschichte, Heft 1/2013, hrsg. v. Thomas Vormbaum, De Gruyter, Hagen 2013, S. 21-23

BOCK/RUGE/THOMS (1985): Helmut Bock; Wolfgang Ruge; Marianne Thoms, Sturz ins Dritte Reich – Historische Miniaturen und Porträts 1933/35, 2. Aufl., Leipzig/Jena 1985

BOHN/DANKER (1998): Robert Bohn [Hrsg.]; Uwe Danker [Hrsg.], »Standgericht der inneren Front« – Das Sondergericht Altona/Kiel 1932-1945, Ergebnisse-Verlag, Hamburg 1998

BRELOER/KÖNIGSTEIN (1982): Heinrich Breloer; Horst Königstein, Blutgeld – Materialien zu einer deutschen Geschichte, Köln 1982

BUCK (1969): Hans-Robert Buck, Der kommunistische Widerstand gegen den Nationalsozialismus in Hamburg, 1933-1945, Wissenschaftlicher Verlag Werner Blasaditsch, Augsburg 1969

BUEK (1840): Genealogische und Biographische Notizen über die seit der Reformation verstorbenen hamburgischen Bürgermeister, Johann August Meißner, Hamburg 1840

BUEK (1844): Georg Friedrich Buek, Hamburg und seine Umgebungen im 19ten Jahrhundert, Hamburg 1844

BUEK (1857): Friedrich Georg Buek, Die Hamburgischen Oberalten, ihre bürgerliche Wirksamkeit und ihre Familien, Perthes-Besser & Mauke, Hamburg 1857

BUEK (1859): Friedrich Georg Buek, Hamburgische Alterthümer, Perthes-Besser & Mauke, Hamburg 1859

CHRISTENSEN (1908): Heinrich Christensen [Hrsg.], Ein Tagebuch aus dem Belagerungsjahr 1813/14, Lütcke & Wulff, Hamburg 1908

CHRISTERN (1843): Johann Wilhelm Christern, Geschichte der freien Stadt Hamburg und ihrer Verfassung, Verlag von Schuberth & Co., Hamburg 1843

CHRISTIANS (1956): Das Hamburgische Schuldbuch von 1288, Veröffentlichungen aus dem Staatsarchiv der Freien und Hansestadt Hamburg, H. Christians Verlag, Hamburg 1956

CLEMENS (1844): Friedrich Clemens, Hamburg's Gedenkbuch, eine Chronik seiner Schicksale und Begebenheiten, B. S. Berendsohn, Hamburg 1844

COTTA (1857): Morgenblatt für gebildete Leser, 51. Jahrg., Nr. 1, Verlag der J. G. Cotta'schen Buchhandlung, Stuttgart und München 1857

DACHS (2001): Johann Dachs, Tod durch das Fallbeil – Der deutsche Scharfrichter Johann Reichhart (1893-1972), Berlin 2001

DAMME (1717): Europische Mercurius, eerste Deel, Andries van Damme, Amsterdam 1717

DANKER (1988): Uwe Danker, Räuberbanden im Alten Reich um 1700, Hauptband, suhrkamp taschenbuch wissenschaft, Frankfurt/M. 1988

DEECKE (1857): Ernst Deecke, Lübische Geschichten und Sagen, 2. Ausg., Dittmer'sche Buchhandlung, Lübeck 1857

DETMAR (1829): Detmar, Die lübeckischen Chroniken in niederdeutscher Sprache, 1. Teil: Chronik des Franciscaner Lesemeisters Detmar, nach der Urschrift und mit Ergänzungen aus andern Chroniken, hrsg. v. Ferdinand Heinrich Grautoff, Friedrich Perthes, Hamburg 1829

DIETRICH/FREIMARK/SCHRECKENBERG (1973): Wolfgang Dietrich [Hrsg.]; Peter Freimark [Hrsg.]; Heinz Schreckenberg [Hrsg.], Festgabe für Karl Heinrich Rengstorf zum 70. Geburtstag, E. J. Brill, Leiden (Niederlande) 1973

DITTRICH (1993): Irene Dittrich, „Schleswig-Holstein I, Nördlicher Landesteil", in: Studienkreis Deutscher Widerstand [Hrsg.], Heimatgeschichtlicher Wegweiser zu Stätten des Widerstandes und der Verfolgung 1933-1945, Bd. 7, Frankfurt/Main 1993

DREVES (1866): Lebrecht Dreves, Geschichte der Katholischen Gemeinden zu Hamburg und Altona, 2. Aufl., Verlag der Fr. Hurter'schen Buchhandlung, Schaffhausen 1866

DVA (1683): Deutsches Volkslied-Archiv Freiburg Gr. I: „Kommt her zu mir wohl Frau und Mann", Bericht von einer erschrecklichen und grausamen Mordthat zweyer gottlosen Kinder oder Bauernsöhne, Hamburg 1683

DÜSING (1952): Bernhard Düsing, Abschaffung der Todesstrafe in der Bundesrepublik Deutschland, Offenbach am Main 1952

EBBINGHAUS/LINNE (1997): Angelika Ebbinghaus; Karsten Linne, Kein abgeschlossenes Kapitel: Hamburg im Dritten Reich, Hamburg 1997

EBEL (1958): Wilhelm Ebel [Hrsg.], Lübecker Ratsurteile, Bd. 3: 1526-1550, Musterschmidt Verlag, Göttingen/Berlin/Frankfurt a. M. 1958

EBELING (1980): Helmut Ebeling, Schwarze Chronik einer Weltstadt – Hamburger Kriminalgeschichte 1919 bis 1946, Kabel-Verlag, Hamburg 1980 (1968)

EICHHOLZ (2008): Erik Eichholz, Wie macht man bessere Menschen? – Die Reform des hamburgischen Strafvollzuges in der Weimarer Republik, Dissertation zur Erlangung der Würde des Doktors der Philosophie des Department Geschichtswissenschaft der Universität Hamburg, Hamburg 2008

ELERS (1868): Hellmuth Elers, Chronologie und Calendarium der Geschichte Hamburg's, Wm. Oncken, Hamburg 1868

EVANS (1989): Richard J. Evans, Kneipengespräche im Kaiserreich – Die Stimmungsberichte der Hamburger politischen Polizei 1892-1914, Rowohlt, Reinbek bei Hamburg 1989

EVANS (2001): Richard J. Evans, Rituale der Vergeltung – Die Todesstrafe in der deutschen Geschichte 1532-1987, Kindler Verlag, Berlin-Hamburg 2001

FALK (2012): Deserteure der Wehrmacht 1939-1945 in und aus Hannover, Dokumentation von Klaus Falk mit zahlreichen Quellverweisen unter www.heinrich-schwenker.italodito.it

FLEISCHER (1939): Otto Fleischer, Anfänge des Hamburger Veterinärwesens, Inauguraldissertation zur Erlangung des Grades eines Doktors der Veterinärmedizin, Berlin 1939

FOHL (2009): Dagmar Fohl, Das Mädchen und sein Henker, Historischer Roman, Gmeiner-Verlag, Meßkirch 2009

FORTMANN (1833): Historische Blätter, hrsg. v. Hinrich Fortmann, 5. Jahrg., C. A. Meldau, Hamburg 1833

FRANKENFELD (1925): Albert Frankenfeld, „Die größte Gefängnisstadt der Welt", in: Berliner Tageblatt v. 20. Mai 1925

FREIHEIT UND RECHT (1967): Freiheit und Recht, hrsg. v. Bund der Verfolgten des Naziregimes (BVN) e. V., Bd. 9-13, Redaktion: Karl Ibach, Düsseldorf 1967

FRIEDRICHSON (1890): J. Friedrichson, Geschichte der Schiffahrt – Bilder aus dem Seewesen, Druckerei Actien-Gesellschaft, vormals J. F. Richter, Hamburg 1890

GALLOIS (1853): Johann Gustav Gallois, Geschichte der Stadt Hamburg, nach den besten Quellen bearbeitet, bei Tramburg's Erben, Hamburg 1853

GALLOIS (1856): Johann Gustav Gallois, Geschichte der Stadt Hamburg, nach den besten Quellen bearbeitet, 3. Bd.: Specielle Geschichte der Stadt seit 1814, Tramburg's Erben, Hamburg 1856

GALLOIS (1862): Johann Gustav Gallois, Hamburgische Chronik von den ältesten Zeiten bis auf die Jetztzeit, Band II: Von der Reformation bis zum Beginn der ersten bürgerlichen Unruhen im Jahre 1618 , Hamburg 1862

GALLOIS (1867): Johann Gustav Gallois, Geschichte der Stadt Hamburg, Hamburg 1867

GARBE (1988): Detlef Garbe: „Erschossen am Höltigbaum" – Zur militärjuristischen Verfolgung von Kriegsdienstgegnern im Zweiten Weltkrieg, in: Info des

Arbeitskreises zur Erforschung des Nationalsozialismus in Schleswig-Holstein, Nr. 12 (1988), S. 3-31

GILLE (2004): 125 Jahre zwischen Wachs und Wirklichkeit – Hamburgs Panoptikum und seine Geschichte, 1. Aufl., Frark Unternehmensgruppe, Hamburg 2004

GRUNWALDT (1932): Hans-Heinrich Grunwaldt, „Historisches vom Henkeramt", Der Sachsenspiegel, Cellesche Zeitung vom 30. Juni 1932

HAMBURG-MOORBURG.DE (2012): „Moorburger Geschichten", http://hamburg-moorburg.de

HECKMANN (1990): Hermann Heckmann, Barock und Rokoko in Hamburg, Deutsche Verlags-Anstalt, Stuttgart 1990

HENNINGS (1935): Elsa Hennings, Das hamburgische Strafrecht im 15. und 16. Jahrhundert und seine Verwirklichung, Diss., Hamburg 1935

HENTIG (1954): Hans von Hentig, Die Strafe – Die modernen Erscheinungsformen, Springer, Berlin/Göttingen/Heidelberg 1954

HENTIG (1958): Hans von Hentig, Vom Ursprung der Henkersmahlzeit, Verlag J. C. B. Mohr (Paul Siebeck), Tübingen 1958

HENTIG (1962): Hans von Hentig, Studien zur Kriminalgeschichte, Hämpfli, Bern 1962

HERGEMÖLLER (2001): Bernd-Ulrich Hergemöller, Mann für Mann – Ein biographisches Lexikon, 1. Aufl., Suhrkamp, Frankfurt (Main) 2001

HESS (1775): Ludwig von Hess, Freymüthige Gedanken über Staatssachen, J. J. C. Bode, Hamburg 1775

HEß (1810): Jonas Ludwig von Heß, Hamburg topographisch, politisch und historisch beschrieben, 2. Aufl., umgearbeitet und vermehrt, 1. Teil, auf Kosten des Verfassers, Hamburg 1810

HEß (1811): Jonas Ludwig von Heß, Hamburg topographisch, politisch und historisch beschrieben, 3. Teil, auf Kosten des Verfassers, Hamburg 1811

HEßLEIN (1850): Bernhard Heßlein, „Die Frohnerei (Blödelei und Kaafhus) auf dem Berge", in: Hamburgs berühmte und berüchtigte Häuser in historischer, criminalistischer und socialer Beziehung, Bd. 1 von 2, Heßlein & Comp., Hamburg 1850

HIRSCHFELD (1904): Hermann Hirschfeld, Der Knabenmörder Döpcke und andere Verbrecher, Kriminal-Prozesse aller Zeiten, 10. Bd., Heilbronn 1904

HITZIG/ALEXIS (1853): Julius Eduard Hitzig [Hrsg.]; Willibald Alexis [Hrsg.], Der neue Pitaval – Eine Sammlung der interessantesten Criminalgeschichten aller Länder aus älterer und neuerer Zeit, 20. Teil, Neue Folge, 8. Teil, F. A. Brockhaus, Leipzig 1853

HITZIG/ALEXIS (1858): Julius Eduard Hitzig [Hrsg.]; Willibald Alexis [Hrsg.], Der neue Pitaval – Eine Sammlung der interessantesten Criminalgeschichten aller Länder aus älterer und neuerer Zeit, 26. Teil, 3. Folge, 2. Teil, F. A. Brockhaus, Leipzig 1858

HITZIG/ALEXIS (1861): Julius Eduard Hitzig [Hrsg.]; Willibald Alexis [Hrsg.], Der Neue Pitaval – Eine Sammlung der interessantesten Criminalgeschichten aller Länder aus älterer und neuerer Zeit, 26. Teil, 3. Folge, 2. Teil, F. A. Brockhaus, Leipzig 1861

HITZIG/ALEXIS (1866): Julius Eduard Hitzig [Hrsg.]; Willibald Alexis [Hrsg.], Der Neue Pitaval – Eine Sammlung der interessantesten Criminalgeschichten aller Länder aus älterer und neuerer Zeit, fortgesetzt von Anton Vollert, neue Serie, 1. Bd., F. A. Brockhaus, Leipzig 1866

HITZIG/ALEXIS (1869): Julius Eduard Hitzig [Hrsg.]; Willibald Alexis [Hrsg.], Der Neue Pitaval – Eine Sammlung der interessantesten Criminalgeschichten aller Länder aus älterer und neuerer Zeit, fortgesetzt von Anton Vollert, neue Serie, 4. Bd., F. A. Brockhaus, Leipzig 1869

HOFFMANN-KRAYER/BÄCHTOLD-STÄUBLI (1927): Eduard Hoffmann-Krayer [Hrsg.]; Hanns Bächtold-Stäubli [Hrsg.], Handwörterbuch des deutschen Aberglaubens, Walter de Gruyter & Co. Berlin und Leipzig 1927 (Nachdruck: Berlin, New York 1987)

HOFFMANN & CAMPE (2002): Hamburg von Altona bis Zollenspieker – Das Haspa-Handbuch für alle Stadtteile der Hansestadt, Hoffmann & Campe, Hamburg 2002

HOFMANN (1789): Ist das eigene Geständniß eines Delinquenten zu seiner Hinrichtung nach der Carolinischen Gerichtsordnung und nach Hamburgischen Rechten durchaus erforderlich? bey Gelegenheit der berüchtigten Mannsmörderin Wächtlern zu beantworten versucht, von N. F. Hofmann, zweyte verbesserte Auflage, Hamburg 1789 (Allgemeines Repertorium der Literatur für die Jahre 1785-1790, Jena 1793, Nr. 1793)

HONDORFF (1580): Andream Hondorff, Promptuarium Exemplorum. Historien vnd Exempelbuch – Aus heiliger Schrifft vnd vielen bewerten Scribenten gezogen, Droyssig 1580

HOSMANN (1700): Sigismund Hosmann, Fürtreffliches Denck-Mahl der Göttlichen Regierung, Bewiesen an der uhralten höchst-berühmten Antiquität des Klosters zu S. Michaelis in Lüneburg/der in dem hohen Altar daselbst gestandenen Güldenen Taffel / und anderer Kostbarkeiten/ Wie der gerechte Gott Dero Räuber gantz wunderbarlich entdecket ..., Celle 1700

HUDTWALCKER/TRUMMER (1825): Criminalistische Beyträge – Eine Zeitschrift in zwanglosen Heften, hrsg. v. Martin Hieronymus Hudtwalcker und Carl Trummer, 2. Bd., 1. Heft, Perthes und Besser, Hamburg 1825

HUDTWALCKER (1848): Martin Hieronymus Hudtwalcker, Gedanken über die Einführung von Geschwornengerichten in Criminalsachen in Hamburg, Agentur des Rauhen Hauses in Horn, Hamburg 1848

HUELSENBECK (1927): Richard Huelsenbeck, „Besuch in Fuhlsbüttel", in: Die Weltbühne 23 (1927 I), S. 941-944

I-BASIS.DE (2012): http://www.i-basis.de/dp/ansicht/kunden/priesterseminar/medien/anhaenge/k1_m475.pdf, http://www.clementinum.de/sides_arch/ arch_pers/ EMueller_von_HRuttke.pdf.

ISENMANN (1988): Eberhard Isenmann, Die deutsche Stadt im Spätmittelalter, Ulmer, Stuttgart 1988

JACOBJ (1866): Daniel H. Jacobj, Geschichte des Hamburger Niedergerichts, Gustav Eduard Nolte, Hamburg 1866

JANICKE/DITTMAR/HERTEL (1899): Karl Janicke; Max Dittmar; Gustav Hertel, Die Chroniken der niedersächsischen Städte: Magdeburg, Verlag von S. Hirzel, Magdeburg 1899

JANSSEN (1903): Johannes Janssen, Geschichte des deutschen Volkes seit dem Ausgang des Mittelalters, Herder, Freiburg im Breisgau 1903

JARGOW (1729): Christoph George Jargow, Beschreibung des Herzogthums Mecklenburg, und dazu gehöriger Länder, 3. Teil, Hamburg 1729

JENSSEN/NOSRATIAN (1996): Martin Jenssen; Khosrow Nosratian, Spektakuläre Hamburger Kriminalfälle – Von Liebe, Mord und rauschenden Partys, 1. Aufl., Wartberg Verlag, Hamburg 1996

JOURNAL FÜR PREDIGER (1784): Journal für Prediger, 15. Bd., 1. Stück, Carl Christian Kümmel, Halle 1784

KLAPP (1951): Lonny Klapp, „In Hamburg erlebt: Folter und Fallbeil", in: Blätter aus St. Georg – Mitteilungen des Bürgervereins zu St. Georg von 1880 R. V., Hamburg-St. Georg, November 1951

KLEINSCHROD/KONOPAK/MITTERMAIER (1822): „Neue Criminalgesetzgebung in Hamburg", in: Neues Archiv des Criminalrechts, hrsg. v. Gallus Aloys Kleinschrod, Christian Gottlieb Konopak und C. J. A. Mittermaier, Hemmerde und Schwetschke, 6. Bd., Halle 1822

KLESSMANN (1981): Eckart Klessmann, Geschichte der Stadt Hamburg, Hoffmann und Campe, Hamburg 1981

KOBBE (1840): Theodor von Kobbe, Humoristische Erinnerungen aus meinem academischen Leben in Heidelberg und Kiel in den Jahren 1817-1819, 2. Bd., Wilhelm Kaiser, Bremen 1840

KOCH (1988): Tankred Koch, Verzeichnis der Scharfrichter (nach Orten), in: Geschichte der Henker – Scharfrichter-Schicksale aus acht Jahrhunderten, Manfred Pawlak Verlagsgesellschaft mbH, Herrsching 1991 (zuerst Heidelberg 1988)

KOHL (1866): Johann Georg Kohl, Der Ratsweinkeller zu Bremen, Bremen 1866

KOPPMANN (1879): Karl Koppmann, „Der Seeräuber Klaus Störtebeker – Geschichte und Sage", in: Hansische Geschichtsblätter, Jahrg. 1877, Leipzig 1879

KOSYRA (1980): Herbert Kosyra, Die deutsche Kriminalpolizei, J. G. Bläschke Verlag, St. Michael 1980

KRIEGER (2008): Martin Krieger, Patriotismus in Hamburg: Identitätsbildung im Zeitalter der Frühaufklärung, Böhlau, Köln, Weimar, Wien 2008

KRUSE (1972): Joseph A. Kruse, Heines Hamburger Zeit, Heine-Studien, hrsg. v. Manfred Windfuhr, Hamburg 1972

KRANTZ (1575): Albert Krantz, Wandalia [Widmungsbrief zum 1519 gedruckten Werk], Andreae Wechli, Frankfurt 1575

LANG (1998): Herbert Lang, Jahrbuch für internationale Germanistik, Bern 1998

LANGENBECK (1727): Herman Langenbeck, Anmerckungen über das Hamburgische Schiff- und See-Recht, Hamburg 1727

LAPPENBERG (1837): Sammlung der Verordnungen der freyen Hanse-Stadt Hamburg, seit 1414, 14. Bd., bearb. v. Johann Martin Lappenberg (1794-1865, Archivar), Johann August Meißner, Hamburg 1837

LAPPENBERG (1842): Hamburgisches Urkundenbuch, hrsg. v. Johann Martin Lappenberg, Perthes-Besser & Mauke, 1. Bd., Hamburg 1842

LAPPENBERG (1861): Hamburgische Chroniken in niedersächsischer Sprache, hrsg. v. Johann Martin Lappenberg, Perthes, Besser und Mauke, Hamburg 1861

LAPPENBERG (1865): Johann Martin Lappenberg [Hrsg.], Tratziger's Chronica der Stadt Hamburg, Der alten weitberuhmten Stadt Hamburg chronica und Jahrbucher von der Zeit Caroli des Großen bis uf das keisertumb Caroli des Funften, Perthes-Besser & Mauke, Hamburg 1865

LAUFFER (1936): Otto Lauffer, Die Begriffe „Mittelalter" und „Neuzeit" im Verhältnis zur deutschen Altertumskunde, Deutscher Verein für Kunstwissenschaft, Berlin 1936

LAURENT (1847): Johann Carl Mauritz Laurent, „Klaus Störtebeker", in: Zeitschrift des Vereins für hamburgische Geschichte, 2. Bd., Hamburg 1847

LEHMANN-BRUNE/PETERSEN (2012): Marlies Lehmann-Brune; Harald G. F. Petersen, Hamburg – Geburt einer Weltstadt, Books on Demand, Norderstedt 2012

LIEBOLDT (1843): Wilhelm Alexander Lieboldt, Hamburg von seinem Ursprunge bis zum Jahre 1842 – Ein Gedenkbuch von Expedition der Nürnberger Zeitung, W. Tümmel, Nürnberg 1843

LOOSE (1974): Hans-Dieter Loose, Recht und Justiz im alten Hamburg – Vom mittelalterlichen Stadtrecht zur Reichsjustizreform, Broschüre aus Anlass einer Ausstellung des Staatsarchivs Hamburg, 23. September-29. November 1974, Hamburg 1974

LUTZ (2005): Kristiane Lutz, Der Stadtteil St. Georg im Wandel – Veränderungen im Wohnquartier aus der Sicht zweier Stadtteil-Vereine, Magisterarbeit, GRIN Verlag, Norderstedt 2005

MAISEL (1992): Witold Maisel, Rechtsarchäologie Europas, Köln/Wien/Weimar 1992

MARTENS (1984): Der Patriot IV, nach den Originalausgaben von 1724-1726, Bd. 4: Kommentarband, hrsg. v. Wolfgang Martens, de Gruyter, Berlin, New York 1984

MARTSCHUKAT (2000): Jürgen Martschukat, Inszeniertes Töten – Eine Geschichte der Todesstrafe vom 17. bis zum 19. Jahrhundert, Böhlau, Köln 2000

MEEDER (1838): Wilhelm Louis Meeder, Geschichte der Stadt Hamburg vom Entstehen der Stadt bis auf die neueste Zeit, Erster Teil, I. I. S. Wörmer jun., Hamburg 1838

MEEDER (1839): Wilhelm Louis Meeder, Geschichte der Stadt Hamburg vom Entstehen der Stadt bis auf die neueste Zeit, Zweiter Teil, I. I. S. Wörmer jun., Hamburg 1839

MEIER (1792): Johann Christian Meier, Johann Bernhard Basedows Leben, Charakter und Schriften unparteiisch dargestellt und beurtheilt, 2. Teil, Benj. Gottlob Hoffmann, Hamburg 1792

MENZEL (1843): Wolfgang Menzel, Geschichte der Deutschen bis auf die neuesten Tage, 4., umgearbeitete Ausgabe, Verlag der J. G. Cotta'schen Buchhandlung, Stuttgart und Tübingen 1843

MESSERSCHMIDT (2005): Frank Messerschmidt, Die Wehrmachtsjustiz 1933-1945, Schöningh, 2005

MEYER (1963): Adolf-Ernst Meyer, Zur Endokrinologie und Psychologie intersexueller Frauen, Beiträge zur Sexualforschung, Heft 27, Ferdinand Enke Verlag, Stuttgart 1963

MEYER (1971): Gertrud Meyer, Nacht über Hamburg – Berichte und Dokumente, Ergänzungsband zu Hochmuth/Meyer, Streiflichter aus dem Hamburger Widerstand 1933-1945, Frankfurt a. M. 1971

MFKS (1938): Monatsschrift für Kriminalbiologie und Strafrechtsreform, J. F. Lehmanns Verlag, München, Berlin 1938

MJVK (1903): Mitteilungen zur jüdischen Volkskunde, hrsg. v. d. Gesellschaft für Jüdische Volkskunde, Heft XI, Jahrg. 1903, Nr. 1, Hamburg 1903

MICHELSEN (2001): Jakob Michelsen, Mannmännliche Sexualität im 18. Jahrhundert am Beispiel Hamburgs, Vortrag, 2. Tagung AIM Gender Stuttgart-Hohenheim 2001 – Michelsen: Sodomie 18. Jahrhundert

MÜLLER-LUCKMANN (1959): Elisabeth Müller-Luckmann, Über die Glaubwürdigkeit kindlicher und jugendlicher Zeuginnen bei Sexualdelikten, Beiträge zur Sexualforschung, Heft 14, Ferdinand Enke Verlag, Stuttgart 1959

MUSEUM FÜR KUNST UND GEWERBE (1978): Museum für Kunst und Gewerbe [Hrsg.], St. Georg – Vorstadt und Vorurteil? Ausstellung vom 5. Oktober bis 19. November 1978, Christians Verlag, Hamburg 1978

NEDDERMEYER (1832): Franz Heinrich Neddermeyer, Topographie der Freien und Hanse Stadt Hamburg aus dem Jahre 1832, Hoffmann & Campe, Hamburg 1832

NEDDERMEYER (1847): Franz Heinrich Neddermeyer, Zur Statistik und Topographie der Freien und Hansestadt Hamburg, 1847

NEHLSEN (1897): Rudolf Nehlsen, Hamburgische Geschichte nach Quellen und Urkunden , Bd. 2, Verlag der hamburgischen Geschichte, Hamburg 1897

NESTLER (1802): Hamburg und Altona – Eine Zeitschrift zur Geschichte der Zeit, der Sitten und des Geschmaks, 3. Bd., 7tes, 8tes und 9tes Heft, Friedrich Hermann Nestler, Hamburg 1803

NESTLER (1803): Hamburg und Altona – Eine Zeitschrift zur Geschichte der Zeit, der Sitten und des Geschmaks, 2. Jahrg., 1. Bd., 1., 2. und 3. Heft, Friedrich Hermann Nestler, Hamburg 1803

NESTLER (1805): Hamburg und Altona – Ein Journal zur Geschichte der Zeit, der Sitten und des Geschmaks, 4. Jahrg., VII. Heft, Juli 1805, Friedrich Hermann Nestler, Hamburg 1805

NIEMEYER (1849): Verfassung des Freistaates Hamburg nebst Wahlgesetz, beschlossen in der constituirenden Versammlung am 11. Juli 1849, 3. Aufl., G. W. Niemeyer, Hamburg 1849

NN (1827): NN, Hamburg wie es war und ist, P. F. L. Hoffmannsche Buchhandlung, Hamburg 1827

OETKER (1855): Friedrich Oetker, Helgoland – Schilderungen und Erörterungen, Verlag von Franz Duncker, Berlin 1855

PABEL (1996): Reinhold Pabel, Hamburger Kultur-Karussell zwischen Barock und Aufklärung, Wachholtz, Hamburg 1996

PAUL (1836): C. Paul [Hrsg.], Allgemeines Criminalrecht für die Königlich Preußischen Staaten, Zweiter Band, Quedlinburg und Leipzig 1836

PAULS (1943): Zeitschrift der Gesellschaft für Schleswig-Holsteinische Geschichte, hrsg. v. Volquart Pauls, Karl Wachholtz Verlag, Neumünster 1943

PETERS (2004): Jan-Henrik Peters, Verfolgt und vergessen – Homosexuelle in Mecklenburg und Vorpommern im Dritten Reich, Landesverband der Lesben und Schwulen Mecklenburg-Vorpommern, Rostock 2004

PISCATOR (1764): Sammlung der von E[inem] Hochedlen Rathe der Stadt Hamburg ... beliebten Aufträge und verkündigten Anordnungen, 2. Teil, J. C. Piscator, Hamburg 1764

PRIET (2010): Henning Priet, Störtebeker und die Vitalienbrüder – Ihr Einfluss auf die Politik des Nord- und Ostseeraums, Studienarbeit, 1. Aufl., GRIN Verlag, Norderstedt 2010

REINHOLD/BÄRMANN (1820): Carl W. Reinhold; Georg Nicolaus Bärmann, Hamburgische Chronik von Entstehung der Stadt bis auf unsere Tage, 2. Teil, Friedrich Hermann Nestler, Hamburg 1820

REISE (1973): Heinz Reise [Hrsg.], Quellen zur Genealogie, 3. Bd. (Niedersachsen), Amtliche Namensänderungen, H. Reise Verlag, Göttingen 1973

ROPELIUS (1832): Johannes Jens Ropelius [Bearb.], Chronik oder Geschichte von Hamburg, J. L. H. Wichers und Sohn, Hamburg 1832

ROSS (1951): Hans Ross, „Öffentliche Hinrichtungen in St. Georg", in: Blätter aus St. Georg – Mitteilungen des Bürgervereins zu St. Georg von 1880 R. V., Hamburg-St. Georg, November 1951, S. 7 f.

SCHEUTZOW (1990): Jürgen W. Scheutzow, „Grausamkeit gegen Grausamkeit", in ders.: Hexen, Henker und Halunken – Merkwürdiges von der Schattenseite norddeutscher Geschichte, Gondrom, Bindlach 1990

SCHIFF (1866): Hermann Schiff, Israelitische Novellen, Bd. 1: Das verkaufte Skelett, Jean Paul Friedrich Eugen Richter, Hamburg 1866

SCHIRMANN (1994): Léon Schirmann, Altonaer Blutsonntag 17. Juli 1932 – Dichtungen und Wahrheit, Hamburg 1994

SCHMID (1747): Hinrich Ludolph Schmid, Versuch einer historischen Beschreibung der an der Elbe belegenen Stadt Altona, Gebrüder Korte, Altona und Flensburg 1747

SCHMIDT (1998): Burghart Schmidt, Hamburg im Zeitalter der Französischen Revolution und Napoleons (1789-1813), Teil 1: Darstellung, VfHG, Hamburg 1998

SCHROEDER (2000): Die peinliche Gerichtsordnung Kaiser Karls V. (Carolina), hrsg. und erl. von Friedrich-Christian Schroeder, Reclam, Stuttgart 2000

SCHÜTZE (1784): Gottfried Schütze, Die Geschichte von Hamburg für den Liebhaber der vaterländischen Geschichte, 2. Teil, Johann Georg Fritsch und Compagnie, Hamburg 1784

SCHWARZE (1860): Friedrich Oskar Schwarze, „Die Hinrichtung durch das Fallschwert und im geschlossenen Raum", in: Der Gerichtssaal – Zeitschrift für volksthümliches Recht und wissenschaftliche Praxis, Ferdinand Enke, Erlangen 1860

SEEBALD (2009): Christian Seebald, Libretti vom „Mittelalter" – Entdeckungen von Historie in der (nord)deutschen und europäischen Oper um 1700, Niemeyer, Tübingen 2009

SEEBERG-ELVERFELDT (1966): Roland Seeberg-Elverfeldt, Revaler Regesten, Bd. 1: Beziehungen der Städte Deutschlands zu Reval in den Jahren 1500-1807 (Veröffentlichungen der Niedersächsischen Archivverwaltung, 22), Vandenhoeck & Ruprecht, Göttingen 1966

SITTENFELD (1870): Aktenstücke des Reichstags des Norddeutschen Bundes, in: Stenographische Berichte über die Verhandlungen des Reichstages des Norddeutschen Bundes, 3. Bd., F. Sittenfeld, Berlin 1870

SOLDAN (1880): Wilhelm Gottlieb Soldan, Soldan's Geschichte der Hexenprozesse, neu bearb. v. Heinrich Heppe, J. H. Cotta, Stuttgart 1880

STEINER-WELT (2002): Sonja Steiner-Welt, Von der Schrift und den Schriftarten, Reinhard Welz Vermittler Verlag, Mannheim 2002

STELZNER (1731): Michael Gottlieb Stelzner, Versuch einer zuverlässigen Nachricht von dem kirchlichen und politischen Zustande der Stadt Hamburg, Bd. 2, Hamburg 1731

TEUBNER (1871): Wissenschaftliche Beilage der Leipziger Zeitung, Jahrg. 1871, B. G. Teubner, Leipzig 1871

TRATZIGER (1664): Adam Tratziger, Series oder kurtzer historischer Begriff von der Succession der Herren Bürgermeister und Senatorn zu Hamburg (...), Stade 1664

TRAUN (1852): Julius von der Traun, Die Geschichte vom Scharfrichter Rosenfeld und seinem Pathen, Carl Gerold und Sohn, Wien 1852

TREICHEL (1979): Fritz Treichel, „Die Abdecker in Krähenberg bei Westensee", Archiv für Sippenforschung und alle verwandten Gebiete, Heft 74, Juli 1979, C. A. Starke, Limburg 1979, S. 121-124

TRUMMER (1844): Carl Trummer, Vorträge über Tortur, Hexenverfolgungen, Vehmgerichte, und andere merkwürdige Erscheinungen in der Hamburgischen Rechtsgeschichte, gehalten in der juristischen Section des geschichtlichen Vereins in Hamburg, 1. Bd., Johann August Meißner, Hamburg 1844

UNVERHAU (1980): Dagmar Unverhau, „Das Gerücht gehe also, daß sie zaubern solle" – Sozialpsychologische Aspekte aus dem Hexenprozeß gegen Margreth Ahlers, geb. Schulten, zu Bergedorf 1675-1678, in: Lichtwark 43, Juni 1980, S. 54-64 (= Justiz in Bergedorf – Historische Betrachtungen aus Anlaß des 125jährigen Bestehens des Amtsgerichts Bergedorf, Hamburg 1980)

VAN DÜLMEN (2010): Richard van Dülmen, Theater des Schreckens – Gerichtspraxis und Strafrituale in der frühen Neuzeit, C. H. Beck, 5. Aufl., München 2010

VERBAND DER GESCHICHTSLEHRER (1995): Geschichte in Wissenschaft und Unterricht , Bd. 46, Ausg. 7-12, hrsg. v. Verband der Geschichtslehrer Deutschlands, E. Klett, 1995

VFHG (1842): Der Stadt Hamburg Gerichts-Ordnung und Statuta, hrsg. auf Veranlassung der Vereines für Hamburgische Geschichte, Perthes-Besser & Mauke, Hamburg 1842

VFHG (1869): Verein für Hamburgische Geschichte [Hrsg.], Kämmereirechnungen der Stadt Hamburg, 1. Bd.: Kämmereirechnungen von 1350-1400, Hermann Grüning, Hamburg 1869

VFHG (1873): Verein für Hamburgische Geschichte [Hrsg.], Kämmereirechnungen der Stadt Hamburg, 2. Bd.: Kämmereirechnungen von 1401-1470, Hermann Grüning, Hamburg 1873

VFHG (1878): Verein für Hamburgische Geschichte [Hrsg.], Kämmereirechnungen der Stadt Hamburg, 3. Bd.: Kämmereirechnungen von 1471-1500, Hermann Grüning, Hamburg 1878

VFHG (1880): Verein für Hamburgische Geschichte [Hrsg.], Kämmereirechnungen der Stadt Hamburg, 4. Bd.: Kämmereirechnungen von 1482-1500, Hermann Grüning, Hamburg 1880

VFHG (1883): Verein für Hamburgische Geschichte [Hrsg.], Kämmereirechnungen der Stadt Hamburg, 5. Bd.: Kämmereirechnungen von 1501-1540, Hermann Grüning, Hamburg 1883

VFHG (1894): Verein für Hamburgische Geschichte [Hrsg.], Kämmereirechnungen der Stadt Hamburg, 7. Bd.: Kämmereirechnungen von 1555-1562, Hermann Grüning, Hamburg 1894

VFHG (1919): Mitteilungen des Vereins für Hamburgische Geschichte, 10. Bd., umfassend die Jahrgänge XXVIII, XXIX, XXX, Hamburg 1909

VOGT (1622): Gegenbericht Auff Die zu Hamburg im verschienen 1620. Jahr außgangene vermeinte Außführung vnd Erklerung/ etc. Etliche Am Hochlöblichen Kayserlichen Cammergericht zu Speyer / im Jahre 1619. Wie auch dabevor im 1610. Jahr/ Für Die gemeine Freyheit der Commercien, vnd die Schiffarth vff dem Freyen Elbstrohm/vnd in specie vff der Süder- vnd NiederElbe / vnd von andern mehr Puncten/eröffnete EndUrtheile/x. betreffendt, Johann Vogt, Goslar 1622

WALTER (1931): Georg Walter, Hamburger Sittengeschichte, Oehrlein, Hamburg 1931

WHALEY (2012): Joachim Whaley, Mirrors of Mortality (Routledge Revivals): Social Studies in the History of Death, 2012

WICHMANN (1863): Ernst Heinrich Wichmann [Hrsg.], Heimatskunde – Topographische, historische und statistische Beschreibung von Hamburg und der Vorstadt St. Georg, Wilhelm Jowien, Hamburg 1863

WICK (1573): Flugblatt aus der Nachrichtensammlung Wick (1560-1586), Zürich, Zentralbibliothek, www.zeno.org

WIECHMANN/BRÄUER/PÜSCHEL (2003): Ralf Wiechmann [Hrsg.]; Günter Bräuer [Hrsg.]; Klaus Püschel [Hrsg.], Klaus Störtebeker – Ein Mythos wird entschlüsselt, Wilhelm Fink Verlag, München 2003

WOSNIK (1926-1): Richard Wosnik, Beiträge zur hamburgischen Kriminalgeschichte unter besonderer Berücksichtigung des Kriminal-Museums, nach Quellen und Urkunden, Bd. 1, Heft 1, Hamburg 1926

WOSNIK (1926-2): Richard Wosnik, Beiträge zur hamburgischen Kriminalgeschichte unter besonderer Berücksichtigung des Kriminal-Museums, nach Quellen und Urkunden, Bd. 1, Heft 2, Hamburg 1926

WURM (1838): Christian Friedrich Wurm [Hrsg.], Leonhard Wächter's Historischer Nachlaß, 1. Bd., Perthes-Besser und Mauke, Hamburg 1838

WURM (1839): Christian Friedrich Wurm [Hrsg.], Leonhard Wächter's Historischer Nachlaß, 2. Bd., Perthes-Besser und Mauke, Hamburg 1839

ZACHER (1857): J. Zacher, Neue Mittheilungen aus dem Gebiete historisch-antiquarischer Forschungen, 9. Bd., Ferdinand Förstemann, Halle, Nordhausen 1857

ZANDER (1839): Christian Ludwig Enoch Zander, Geschichte des Kriegs an der Nieder-Elbe im Jahre 1813, Herold u. Wahlstab, Lüneburg 1839

ZFHF (2000): Zeitschrift für Historische Forschung: Vierteljahresschrift zur Erforschung des Spätmittelalters und der frühen Neuzeit, 27. Bd., Duncker & Humblot, Berlin 2000

ZIEGRA (1770): Christian Ziegra, Nicolaus Wilckens, weiland J. U. D. und Archivarius der Stadt Hamburg, Hamburgischer Ehren-Tempel, C. S. Schröder, Hamburg 1770

ZIMMERMANN (1820): Friedrich Gottlieb Zimmermann, Neue Chronik von Hamburg, vom Entstehen der Stadt bis zum Jahre 1819, in C. E. Häßler's Verlag, Hamburg 1820

ZIMMERMANN (1853): Carl Gottfried Zimmermann, „Der Grasbrook bei Hamburg", in: Zeitschrift der Deutschen geologischen Gesellschaft, V. Bd., Wilhelm Hertz (Besser'sche Buchhandlung), Berlin 1853, S. 743-753

ZVFHG (1858): Zeitschrift des Vereines für hamburgische Geschichte, 4. Bd., Johann August Meißner, Hamburg 1858

ZVFHG (1883): Zeitschrift des Vereins für hamburgische Geschichte, 7. Bd., hrsg. v. Verein für Hamburgische Geschichte, Hamburg 1883

ZVFLG (2005): Zeitschrift des Vereins für Lübeckische Geschichte und Altertumskunde, Bd. 85, hrsg. v. Olof Ahlers, Schmidt-Römhild, Lübeck 2005

ibidem
Verlag

Matthias Blazek
Ein dunkles Kapitel der deutschen Geschichte: Hexenprozesse, Galgenberge, Hinrichtungen, Kriminaljustiz

Im Fürstentum Lüneburg und im Königreich Hannover

ISBN 978-3-89821-587-9
324 Seiten, mit zahlr. Abb. Paperback.
€ 29,90

Realität, Heimatgeschichte und Spannung in einem: Matthias Blazek fesselt den Leser mit seinem neuen Werk "Hexenprozesse, Galgenberge, Hinrichtungen, Kriminaljustiz im Fürstentum Lüneburg und im Königreich Hannover". Auf 320 Seiten hat der Chronist und Heimatkundler aus Adelheidsdorf die Ergebnisse seiner umfangreichen Recherchen in den niedersächsischen Archiven zu Papier gebracht. Zahlreiche Einzelschicksale aus den Orten um Celle, Uelzen, Lüneburg, Burgdorf, Lüchow und Dannenberg hat er in dieser umfangreichen Sammlung zusammengetragen. Lücken in den Dorfchroniken werden geschlossen, wenn die Kriminalverbrechen angesprochen werden. Zu guter Letzt erfährt der Fall des Nickel List eine völlig neue Bewertung durch die Zuziehung weitgehend unberücksichtigter Quellen.

Ein Muss für den geschichtsbewussten Leser.

Bestellen Sie per Fax: 0511 26 222 01 | telefonisch: 0511 26 222 00 | online: www.ibidem-verlag.de
in Ihrer Buchhandlung

ibidem
Verlag

Matthias Blazek

Die Geschichte des Hamburger Sportvereins von 1887

125 Jahre im Leben eines der populärsten Fußballvereine

Mit einem besonderen Blick auf die Vorgängervereine,
die Frühzeit des Hamburger Ballsports und das Fusionsjahr 1919

ISBN 978-3-8382-0387-4
140 Seiten, Paperback. € 18,90

2012 - 125 Jahre Hamburger Sportverein!

Beginnend mit der Gründung des SC Germania 1887, der fußballerischen Keimzelle des Hamburger Sportvereins, folgt Matthias Blazek in seiner kompakten und flüssig lesbar geschriebenen HSV-Vereinsgeschichte chronologisch den Ereignissen – und versäumt es nicht, dem Leser en passant zahlreiche amüsante Anekdoten und erstaunliche Details aus der Frühzeit des deutschen Fußballs zu berichten. Immer wieder zeigt Blazek zudem auf, dass die Sportgeschichte immer auch als Teil der gesamthistorischen Entwicklung im 20. Jahrhundert zu betrachten ist. Wie kein Zweiter vermag Matthias Blazek Geschichte für jedermann erlebbar zu machen und den Leser in seinen Bann zu schlagen. Plastisch und spannend schildert er deutsche Sportgeschichte, flankiert von zahlreichen, bislang weitgehend unveröffentlichten historischen Fotos, Illustrationen und Faksimiles, und legt so ein Buch vor, das sich an jeden wendet, der an deutscher Fußballgeschichte interessiert ist.

Großes Kino! Ein Standardwerk für jeden HSV-Fan.
Denis Herold

Bestellen Sie per Fax: 0511 26 222 01 | telefonisch: 0511 26 222 00 | online: www.ibidem-verlag.de
in Ihrer Buchhandlung

ibidem
Verlag

Matthias Blazek
Das Kurfürstentum Hannover und die Jahre der Fremdherrschaft 1803-1813

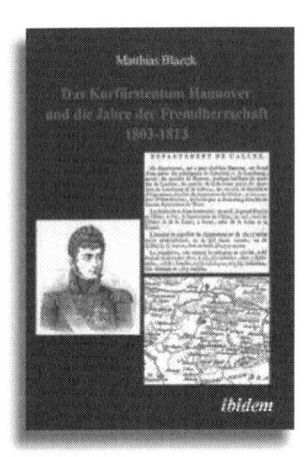

ISBN 978-3-89821-777-4
152 Seiten, Paperback. € 14,90

Die französische Fremdherrschaft, die "Franzosenzeit" der Jahre 1803 bis 1813, war die Zeit, in welcher der französische Kaiser Napoleon I. Niedersachsen in sein Kaiserreich einverleibte und für seinen jüngsten Bruder, Jérôme Bonaparte, ein neues Königreich, das Königreich Westfalen, schuf.

Es war die Zeit, in der der westliche Nachbar dem Hannoverland seinen Stempel aufdrückte, der gewiss in einigen Bereichen gute Einflüsse ausgeübt hat. Es war allerdings auch die Zeit, in der das hannoversche Volk für den verlustreichen Feldzug nach Moskau rekrutiert wurde, jenes schlimme Szenario, dem weit über die Hälfte der Teilnehmer aus Kurhannover zum Opfer fielen.

"[Ein] ansprechend gestaltete[r] Band, der besonders der Jugend nahe zu legen ist, die berufen sein wird, den erreichten Frieden in Europa auch künftig zu sichern und endgültig zu festigen."

Zeitschrift für Niederdeutsche Familienkunde, Heft 3/2007

"Wiederum liegt ein interessantes Nachschlagewerk für Chronisten, Heimatkundler, historisch Interessierte und Freunde der französischen Kultur vor."

Wathlinger Echo, 15.05.2007

Bestellen Sie per Fax: 0511 26 222 01 | telefonisch: 0511 26 222 00 | online: www.ibidem-verlag.de
in Ihrer Buchhandlung

Matthias Blazek

"Herr Staatsanwalt, das Urteil ist vollstreckt."
Die Brüder Wilhelm und Friedrich Reindel
Scharfrichter im Dienste des Norddeutschen Bundes und Seiner Majestät 1843–1898

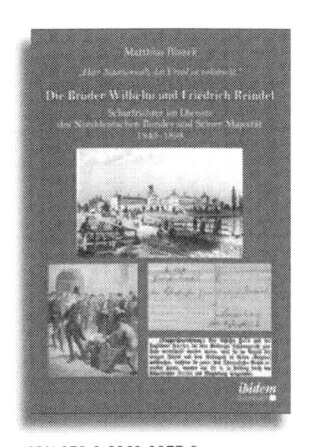

ISBN 978-3-8382-0277-8
166 Seiten, Paperback. € 18,90

Matthias Blazek legt mit diesem Buch die erste ausführliche Lebensbeschreibung der beiden Scharfrichterbrüder Wilhelm und Friedrich Reindel vor. Dass es die erste derartige Aufarbeitung ist, zeigt wiederum, wie wenig sich die Geschichtswissenschaft bislang diesem Bereich gewidmet hat, obwohl Scharfrichter sehr wohl im besonderen öffentlichen Augenmerk ihrer Zeitgenossen standen – je öfter sie tätig wurden, desto bekannter waren sie auch.

So zählte Friedrich Reindel (1824–1908), Patenkind des Preußenkönigs Friedrich Wilhelm I., zu den bekanntesten Scharfrichtern Deutschlands und wurde gar mit dem Spitznamen "Vater Reindel" belegt – was wohl auch dem Umstand geschuldet ist, dass er noch bis ins hohe Alter als Scharfrichter mit dem Handbeil Enthauptungen vornahm. In den letzten Jahrzehnten des 19. Jahrhunderts wurden fast alle Todesurteile im norddeutschen Raum durch ihn vollstreckt.

Während Friedrich Reindel von 1874 bis 1898 seines grausigen Amtes waltete, war vor ihm sein älterer Bruder Wilhelm Reindel (1813–1872) der Hauptakteur der Jahre 1852 bis 1870. Er war gemeint, wenn vom "Scharfrichter des norddeutschen Bundes" oder dem "Scharfrichter aus Werben in der Altmark" die Rede war. Sein jüngerer Bruder assistierte ihm dabei bereits bei 40 Hinrichtungen.

ibidem-Verlag
Melchiorstr. 15
D-70439 Stuttgart
info@ibidem-verlag.de

www.ibidem-verlag.de
www.ibidem.eu
www.edition-noema.de
www.autorenbetreuung.de

Printed in Great Britain
by Amazon.co.uk, Ltd.,
Marston Gate.